李计忠解《周易》系列

周易

易界名家 独门首传

一卦多断点窍

李计忠 著

团结出版社

图书在版编目（ＣＩＰ）数据

《周易》一卦多断点窍 / 李计忠著. -- 北京：团
结出版社, 2010.1（2025.7 重印）

ISBN 978-7-80214-596-2

Ⅰ. ①周… Ⅱ. ①李… Ⅲ. ①周易－研究 Ⅳ.
①B221.5

中国版本图书馆 CIP 数据核字(2009)第 240139 号

责任编辑：王宇婷

封面设计：阳洪燕

出　　版：团结出版社

　　　　　（北京市东城区东皇城根南街 84 号　邮编：100006）

电　　话：（010）65228880　65244790（出版社）

　　　　　（010）65238766　85113874　65133603（发行部）

　　　　　（010）65133603（邮购）

网　　址：http://www.tjpress.com

电子邮箱：zb65244790@vip.163.com

经　　销：全国新华书店

印　　装：三河腾飞印务有限公司

开　　本：170mm×230mm　　16 开

印　　张：19　　　　　　　　字　　数：225 千字

版　　次：2010 年 1 月 第 1 版　　印　　次：2025 年 7 月 第 5 次印刷

书　　号：978-7-80214-596-2

定　　价：49.00 元

自 序

　　六爻预测术，是中国传统预测学之中的大宗之术，千百年来一直备受推崇。它测事断事简捷、明快、直观，一事一测，只要掌握领会了五行的基本原理，理顺了六亲的生克规律，往往令求测者拍案称奇。六爻预测学古往今来著作颇丰，最具代表性当属《增删卜易》、《卜筮正宗》、《易隐》等。但在这些最具代表性的著作中，应用于实践之中的案例，大多都是一事一测，古籍中没有留下任何一卦多断的应用实例。

　　一卦能不能多断，一卦多断的准确率有多高？这是许多易学爱好者及掌握了六爻预测基本知识的人的困惑。六爻预测，一事一断，已经在人们的思维里形成了固定模式，也被人们所接受。一卦一断，运用测事，已经是被认为神奇。运用六爻一卦多断进行预测就感到越发神奇了。我在实践中，以阴阳五行的基本理论为基础，结合现代社会生活，给人预测，其结果不但令人信服，而且经得起科学验证。《一卦多断实例点窍》在台湾、香港面世后，轰动了易学界，并在东南亚广泛流传。我写此书的初衷是想告诉广大易友，易学预测并不难，它是我们祖先运用中国传统哲学思维模式，创造出应用多种自然知识来预测的技术。只要刻苦钻研，大胆实践，人人都可以学习掌握。我在书中，研究探讨易学和数术的科学性精华，阐述它的独特应用体系和应用价值；同时，又从大量实例解析中，使读者明了它的技术特征。为了使广大学易者学习和掌握，书中实例皆具有代表性。

　　为了答谢广大易友的厚爱，2001 年底，我在海口正式申请注册成立了海口紫竹策划服务有限公司，并创办了《东方河洛研究》杂志。

"继承不泥古，创新不背宗。"这句话用在易学文化的发展上是合适的。我后来陆续编著的几本书均是以这句话为准则的。可以坦言，我将古籍书中断卦的技巧、要领、原则、方法、步骤都一一告诉了读者，细心的读者能够体会到，我的思路、方法、技巧，虽有所创新，但并不背离古法；虽有与古法相同之处，却又不照搬硬套。

易学本身在它的特殊性里就有模糊性和随意性，它丰富、复杂，千变万化很难掌握，运用机械呆板的逻辑思维，是很难掌握它的。易学是高智慧的哲学，要将它的模糊性和随意性变成具体性，必须运用逻辑思维，形象思维和灵感思维三位一体，在实际应用中，还必须要具体情况具体分析，才能达到预测的目的。

易学有没有定理定义？这个问题应该多读几本古典名作，相信是一定能够找到答案的。古籍中的许多歌诀，被人认为是定理定义，也有人照搬后写成了自己的著作。古人的歌诀在使用时，是有一定的条件限制的，离开条件的限制，那些所谓的定理定义也就不灵不验了。许多学易者，学易十几甚至几十年，到头来仍然对预测学不得要领，照套古人的歌诀，时准时误，很难掌握。于是，感到易学很不科学，甚至跟着别人一起叫易学为"伪科学""封建迷信"。

易学虽然法无定法，千变万化，但它仍然是有规律性的。看过《西游记》的人都知道，孙悟空有七十二般变化，但他不管怎么变，始终万变不离其宗。易学亦如此，不管它的特性里具有模糊性、随意性、伸缩性，只要你掌握了五行的基本原理，记熟了五行所代表的万物类象，你就似如来佛一样，任它孙悟空有七十二般变化，纵能一个筋斗翻出十万八千里，也终难逃出如来佛的五指掌心。五行的基本原理就是易学的根本。

我青年时期开始学习预测学。一方面搜求古籍，博览群书，一方面深入民间，求访民间奇人，拜师请教，同时经过大量实践验证，不断总结经验，吸取百家之长，终于在预测学上取得了一点成绩：例如，在实践中，我将白云观震阳子老道长亲传我的108阵法，结合六爻八卦的五行消长原理，给客户进行了调理，却产生了奇效，同时，"李计忠解《周易》系列丛书"的出版，是我几十年研究易学及实践应用的结晶，也是我将六爻一事一测技术的创新和发展，是把六爻预测学推进了一个新的领域，即一卦多断。

在我有生之年，我将不遗余力地继续在易学这块神秘的土地上耕耘，陆续地将我的所悟、所感、所得毫无保留地奉献给社会，与广大易学爱好者共同分享。

李计忠

己丑年冬月

目录

第一篇
一卦多断技法

第一章　一卦多断概述

各位易学爱好者对易学研究的程度不同，有的研究十多年，有的参加过很多培训班，所以易学水平就不一样。学易不在于学习多少年，关键看悟性、学习方法和诀窍，要熟练掌握才能断好。通过这次学习，希望没开悟的能开悟，不准的能更准。每个人的思路技巧不同，接受能力也是不一样的，所以要认真学，相信都会有所收获。

八卦是万物之本，万事万物都可归于八卦之中，所以学好八卦再学别的就快，不懂八卦学不好其他，如奇门、风水等。熟能生巧，巧就是悟性。看书不要求多，而在于精，每天看一页，只要理解就有收获。一两个月看一本书，要反复看才会有很大的收获，学习的方法和动态要把握住，八卦里有智慧也有技巧。

一是八卦，把它研究好了，做什么都行；二是风水，全国来说，风水老师很多，我们把玄空、八宅、三合、奇门等多家糅合一起，不但能看，还能调理。我们调过很多大的风水，包括城市风水、星级酒店、大企业的调理。

八卦上，一卦多断是我们的优势，我相信我们的路子越走越宽广。

断卦为什么断不准？就是没有掌握断卦的基本原则。如对六亲的认识不够，子孙爻只代表晚辈吗？子孙爻持世性质是什么？官鬼爻持世是否能当官？子孙爻克官鬼，肯定没官吗？肯定离婚吗？什么是用神？旺衰刑冲合害说明什么？这些概念要搞清楚，都表示什么要弄懂。断卦时不能只对人家说不顺就拉倒，比如说断车祸，就要说清怎样发生的，车祸的大小，在什么样的路上等等，要说到位。还有，合就好、冲就不好吗？世爻空、旺都说明了什么？

子孙爻持世，要正确理解，是有官。比如，子孙爻代表公检法、部队，团长、少将等等干部都是。子孙爻持世越旺越好官越大，休囚则无官了。凡是部队及公检法的大都是子孙持世，是拿枪的、是执法部门的，与日月相合是少将一级的。

做官的人，都怕子孙持世，都怕应爻克吗？不是的。日月为官不怕子孙克，旺官不怕克，越克越旺。

古书上说子孙爻持世，旺相发大财，真的好求财吗？实际上十个有八个是败财，无财可求。子孙生财是拿现金投资，风险大、兄弟劫、官耗。求财，子孙爻不能持世，若持世，是被人家利用。

兄弟爻持世有没有财？不但有，而且越旺越有财，它是投小钱拿大钱，是在玩空手道。兄弟劫财是劫别人财，他本身没有钱，怎么破财？兄弟爻持世本身就是奸诈，拿一万元挣十万，不会用十万去挣一万，办事情看得准。所以不要与兄弟爻持世的人合作，他会算计，有计划的。不像过去说的兄弟持世破财。金水木火兄弟为正宗，兄弟爻临土不行。男的兄弟爻持世就是克妻，这一点是不变的真理。

父母爻是长辈，又代表学业、房子、事业、通讯、教育、爱护、文书、文章、证书、证件、学校、庙、文化等。父母爻持世旺相是不是大学生，家有小汽车，有洋房呢？都要看卦中动态，这非常重要。要饭的打卦也可以是父母爻持世，到处走街串巷很累。房子失火烧死人，车祸死人，父母爻就变成官鬼爻了。万事万物要把事看活了。

六亲代表病的部位、五行代表病情，刑冲克害，决定人的命运，爻位配合卦宫的运用。12支中巳火强于午火；申金硬于酉金；亥水天河水，大湖、海洋之水；子水小水；亥逢冲为脑出血，子水为毛细血管，亥在乾卦，金能生水，子水在坎卦，上下虚，中间实，只有月令临子时，才有水，在4、5月水失灵。亥水卦宫坐得对有杀伤力。但坎为陷，两头虚，不务正业，水有假。坎为小人之卦，道路遇害。坎化艮、化坤为死卦，主小人打劫。亥与巳相冲厉害，大手术、流血、杀伤力大。寅巳申亥，长得丑；子午酉卯，外好看，内含杀机。午火防美人计，等等。只有掌握12支的意义和用法，才能断准卦。

巳为阴火午为阳火，这是假的。实际巳为阳火，午为阴火，真假要分清。申金的方位是死门，害人最大的库是未库。万物之库为辰，不害人。未库是棺木之库，杀伤力最大。丑戌刑与未戌刑相比，未戌相刑金能折断。戌库里有金有火，但也含一定水分。因戌是在乾宫金宫来自西北，有寒气，戌为烟囱，戌位乾卦，乾里有亥水。未的杀伤力大，十羊九不全。羊怕出圈，羊出圈祸来。申金在七月含杀伤力，应验为八月，象猴摘桃。申寅巳亥相刑何时见灾？延一个月应验要在八月。其它，寅申巳亥以此类推，巳的灾应验在午，寅木发生的事，应在卯月。

断卦首先看卦象。卦象是万事的根本。先要看卦象的旺衰。其次看六亲，万事六亲定，不看六亲不知道人家问什么事。第三看爻位，爻位看事情的高低。例如看病：看卦象，上下卦坐在什么宫位，艮、巽为腿上，乾为头，下三爻是人的下部，上三爻是人的上边。卦走绝地，人必亡。乾卦主头，在下三爻也是头，因头朝下了，人必亡。第四看动爻。动爻是卦的中心点。如上下都动，先看内（下）动，后看外（上）动。为什么？内动就是内乱，内乱必出差错，内乱才会引起外乱，没有内乱绝对不能引起外部的乱。看卦先看内卦找根源。现在铁打的鸳鸯也能散伙，时代不同了，关键看内因。

最后看世应，世应坐在什么卦宫，动爻对世应是什么关系，刑冲合害定吉凶。二爻五爻是一卦的主体。要看二爻五爻与世爻或用神关系。

第一节　二五爻是一卦的主体

　　为什么说二爻五爻是一卦的主体呢？二爻代表自身内部力量，能否成功是大纲，这一点我原来没讲过。五爻是贵人方，是主人，是办事的主体，特别关键。二爻为女人、为财气，五爻代表男人、为权利，是人人都想要的，五爻为君位，要权有权，要钱有钱；五爻为顶梁柱，家中不能起火，柱子稳不稳要看二爻。无论断什么，首先看二、五爻，这是断卦根本方法。二、五爻与用神相合，办事指定成功，休囚则不成。这与风水相似，二爻为地脉，五爻为龙头，也是如此。二、五爻临寅卯木、申酉金、巳午火、亥子水最好，特别是临金水，金爽透彻，水主顺。若是土就不好，阻力就大了。五爻是土时，找人找不到，办事办不成。二爻是土，为家中人没出好主意。土在五爻路上就是不对路，应该改变主意。土在二、五爻测婚姻不成，事业垮台，贵人不现。

　　一卦出来就按上述的基本原则和程序来断。不管是动卦还是静卦都一样。静卦没有动，动反而不好。有人断卦非得有动才断，出现静卦还让人家重摇卦，非有动爻不可，这不对。六静卦首先取旺爻，看哪个最旺，哪个最衰，哪个入墓。用神入墓冲开就可以，静卦好断，是以旺衰而断静卦。用神入墓按兵不动，冲开墓时你去办事定能成功。出墓之日必成功，长生之地定成功，水在申酉日，金在辰日，火在寅卯日定成功。该动则动，不该动则不动。

　　二五爻都旺，或一旺一不衰，或者三合之日，如申子辰三合水，二爻为辰，五爻为申，可选子日；二爻为午、五爻为寅，可选戌日，选缺的一个五行之日，则可成功。

用神与二爻五爻连续相生最好。如用神为木，二爻为水，五爻为金者；若五爻为火，用神为金也能成功，但只能找一次，如五爻巳火，用神申金要一次性办成，因为申巳合中有克，第二次办就不成，不能办。凡是合中带克是指暂时的，合中带生的是长久的，是永远的，如寅亥合，辰酉合。

五爻临青龙、白虎、螣蛇，不是白虎有灾，螣蛇车祸；要办事时，白虎是立即拍板，急躁、直爽、快速；螣蛇是绕圈，时间长，要有思想准备。所以办事打卦用神临蛇，办法是斩蛇，用刀子斩蛇、送的礼不够要送钱、金钱就是刀子，指的是钞票，蛇代表要钱的手伸得长。临青龙一样会出灾，特点是杀人伎俩很高，公安局破不了案。临白虎的人愿听好话，吃软不吃硬，不花钱也能办事，看他喜欢什么，讨其所好。例如一个大企业五百多亿资产，要拿下一个品牌与有一百多亿资产的企业竞争，认为胜券在握，但人家讨其所好，抓住关键人喜欢《道德经》，两人投缘还认了干爹，结果资产少的争去了品牌。不要只认为白虎螣蛇就是凶神，临青龙的人凶起来六亲不认，给钱都不好使，两袖清风，他本人虽好，但对你办事则不利。青龙人清高，一是一，二是二，要办成事，就不要花钱，不能送礼，要有可怜相、可怜事、可怜人，做到三可怜，不能摆阔，要利用他／她的同情心，以柔制刚才可成。青龙不可犯。这就是吉星不吉，凶神不凶，奥妙无穷，关键在于运用。金木水火更为妙，要临土则不祥，土到心死，五爻临土，死心吧。

再看动爻，代表办事的趋向。如做生意，看将来是挣钱还是破财？未来趋向全在动爻之中。不用与世爻用神去比较。回头生，回头合，很旺说明选择的行业是对的，生者将来更旺，合者不错。子水为旺，待申酉金旺相、申子半合而大趋向非常好。不要认为子水克世爻午火就不好，克午火就是彻底改变自己，要有新的策划和用新人，用新的规章制度，有新的计划，或者是财力、人力状态不行，必须加强。

要借力,如再来个午火比肩,再找一个合作伙伴。水一火二,八字中木旺的人来通关。寅卯木主计谋,木火通明,水木相旺,这叫天地人三合,事业何愁不发! 但不是不费力,水主弯曲嘛。再有动爻也可以选,但要看趋势。寅木化未土或化申金,寅木自身不保,走绝地,找贵人也是不可取的,如寅木生你,但寅木没能力来生你,就看动爻是旺或衰,有没有力度。

看六个爻位的步骤:六个爻位是个整体都是用神,不存在闲神、废神。第一用神是二、五爻;第二用神是动爻。考大学兄弟动则考不上,做生意有人搞鬼,有小人,要谨防破财。第三用神是旺衰,最旺爻与最衰的爻。如衰爻是贵人则不得力,对方旺则不利自己。木旺把水源切断,不能用金砍,要以软方法解决。

第二节　六亲变通的使用方法

六亲就是卦中常用的父母、兄弟、子孙、官鬼、妻财爻等。代表长辈、房屋、文凭、学识等,统称父母。如何断买房子是吉是凶?选用神首先看父母爻,如两重父母爻取旺爻或动爻,应该取下卦的父母爻,内卦父母爻是自己住的,与世爻相生相合的可取。如一个房地产商测销售趋势如何? 则应取财爻为用,因为他不是用来住的,而是用来挣钱的。看财旺不旺,如买房子看房子质量好不好,取什么为用神? 看适不适合我,都取父母爻吗? 看子孙爻代表房子质量,材料定好坏。看小区以后的趋势,环境改造如何,要兼看财爻和官鬼爻。不能将有关房子的事一律用父母爻,有时可变成财爻和官鬼爻。

以风水角度看吉利否? 二五爻辨吉凶,风水好坏看卦宫,二、五爻坐在什么卦宫里面:一般二爻坐震乾巽为有风水之地。选房屋看所问的意思选用神,所以说六爻位都是用神,不能一问房屋事就是父母爻为用。唐山大地震，死多少人？房屋倒塌多少间？都取父母爻吗？不能取父母爻，应取官鬼为用。卖房时用神为财爻，财旺之月和父母旺时、受冲时都能卖掉。

官鬼爻：代表领导、当官的、领导我的，也代表奖励、表扬证书。事业发达，名次等。考大学，第一看官，第二看父母，官生父，父衰可以用旺官来救衰父，排名好。官鬼持世必得官，是有条件的，官旺父旺才可以。官鬼爻也是病，黑道的、吸毒的都是邪症都是官鬼持世，如何分辨呢？一般金木水火是大吉，做官能做大，事业发达，土官以凶为主，辰戌未丑官四库最忌都上卦，不是重灾就是中邪病灾或牢狱之灾，但见灾较慢，不是急性的。子午卯酉来灾时急。水官鬼主滑，火官鬼主阴险，木官鬼老谋深算，土鬼是个穷光蛋、败落。金鬼歹毒。但法院、政府机关、工商、税务的都是辰戌丑未官鬼爻。例：公安人员测如何破案时，子孙爻为公安，罪犯为鬼。如罪犯来测，以公安局为官，谁也不愿意做鬼，官鬼必有病，有病是官鬼。娱乐场所打死人了，如何选用神？尸体是鬼，打仗流氓也是鬼，歌舞厅也是看鬼。凶手怎么看？死人怎么看？这时尸体是鬼，打仗者看兄弟、歌舞厅是子孙爻，老板取财爻。卦宫分辨男女然后看爻位，看内卦一、二爻的官鬼爻，死在歌舞厅里，取内卦，道路上死的当然看五爻，休囚是能力不够，兄弟爻休囚好破案，兄弟爻旺则不好破案。兄弟爻旺生子孙爻（公安）则官匪一家，有内线，生合则黑帮老大就是公安局的人。如女同志测老公能否提拔升官？老公是官，升官也是官，老公领导也是官，老公取官，在本地取内卦，取财爻为领导，财旺官则旺，这就变通了，正副职取父母爻代表权威。

兄弟爻：为土者多主此人贪心好大，劫财力度大，一般不要与此人打交道。为水者窃财贪色、男的克妻命硬。水火相克不留情。为金者野性大，不走正道，杀人成性；为火者性情暴躁；为木者讲道理，有文化、走正道。兄弟旺相，子孙爻也旺，利于求财，兄弟是子孙爻的根源。特别是兄弟爻持世，更利于求财，旺者必有财运。做生意利于合伙，不是一个人所为。兄弟爻旺必有合作伙伴。一般兄弟爻持世之人好争斗，自尊心强，比较固执，喜自由，好交友，求财心切，兄弟爻持世不是没有财，是利于求财。在运动场上，比赛场、体育馆都取兄弟爻为用。

妻财爻，子孙爻都一样，就不一一地讲了，都根据多变取用。

卦宫的用法与技巧：卦象在断卦中准确否？取用神在何宫中？测来意看用神在何宫？一般来说，服务行业以兑卦、离卦为主，事业单位以巽卦、艮卦为主，公检法执法部门以乾卦、震卦为主，坤卦与坎卦一般代表交通运输、公路行业等。卦宫有真假，卦宫也代数字。

测球赛，卦宫代表国家，以五行定旺衰，乾卦代表西方国家，正月东方国家木旺，金休囚，东方国家赢，也要看比赛场地。如场地在西方国家地区，则西方有利，风水决定命运。如在西欧赛场，队员穿绿色黑色衣服也能打平手。一次 ×× 足球队去韩国比赛，穿一身红色，木生火，火克金则打赢了，动爻不用看，90% 测得准确。

生克是五行的规律，是有条件的，刑冲合害是断卦的根本大法，看力度定吉凶，相冲只有合解冲。如巳亥相冲，在四、五、六月亥水遭祸。上半年火旺冲亥水多指有病，脑血管，心脏病突发。为什么呢？五行上看，水代表血液，火代表心脑血管，巳火冲亥水，血管破裂流血，脑出血心肌梗死，或手术之灾。巳好比一把刀。如卦中申金发动是否有救？申与巳火相合，申长生在巳，减弱了巳火冲力。巳贪合忘冲，一金两用，即合住巳火，又生亥水，申金不动就救不了。冲也好，合也好，紧贴者力大，相隔就力小。如午火发动克申金、午火动化出未土来。午未合，午火则贪合忘克。如午火化出寅木，则回头生，既生午火，寅又冲申，连冲加克力度则大。如戌土也动，午火入墓，申金有救。火入库，保护申金，午火在六月，午火必被未合去，在戌月日午火入库，生克力度都减少，午火也不冲子水。测婚姻，世生应，世男婚易成，说明男的有实力，占主动权，爱女的追求她，但得旺。如相克，很难成，如有通关，有媒人也能成，但必不是好姻缘。生合关系双方素质好，男女都有本事，能幸福美满，相冲终不成，相克很快不成，相刑终是遗憾，男女各有外心，相合互相恩爱，相生共创家业。女强男壮才能相生，相生者有一方强，经济条件好或官运好，本身旺才能生，如本身弱休囚是生不了的。相合不一定自强但夫妻恩爱。如午火在亥子月是生不了土的，只能是有心无力。如发动则越动越差，亥子月是火的绝地，不动倒好，不要妄动。等午火旺时主动出击则一举成功。身衰生者必受灾，身旺生者必有利，寅卯月午火有权有钱，因后盾有力，午月未必有钱有官，但自强自身才华很好。因动态不一样。事业心虽强，现在还没成功，将来会有财官。衰弱入墓不能动，绝地墓地不入监狱也是病。生要分真假，生在外卦是露水夫妻，在内卦永远生助你，外卦月一合就会走，内卦永远帮助你是老朋友，老交情。如男测婚世是戌，寅卯为财，应爻为寅木，二爻卯木在内卦发动，应选卯为对象。卯戌六合，卯木比寅木力度大。寅木是戌土死地，寅木为参天大树，卯为花草之木克力不大，寅木比卯克戌土力大，卯是老朋友，寅是新朋友，世应是伙伴，是夫妻，是好友，世应是经常打交道的。寅木有善良的一面，是柔中带刚，寅若临应爻上，世也会为其动心。卯木内卦代表家乡，屋里人，老交情，应该取内三爻的，因为知根知底知心。内主老朋友，外主新朋友。如卯是应，寅在内爻呢？寅木性质变了，卯木在外是桃花，内桃花是爱情。寅木不如卯木好看，卯是桃花。卯木见巳火为红艳桃花，千万不能用，性质易变。总之内比外好。两个选择，以内爻为准。

相合生合为棒打鸳鸯不散，午未合，寅亥合，生合。阴一定要柔，阳一定要刚。午未合为正合，午阳火未阴土。寅亥合，反吟之合，亥中壬水见木就生。亥水没热量，合中带凉性，寅亥合遇巳火冲亥时，寅去生巳。寅亥合是带砂子的，两个人心不一样，是不正之合，先好后差。亥见木就生。寅亥合离婚率较高，午未合是全部爱情没有私心。午未合遇子水冲时，未土制子水，子水冲不动午，丑也冲不动未。子水冲不动午，未来制，寅亥合而巳火能冲动亥，因寅生巳。

若午戌合，与午未哪个力度大？要从卦象上看，还是午未牢固。未在坤卦，戌在乾卦里。午戌不如午未牢固，出现卯木戌土就跑了。每个细节都要把握，断卦才能出神入化。

若应克世，对方喜欢你，你无所谓，世应中间有通关，可成。应木克世土中间有火通关，也能成。间爻不动也一样，也能通关。

大象上克，也能成一家人，但脾气不合，因克中有合。寅克未有午通关，说说大话而已，不是真克，有通关者不真克。

相生的家庭条件好，男的有本事，或女的有钱，相合的不一定有钱有权，只是志趣相投。

子午相冲，寅申冲，冲中有克，谁都看不上谁，调节很难。克者好办，冲则不好办，相克不一定散，相冲肯定要散。六合变六冲，如雷地豫之雷天大壮，阳刚太旺，第三者插足，主两个都没伴，老年都孤独，都后悔。老来无福，是假福。先冲后合，老来有福，开始有福不为福，福也分真假，先冲后合为大吉，先合后冲为凶，两败俱伤。先冲后合，是先离婚后又找个好的，不是俩人又复婚了，而是又找个上等婚姻。相冲的调婚姻很难，克的好办，冲的不好办，相克的不一定不能，相冲的一定不行。

子丑合没毛病，子为水、细水，丑也是水沟、河流，丑土是保护水的，若无丑土保护，子水就流光了，故是好事，不能以合中带克论。

申巳合，巳是申的长生之地是合中带克、带刑，是无情之合，易翻脸无情。申巳刑易生伤灾。一个拿铁（申）一个拿刀（巳），合是表面，相克是本质。

卯戌合是友情之合，卯是花，戌来打扮。

若一子二丑，一午两未争合，日月上为外遇，外情不长久。世应为正宗，内外为长远。

下面举个卦例：

例1. 一卦多爻发动　家庭事业多变

某日上午，我刚到办公室坐下，还没等沏茶，尾随着就进来一位约40岁的先生。他跨进我的办公室门槛，双眼一亮："您就是李计忠先生？！久仰久仰啊！经人介绍，本人今日亲自登门拜访。让老师您给我指出一条生路吧……"我笑而无语，请他静坐一会儿，然后让他摇一卦看看。

丙戌年　　甲午月　　丁卯日　　（戌亥空）

《天山遁》		《泽雷随》	六神
	父母戌土〇	父母未土、、应	青龙
	兄弟申金、　应	兄弟酉金、	玄武
	官鬼午火、	子孙亥水、	白虎
	兄弟申金〇	父母辰土、、世	螣蛇
妻财寅木	官鬼午火、、世	妻财寅木、、	勾陈
子孙子水	父母辰土×	子孙子水、	朱雀

推断1： 你目前的心态不稳定，心浮气躁。

反馈： 对！

解析： 一卦打出，六亲不全，世爻临官鬼午火临月建旺，日令生扶，火主急躁，如此旺火，旺也为动，临着官鬼，官鬼持世，心身不安啊，所以说他目前的心态不稳定，心浮气躁。

推断2：你的人生路坎坷。母亲在你10岁内就已经早亡，父亲健在，你们家有兄弟3个。

反馈：真的是这样。我很小的时候，母亲就去世了，在我的记忆中对母亲没有印象。我们是兄弟3个。老师您说得真准！

解析：①二爻为母亲之位；二爻官鬼午火临月令旺而动入六爻戌土之动墓。官鬼午火居艮宫，艮为坟，午火临鬼，所以说母亲已经不在人世，二爻官鬼午火持世，大限世爻他1—10岁这个运限，所以说他很小的时候母亲就去世了。

②初爻为父亲，父母辰土发动，动则为有气，临月令午火生旺，说明他父亲仍然健在。

③官鬼午火持世，午火代表兄弟，主、变卦及日月共有3个午火，皆为同性，说明你们家有兄弟3个。

推断3：你有双妻，而且双妻皆生有一个孩子，大妻子生儿子，小妻子生女儿。你对小妻子更好些。

反馈：大腿使劲一拍，叫道：李计忠先生，您真神！连我几个老婆您都断出来了，生男生女断得一点儿不差。正是这样的，真神！

解析：①二爻为妻位，持世，也为卦主本身。卦中妻财不现，伏藏在二爻之下，同时也化出了妻财寅木，与世爻同在二爻居妻位，为双妻之象。

②世爻午火直接化出来的财爻寅木居震宫，震为大，出现在变卦中，为大妻子。二爻午火伏藏的财爻寅木与世爻同宫同爻，不占卦爻为偏，世爻居艮宫，艮为小，所以是小妻子。

③初爻伏神子孙子水与伏神财爻寅木为同宫位，是伏神财爻所生，伏藏于初爻父辰土之下受克，再说不现卦中，逢月破终为弱势，断为小妻子的女儿。变卦初爻子孙子水为变卦二爻妻财寅木所生，此子孙爻占在变卦中为旺相，居震宫，断为大妻子所生的是

儿子。

推断 4：你1994年投资做生意，与土方面行业有关。该年破费在投资方面的钱财较大。

反馈：正是如此。那一年，我开始做建筑材料生意，事业刚开始，花耗较大。

解析：① 1994年流年太岁为甲戌年，太岁入卦中六爻，父母戌土发动，父母主项目投资。所以说1994年投资做生意。

② 卦中火土旺，土为父母为项目，是与土方面行业有关的。

③ 卦中寅木为财，官爻午火持世，太岁戌土入六爻发动，寅午戌三合火局入六爻父母戌土之库。在项目方面，火旺泄财，所以说该年破耗较大。

推断 5：1995年下半年开始赚钱，直至1999年经营建筑材料都挣大钱。

反馈：太对了！就是在那些年我发财了。

解析：从1995年开始至1999年，流年一路行水，本卦中缺水木，水为子孙，木为财，水生木旺，木旺财旺，财旺生身，身旺挑万贯家财，所以1995年至1999年为发财年份。

推断 6：2000年你改行了。财运一般。行业由土性质的改为水性质的。

反馈：是的。2000年我由于生意不比往年，选择了改行了。改做促销生意，流动性较大，赚钱的难度也大。

解析：2000年太岁庚辰，太岁入初爻发动化子孙子水，子孙为财钱的路，父母辰土为项目，逢太岁是辰土，与世爻午火不能构成三合火局了，该年太岁耗身，化出子孙子水冲克午火世爻，为投资不对路，该年辛苦，财运一般。

推断 7：2001年、2002年为破财之年。求财艰难。

反馈：是啊，那两年我吃尽了苦头，与前些年相比，就像是两个天地，差别很大啊！

解析：2001 年、2002 年太岁为巳午火，世爻午火临官鬼，临太岁，官旺至极而灾祸起，破财。这两年实为身旺财弱不担财。

推断 8：2003 年你投资立项多而杂，别人总喜欢来找你立项投资。导致你劳而无功，既辛苦又破财。

反馈：是的，该年想做的事情太多，但多败少成，亏了钱。

解析：2003 年流年太岁未土，未土在卦中是父母爻，父母爻代表投资项目，太岁与主变卦组合，父母爻多重临太岁旺，构成丑戌未三刑。父母爻逢刑，则表明该年的许多立项投资不对路。父母也主辛苦，所以说该年投资立项多而杂，劳而无功，辛苦又破财。太岁未土合世爻午火，多数时候是别人找他做投资。

推断 9：2004 年、2005 年仍然是破财不断。财运不顺啊。

反馈：这两年可以说是有生以来运气最低谷了，做什么都不顺。破财是肯定了。

解析：2004 年、2005 年为申酉流年，太岁临兄弟旺无子孙通关而劫财。所以说他这两年仍是破财年份。

推断 10：你此刻来求测，也是为了投资立项之事，该年上半年不利于投资，下半年后，你可以大胆地做吧！

反馈：听老师您一句话，就像吃了一颗定心丸。

解析：2006 年丙戌，太岁戌土为父母爻旺相，旺为动，有投资立项之意。上半年为火土旺，不利投资，下半年金水旺，利于投资。七、八月份就可以投资，入立冬后，财运渐渐好转。

推断 11：往后 5—6 年的时间，又是你的财运高峰期，望你好好把握。

反馈：一定谨遵老师您的点化！

解析：往后的流年太岁为水木旺的年份，卦中五行齐全，流通有情，是发财的好时光啊。

例2：一个学员在面授班当场摇卦的卦例：

丙戌年　　壬辰月　　辛卯日　　（午未空）

《震为雷》	《雷火丰》	六神
妻财戌土、、世	妻财戌土、、	螣蛇
官鬼申金、、	官鬼申金、、世	勾陈
子孙午火、	子孙午火、	朱雀
妻财辰土× 应	父母亥水、	青龙
兄弟寅木、、	妻财丑土、、应	玄武
父母子水、	兄弟卯木、	白虎

解析： 震卦，世爻上卦没变，三爻辰动变，化为离卦。主卦六冲，世戌土被辰月冲，应动冲世戌土为破，世应同宫都在震宫，土越冲越旺，不论破。

看卦宫，震为车，公检司法、车辆、军界，武装部门，世在上六爻临财爻，生五爻申金，土代表柔软之物，六冲主动，变动看有无官位，是不是当官的，乾也是武装部门，航天事业，为正统的；震也为武装部门，但含有杂气，与地方有关联。

看什么职业：震为部队也为车，若世在二三爻，在驾驶室为司机；在六爻，不是专门司机，但与车有关系。

看本人是不是当官的：戌世临月日（卯戌合暗动），申金五爻受六爻戌生，申官副职受你生，你为正职，财官相生必有职务。副职与世关系好，非常信任，级别多大，震上两虚，在阳位为正科，正营副团。若七八月打卦，为局级干部。你本人非常有钱，超过同行，财临太岁，月令冲，辰是总库，老婆不断收钱，1999、2000、2001、2002、2003年财运非常好，金得土生，财官相护，去年有钱更多，官不旺，财旺，财气大于官气。

反馈：该学员为××某武警驾校校长、副营职，每年30-40万收入，从1999年开始收入好。

断：老婆与你一个单位，办公室很近，一起办公，卯戌合加大了发展速度，临蛇，夫妻关系相当好，你追老婆，亥入库，文化不高。你的文化程度高，你老婆聪明。此卦虽然是六冲卦，但在同一宫，所以感情还是很好的，怕就怕雷天大壮。

反馈：老婆是初中文化。

你的后运还要发几年，财气太大了。子女，第一胎女孩流产，第二胎是男孩。因坐震卦，午火阳爻阳位空，是过去的。（对）

午未空，看一下卦中四爻午火真空假空？是假空，午火在震卦里得长生，木旺火旺，正合局，寅午戌合局成功。木生火，没杂气，因在震宫合局，若在乾宫的寅午戌就有杂气了。另，申子辰三合为假合局，不成功，因子水不得利，初爻子水受世戌土之克，与父母缘分浅。三月里的震木不衰，卦气旺，木旺火就旺，火旺戌财就旺，为何三合局后断财气大呢？赚钱是本人所为，财源滚滚，月令冲上六爻戌土，是好是坏？卦里最旺的财土爻。只有日上一个卯木克戌土。但会不会来克呢？不会，因卯戌合，是真正的阴阳相合，卯是求财的一个贵人，说明上边有一位领导与你的关系特别好，与你相合相助，而且辰土冲戌土，临月令，土主杂气，当地政府机关开绿灯，辰土为库是政府机关。戌土不怕冲，越冲越旺，卯木是它的保护伞。世爻宜旺最为强，在月令上是当地政府机关。日上是管辖部门领导，正职一把手。与日合不是女友，不是打婚姻卦，因是六冲，来得快，宜散，故不能断为情感上的女友，而只能是贵人，这是指日上卯木。

二爻寅木，在震宫为旺，兄寅旺，代表家宅、妻子，辰财动受寅木克，为老婆管钱。寅午戌合成真正的财局，有子孙财路，有财有库，而且夫妻关系相当好，谁都离不了谁，吃饭、休息、工作在一块，也是三合。

看五爻申官，月生在五爻位，卦中官星无杂气，辰土来生，旺与世爻成为相生关系，财官两旺，紧贴相生，财官加身，必然有财有官。申寅巳亥为副，又在五爻君位，为说的算，通过财来生官，财气大于官位。只要二五爻与世爻相生就是发达。

求财临土的时候发财不大，但此卦日月冲财暗动（日月冲合财，必得大财）。什么样的人的财都能赚（杂气土财）。再看辰土三爻应爻旺动，临日令旺，第一旺神，座在家门上，又临应爻临青龙，代表爱人，老婆在家是一把手。

震卦生午火子孙为财路，取动中之财。世旺，应更旺，土见土越冲越旺，世应不相克，有无冲中逢合？有：月冲日合，还有寅午戌三合，解了六冲，如果是秋天打这个卦就完了。

为何断1998、1999年转折开始发财？起源为二爻寅（1998年戊寅年）。三合在寅兄生午火生戌世财，卯日合世必见大贵人，一把手正职。若三爻四爻有寅木，购成合局也不能这么看，首先看二爻大纲。2004申年、2005酉年财气更大，为什么？官鬼申酉耗财的，官星是官职，官分真假，假为鬼耗财，真为官护财的。财来生官，居五爻之位，是真正做官的，有权力，不是灾难。2004（申）、2005（酉）年，名气大的，官鬼代表健全制度，五爻代表人，人员增加，一片新气象，名气大。

7岁落水怎么看：世在六爻，在上居震为动。卦里最衰的是子水，日刑入月库，最弱为病为灾，水衰为灾，在初爻，为童年，临白虎，凶险之灾，虚惊一场。子化为卯木，卦宫震4加变卦离3为7岁，子化卯，不是很深，三爻辰化亥，亥休囚，也是水不深，①初爻为长子，也为父，子临父母爻，故为父亲救起来。②三爻辰收子水入库，辰化出父，故为父救。③申子辰合局，申居五爻也为父。

阳宅，现在的不好，不如1998年以前的好。住几楼？应该是一楼。父母在初爻，子水为一。卦里阴气重。房子不聚气，需调整，阴气重，地型前宽后窄，路前后对宅不好，有点弓背，左边有个半交叉，两个地方出水都不好。（反馈：神了）。

看孩子，子孙午化午逢空，不见面。空有不留之意，但午不是真空，午旺为二，在震卦是男孩。

第二章　一卦多断取用法

周易术数的预测手段很多,有铁板神数,紫微斗数,邵子神数(天书),年上奇门,日家奇门,时家奇门,遁术奇门等,最通用的是六爻八卦。

一卦多断的取用法:

一事一断信息较明显,一卦多断信息复杂、要提取大量信息,必须掌握各方面技艺才能提高。掌握卦宫之法,正确运用六亲,断起来才会精彩。

主卦与变卦共12个爻位,上下左右变化无穷,取用神要结合宫法和爻位的运用,如坐在哪宫里,六亲的性质如何,等等。爻位代表部位、六亲代表动态,宫卦定方向,三者结合一起。

一事一断只能断皮毛,要巧用六亲,最实用的是卦宫。用卦宫能断60-70%,八卦加六亲更加深入,出神入化,一卦出来首看卦象,然后看六亲,大纲是二、五爻。五爻为龙头、天门,二爻为地脉、地户,六爻是天神,为风水口。只要二、五爻与世爻生合为吉,故二五爻与世爻关系定吉凶,虽六冲卦亦为吉。这样的六冲,不骗人、急性子、为人实在、领导在与不在一样,六冲卦应事速度快。六合卦来得慢,六合卦也不全吉,六合温柔、感情用事、当断不断、拖泥带水、带来无穷后患,企业若感情用事就得垮。六合卦事能成,但拖的时间太长,手续多,运输路则长,货卖不出。我喜欢六冲卦,现在快节奏,慢就落后,必有足够的知识,才能从卦宫爻位,六亲中提取不同的信息。

卦爻随事情变化要正确取好用神,要利用五行来判断,问的事情是那一五行;也可随机取用,就是说法无定法,随着灵感取用。

一卦多断必须有足够的易学知识，从卦宫、六亲、爻位里提取大量的信息，根据事态意义取用神，要用五行来判断，法无定法，随机取用。错卦错断，一样断准。有时一个爻位要反复用3-4次，每次代表的意义都不同，如五爻代表父亲、长子、丈夫、领导。六个爻位轮流多用，若日月与五爻相合，说明爸爸在外地上班，日月合者为旺、为贵，具有官位。女测若五爻生世爻在本地，若相冲在外地。五与世相生在本地。五与世相冲相刑，不在本地。

用卦象加六亲是否生克五爻来看灾祸。每个爻位都是用神。一件事有一个用神。如看子女，看儿子身体如何，能否考上大学，哪方比较合适？看病取五爻，配六个爻，看哪个最衰，哪个最旺，初二脚、三四腹、四五胸、六头，哪个克刑的利害。分轻重，从爻位定部位，五行定病情。六爻为头，相刑相冲为头上之疾，临火土、血脉不通。看儿子能否考上大学，取卦中最旺之爻，金水旺—理科，木火旺—文科，土旺—中等。看身体，取子孙；看名次，取官鬼，官鬼要比父母爻旺，才能去好学校，若父母旺于官鬼爻，进不了好学校。若官鬼爻临青龙白虎，名列前茅。火金一类学校，木水二类学校，土为三类杂牌大学。木再高没有火高，水再好，也是金来生。故金火为一类大学。只要驿马旺动，也是一类学校，子午卯酉为正驿马（国内），寅申巳亥，偏驿马可出国。只要五爻旺，被日月冲，也是好学校。卦宫决定方位，活动范围。

第一节　如何断财运卦

求财，财路不同，看卦方法也就不一样。如问房地产开发能否赚钱？到银行办贷款能否办下来？投资商的款项能否到位？这三项取用神怎么取？三者不同不能都取财爻。

银行贷款	合伙人投资	能否赚钱
看财库	取应爻	取财爻

合伙人：取应爻，世应关系，兼看兄弟爻。银行能否贷款，看财库（不是财爻）是否生世；批不批兼看父母爻；能否赚钱看财爻与世爻是否生合，在内卦还是外卦，兼看二、五爻。一定要明白问的意义，结合卦意，取准用神。

看门面做生意通常取财爻为用，兼看子孙爻，兄弟爻，官鬼爻。一定看子孙爻旺不旺相。想知道生意赚钱多少，主要看子孙爻，满盘财爻若无子孙爻，这个生意做不长，虽财临月令旺，无孙爻，也会被兄爻劫财。财越旺，亏得越多。子孙爻是一神三用：能生财、护财（泄兄力度）、制鬼。若无子孙，兄弟爻就劫财。不管是否兄持世。兄旺，孙旺（动不动都可），财爻上不上卦都无所谓，都会发大财。子孙爻的五行数就是发财的数，水一、火二、木三、金四、土五。孙旺加一倍，如孙火旺，火为二加倍为四，孙衰，本气；若休囚入库，没钱。若兄、孙同宫，则卦数加孙爻五行，如坤卦孙为火，坤8加火2为"10"或"100"之数。

但孙爻不能持世。持世无财，给人赚钱机会。孙爻生财的，持世为自己拿钱去投资，风险很大，应按兵不动，但很难，因子孙为娱乐、浮躁，很难不动。但孙一动，其财便被兄爻（家里人）劫财，被官泄耗（为外人）。孙爻旺相，求财不难。财持世、生世、合世，求财易得（世旺、财旺），世衰不行。财来克世，求财易得，但世要旺，世衰求财必有灾。

财爻发动生世爻求财能得是错的，财若动必被兄劫财；动生官鬼，被骗上当。求婚也如此，动宜与别人相合。故财爻宜静不宜动，静能守法，动易破财。

兄弟爻，求财不宜发动，动则破财；兄弟爻被制时可得财，官鬼爻发动能制兄弟爻，但也是最倒霉的时候，兄弟发动身边有小人，官鬼发动，兄弟发动内外不安宁，麻烦事多。与世爻同性的兄弟是本单位身边的人，与世爻异性的是外边打交道的，慢慢地劫财，官鬼兄弟同发动破大财，只有子孙发动才能发大财，子孙爻上卦，那么兄弟爻就为贵人，子孙爻是产品，兄弟爻为产品的厂家，是贵人。

官鬼爻持世，发动有耗财之象，利于空手求财，如用口技的唱歌、演讲、技艺、画、写、书法家等利用技艺挣钱，都是无本的生意，搞周易六爻，风水的也是，如用钱进货来挣钱，官鬼持世不挣钱，还有灾。在外卦路上有病或被骗，不祥之兆。演讲、唱歌可以挣大钱，不能用自己的钱去做。官鬼持世进货有假，也不好卖，因鬼就是错，鬼世就是本身有错。世爻临鬼应爻临财，财来生鬼能得到三分之一的财，是合伙生意。这里有无形的耗费，进货时也出错误，卖货也要注意，世应都旺，财爻生世需看间爻。如兄弟发动中间人做手脚，价格看兄弟爻，可直接与厂方进货，与中间人要拼命压低价格。

父母爻持世，旺相求财，辛苦之象，主走动的多，主劳累，手续齐全，信息无误，是动中求财，虽辛苦，肯定发大财，旺相辛苦劳累值得，不易上当受骗，信誉高，双方讲信誉，销售路子多，能发大财。过去认为辛苦劳累挣小钱，实际父母爻代表智慧信息，若直销，父母爻旺，发财有道，会暴发、暴利。

兄弟爻持世，越旺越有财，休囚没钱，旺相为大富，基本上是白手起家，多数为单枪匹马，其他的财用不上，旺主聪明。与官爻相合主交际广泛，多才多艺，有才能。一般都是在42至47岁发福，有自己的发展基地。无论男女婚姻都不顺，多婚之象，旺者人忠厚善良、聪明过人；衰者财难以发展，短寿之人，多灾多难，有牢狱之灾。主卦没财，变卦有财，发在中年；主卦有财，后卦无财，昙花一现。世爻衰休囚，日月再冲克就完了，破产了。

财怕动被合，子孙怕入库，30岁之前有大灾。到老年求财，官鬼、子孙爻休囚是真正的辛苦，求财费力。女性求财，子孙爻发动，特别是一爻独发，克杀力最强，没有牵制，相当万军齐发，力量大。

指的是子孙爻不持世发动，女的忙得要死，男的逍遥自在，家里是女的一手支撑，女的明知老公不行，但又喜欢，女方没有情人，男的可能有，反而不克官鬼，是祝福。因卦中有财不克老公，女同志相当有本事，女贵，第一个生男孩，必生贵子。子孙动在卦中，财爻旺相不克夫，事业做得火爆，但弊病是男的和老婆不能紧密配合，游手好闲，男的不会长寿，因为阳不胜阴是命中所为，阴盛阳衰不长寿，为什么呢？说明男的没主见，女的只想发财。

一般讲财爻持世主财荣，世最喜旺不能衰，最好是子午卯酉，寅申巳亥持世。不要辰戌丑未持世，土持世不好，土持世的人能力不大，会装、摆谱，大的干不了，小的怕丢人不愿干，死要面子活受罪。土财特性好玩，缺少远大目标，只看眼前一点点，好的机会把握不住，缺乏远虑，抓来芝麻丢西瓜，往往出现犯口舌是非，犯"指背星"，办事解决问题拖泥带水耽误事，意志力缺乏。临土合者，能遇到贵人相助则吉，遇刑冲必遭灾。

求财，财旺世衰必遭灾。财爻不现伏藏能否有财，要看卦中动态。第一兄弟爻旺子孙爻旺仍有大财可求，第二财爻伏藏只要临日、月旺相生合世爻一样求财可得，如金财临申酉月旺相财出。第三财爻休囚入墓求财不成。伏子孙爻下财力最厚，伏官鬼爻下旺财可得半，伏兄弟爻下财必被别人把持。兄弟爻旺是财来财去不聚财，被兄劫走，都是内亲劫财，如兄弟姐妹。财爻化兄弟，求财财不得；兄弟化财爻是得财之象，但兄弟爻要旺，衰弱一样破财，钱破在女人身上，财化官鬼被人骗或自己操作失误，财必耗费掉，反而有是非。官鬼化财，求财易得，空手求财。财化兄，财化鬼，不能求财，有鬼动更不行，兄化财，鬼化财可得。财化兄，钱被别人把握主破财，财化鬼财被耗掉，东西是废品或设圈套。兄化财是劫别人的财，鬼化财是自己的技艺。

财化父是得财之象，父化财也是得财之象，产品经销越做越大

周易·一卦多断点窍

是品牌货，大价钱，有名有利，轻而易举。财化父，父化财比财化财还好要，代理商是财化财，是安全的。看是化进化退，化退则保本，消耗在路上，财化进旺有钱挣。

卦中官鬼多了不可乱动，动肯定破财，是亏本生意，官鬼主好看信息好，十有九不挣钱，旺鬼，鬼多都不可以做。卦中兄弟多，有子孙爻可以。就怕兄弟多，官鬼多，子孙爻不上卦，赔钱糟透了。

财爻化子孙财源滚滚，越做越大，财路越宽，财化孙是直接得利，子孙化财是先有销路后得利。

世应问题：人家介绍生意，别人拿产品代销，首先看世应。世生应是折本的生意，世旺则折的多，世生应不可为，最后还有反目之象，相当于是个打工的。世克应要求应爻旺可以做，世爻衰不可以，货卖不出。应生世者为大吉，应爻要旺，衰也不行。应爻空是有诈，应爻代表动向与心灵，世应相冲刑不可为。应克世不能谈。

求财的方位看子孙爻的五行方位。申酉金是西路财神，子孙爻是火是南方，到北方就是南辕北辙，要根据子孙爻五行来定。

合伙生财，世应相克、相冲、相刑不可做。世应要安静不能发动，谁发动谁有顾虑，就是短时间合作不能长久。世空自己不真诚，应空对方不真诚，更不能合作。

利润厚薄看卦宫，如寅木在乾宫就薄，寅卯木坐离宫中利润薄，寅卯木坐坎卦就厚，非常的厚。子孙爻代表财路。父母爻代表商品好卖不好卖，旺就好卖，入库说明在仓库中，在绝地休囚报废不值钱。子孙爻也一样，绝地入库也为报废，最忌墓库绝地。兄弟爻代表价格的高低，旺相发动，日月生扶好销路，休囚价低赔本。官鬼爻代表产品的趋势，旺现在不好将来好卖，休囚将来也不好卖，没有发展趋势。

持世之五行，六亲之动态决定整体卦象是吉是凶。一卦四重官鬼，耗量之大，得不偿失，一眼能看出世爻休，兄弟爻、官鬼爻多，漏洞百出。应生世，财旺还要看动态是凶是吉，如做生意得了钱，半路被打劫了，是意外灾祸，钱到手又被劫走了，经常遇到这种情况。官鬼爻发动相刑与五爻相冲相刑。官鬼持世，兄弟持世不安全，都有上述情况发生，特别是出外做生意，有不安全的因素在其中了，兄弟爻持世就怕鬼发动克世，外卦鬼克身是一大忌。最可怕两鬼夹世，内鬼通风报信，“两鬼夹一神，不死也出魂，两鬼夹身，不死也昏。”求财看六亲定吉凶，朝子孙爻方向去，不能朝财爻方去，有埋伏，官鬼爻方就直接有灾了。

财爻临日月持世，十年旺财，干什么都进财。财库持世，主发大财征兆。最忌丑未戌三刑，冲可以，自己本身投资较大，挣大钱得利快。最怕相刑，相刑不可以，得不到财还亏本。土与土相冲，为冲动，越冲越旺，土冲不为破。

举例说明：

例1：某男测店铺前景：

癸未年　　寅月　　己酉日　　（寅卯空）

《地泽临》	**《山雷颐》**	**六神**
子孙酉金×	官鬼寅木、	勾陈
妻财亥水、、应	妻财子水、、	朱雀
兄弟丑土、、	兄弟戌土、、世	青龙
兄弟丑土、、	兄弟辰土、、	玄武
官鬼卯木○　世	官鬼寅木、、	白虎
父母巳火、	妻财子水、　应	螣蛇

1. 定吉凶看二五爻，世爻卯官临月令，坐二爻。先看日月，日冲不怕冲，空为假空，不要按空来断。再看五爻，是应爻财亥，与世关系为生合，寅亥合，卦为吉。

2. 找出最旺之爻，是官鬼世卯（不好之处是化退），应财亥化进神。

3. 看动爻对世爻的关系：六爻酉动临日令，还算旺（若在卯月的酉就失灵了。）孙酉动生亥水应，紧贴相生，（若在三爻，就力度小了，酉入丑库）生五爻，五爻生世成功，有钱可赚，三爻四爻临兄弟，是租赁别人的房子，代表门面。

4. 二爻卯木，1999年（己卯年）动而赚钱，2000年（庚辰年）也赚钱，辰兄太岁旺，子孙酉动，故赚钱，贵在酉金动。

5. 最衰的爻是兄爻，临太岁旺而有助。2001年（巳年）巳酉丑合局赚点小钱。2002年（午年）六月搬迁，2002年冲动子水，未月冲丑土。世卯见午处死地，无合局，五爻财亥水化子水与太岁冲。二爻为宅化退神，经营第四年（震为四）主动。

例2：卦象吉凶铁口断 当场验证见分明

5月17日，弟子领来了一个人，手中拿着一个卦例，请求我给此人断，当时我正在讲课，趁休息时就把此卦例写在黑板上让学员们练习断卦，摇卦人也在场，可以当场验证。

丙戌年	癸巳月	丁未日	（寅卯空）
《水火既济》	《水山蹇》		六神
兄弟子水、、应	兄弟子水、、		青龙
官鬼戌土、	官鬼戌土、		玄武
父母申金、、	父母申金、、世		白虎
兄弟亥水、 世	父母申金、		腾蛇
官鬼丑土、、	妻财午火、、		勾陈
子孙卯木〇	官鬼辰土、、应		朱雀

断 1：你挣过大钱，是在 1992（壬申）年开始到 1997（丁丑）年财运好，尤其是 1995（乙亥）年、1996（丙子）年特别好。

答：完全正确。

解析：1992 年壬申到 1997 年丁丑是金生水旺之地，世爻亥水在大象中坐坎宫卦为根基好，有能力。1995 年乙亥，1996 年丙子世爻更旺，有能力劫财，所以财运更好。

断 2：你的左肩有疤痕，头部也有疤痕，是在 1998 年（戊寅），因打斗留下的伤疤。

答：完全正确。1998 年被人勒索，我坚决反抗而被几个歹徒砍伤。

解析：外卦兄化兄，五爻鬼化鬼临玄武，月建巳火生之，日建未土相刑，官鬼旺极必有灾，五爻官鬼为肩，临玄武与未土相刑。未戌土也代表皮肤，玄武坐坎主流血，主卦为右，变卦为左，所以断左肩有疤痕（因变卦为结果），头部有伤疤，世爻亥水被月令巳火冲破是水火相战必有伤，戌亥在乾位也代表头，所以头部也有疤，1998 戊寅年有伤灾卦中已有明显特征。世爻亥水逢月破，日建克之，父母爻申金临白虎被月建巳火刑合。那么寅年构成了寅巳申三刑，申金受伤，不能生亥水。亥水逢月破，逢寅木合时也为应期。

断 3：你在 1999（己卯）年大破财。

答：完全正确。

解析：1999 年卯木子孙爻填实耗世爻所以大破财。

断 4：你 2003（癸未）年下半年到 2004（甲申）年财运好。

答：完全正确。

解析：癸未年卯木入未库不泄世爻为吉，下半年水旺，申年父母临旺地生世也为大吉，所以财运好。

断 5：2005（乙酉）年大破财，且有车祸。

答：完全正确。

解析：有二个信息：

周易·一卦多断点窍

第一，初爻卯木为脚，发动化官鬼辰土为凶兆。卯木代表车船，与太岁酉金相冲，（酉也代表车）有两车相撞之意；

第二，变卦中辰土被太岁酉合动与五爻戌土相冲，也有车祸之象（初爻为脚力，五爻代表路），破大财。酉金太岁冲卯木空而填实，泄世爻亥水，可看成投资立项（因官鬼辰是卯木所化）。酉金太岁合动辰土，与五爻戌土相冲。五爻代表事业和辰土相冲，说明2005（乙酉）年投资立项是错误，因辰戌相冲不生申金。

第二节　如何断婚姻卦

有人说断婚姻比断财运好断，实际不然。如两人闹矛盾与离婚分居都有相同的信号，要分析详细很困难，人说不进病房进牢房，不进牢房定遭殃，就很难把握，就要细看五行和看卦宫，还要看六亲和六神，才能分辨清楚。现代婚姻很复杂，广东汕头一带，只要两胎女孩，男人就在外面另娶老婆，以生儿子为美，广东特别重男轻女，故要断出大太太、二太太等的情况。上半年遇到一个女孩求测，她是部队的副团级，第一个丈夫是副师级，又与一个老总生了儿子，后又找个年轻情人。这些信息必须从卦中提取，光测出不行，还要排出各自的特点。最后谁能白头到老。去年出了一场车祸，为了赶时间，在山路转弯时摔出，差点摔死，想找出这些信息，要分清爻位，兼看六亲，再看世应关系，不一定非得取财爻，或专取官鬼爻，只要能把握要害就行。

春节前两东北女人来断卦，官鬼重重，必然婚变，婚不顺，应爻处绝地不旺，鬼坐艮宫，应休囚，有老公死亡迹象，断：一生中三次婚，一次离婚，二次老公有凶灾，现在第三次打拼。问老公现在安不安全，有没有女人，艮卦化艮卦有归西含义。若鬼为金木水的话，休囚也有余气，若坐艮坤卦，金水也休囚，有死的信息。金水木在乾震卦就是休囚，也不为死（有余气）。

测婚最忌游魂卦，是离婚率较高的。不论男女，没有主见、主张，没有根基，将婚姻当儿戏，婚姻是万事之根、之本。离婚的三年内不会好，阴阳分散，气场分散，婚姻不解决，事业也不好。现在大老板配女秘书，也是一种阴阳搭配。游魂漂泊不定，卦打游魂婚必散，游魂卦求财求不成，婚不成，取用则相刑，那个都有毛病，求升官没贵人，求财不上卦或不真，求婚不是财休囚就是官休囚。另一个是归魂。求婚卦打归魂，必有一伤，不伤必离家门，不死也坐牢。归魂卦在长生诀里是绝地绝气，中年失配偶。

六冲卦不成功，半年之内必分散，六冲卦中坤卦另当别论。坤有成功之象，但反复最终成功，其中有一个人，大肚为怀能忍让有母爱之心，包容性较好，本来要破但终究成功。乾、震卦一见钟情快，散的也快，三个月就变味了。坎卦是好人与小人，谁打卦谁是好人，切忌不可成婚，成婚就遭殃，不是病就是麻烦，坎卦仍有留情之意，得一年半至二年才能完，是一个陷阱，表面工作做得好，水多柔和呀！艮卦老女取少男不成功，婚后女短寿，艮为山主坟地，艮卦不可为，男的有外情，总之不成。反之老男少女也不行，艮卦老女配少男，女的早死上吊喝药，自找坟墓，艮是山，水是财，山上的水是留不住的，乾兑叮当响，老男少女，不是女克夫，就是男的早死，兑代表水池，兑是两个嘴吧泄气，喝你的血，离巽没问题，以上讲的是卦宫。

天山遁，山地剥卦，利男不利女；火泽睽，夫妇反目，雷天大壮，加刑伤，克妻克夫，风天小畜，天风姤，不但离婚，而且反目成仇，都是克配偶的卦，谁打卦，谁是克方。卦宫断婚姻，看好坏，婚姻顺的很少来打卦，十有八九没结婚也是不顺，顺就结婚了。

卦逢六合是否永远很好？不是！六合不代表夫妻就好，外表看很好，走到一块，但不一定好。如果六合卦中用神（官、财、世）相刑，婚不合。"相刑必有外情"（绝招）。合不一定有情况，合后入库才有情况。

外遇时刻（桃花定时法）：

　　用神与未相合，男女交欢时间在下午 1~4 点，方位看卦宫，以库的六亲定，库临兄弟租房住，库旺是酒店，库衰在家。五行定方位，戌库是晚 6~9 点。丑时必过夜。与辰相合上午 9~12 点。如何看外遇的日子，即桃花日：就是冲动，合动用神之日。如用神午，就是子日或午未日（合值冲）。

　　六合卦应生世，世应相生为吉象，卦的信息根据人的性格脾气决定的，按世爻的六亲定性格，百发百中，女打卦官持世的多，老公牵马，老婆骑马。男的财持世，也不稀奇，男的就是赚钱的，既然女的当家就是夫妻关系好。注意的是不能相刑，相刑有外情，刑谁谁有问题。土刑不离婚，有外情，金木水火相刑，离婚。申巳寅相刑克，离婚；寅与巳刑离婚，外面有感情了，木生火之刑；申巳相刑离婚，要打官司，要经法官判才能离。

　　世应相克，只要不是六冲卦，就不会离婚，只是夫妻不合，世应相冲怕死绝休囚入库，怕一旺一衰，不死则离（两旺两衰无妨）。

　　世应相合，合中带克，是不吉之相，相克者为不能白头到老。男出现死亡，特别是金木相克，水火相克。但只要间爻有通关，照样能白头到老。木土相克间爻午火通关，逢子水年，为有灾（不是离婚）。

　　六合卦，只要世应不克就是上等婚，六合中有刑没问题，刑有合来解，不怕刑。六合卦主长寿。而且儿女满堂，儿女双全。

婚姻不顺信号：

　　世化合，化桃花，在内卦，不离；与外合，特别是应爻化合，应代表配偶宫，为外情。桃花在内卦没问题，夫妻好上加好，怕花在外卦，日月上占桃花，只是暂时的逢场作戏，一时之好，日月上的不为真花。桃花怕逢冲、怕入库，入桃花库难以自拔。只要有两性关系指定在桃花库里的。家庭不易破散，影响事业，因分神，分散力度，对身体不好。桃花怕入库，逢年月冲库，情才能了结。世应入库，世应逢绝地，都是伤死配偶，入库化绝地，不能白头。以世应论，准确率高。最怕官鬼化官鬼，非死即残，有如无。三大忌：鬼化鬼、鬼化库、鬼化绝。用神休囚，婚姻不到头，离婚之相。休囚逢冲，离婚快，休囚逢合，离婚迟。用神入桃花库，与动爻桃花构成相合，是离婚之兆，外动离家外出到外地。三四爻在本地，五六爻在外地。一、二爻是与家亲有外情。

好的夫妻世应相生合，临龙、雀、玄，爱情专一，临白虎，只要相生有力度，两人情投意合。世应怕临蛇，外合心不合。蛇为应，配偶不实在，世为蛇，己不实在，此路不通，凶险。

上等婚姻是世应临父母爻，互相关心。父母主仁慈，心肠软，关心疼爱别人。应为父爻，别管它生你、克你，都好。若克你，是友情相克，教训、教导、开导。我克者为妻，不克不是一家人。父母临用，上等婚姻，临世应最好。父母是土爻，另当别论。官鬼临用神不好，逢财就生易变质，易斗。鬼临应在外卦，外卦若有财，先去生财（十个男的九个花），财爻旺才能生助世爻。财爻旺，兄爻眼红，官爻也眼红，易出现问题。

而父母爻临用，本分，官鬼爻会装，财官为用并不是良好婚姻，世应临兄、孙、越旺越好，兄想去劫财，被孙爻化泄，不敢。一个坐兄，一个为孙，就是美满婚姻，恩爱白头。官鬼爻，除当官以外，都不好，易中邪。官就是假是错误。正配：男的兄持世，女的孙世，世应相生为最好，比财官世应为好。

举例说明：

例1：2006年5月3日，男测婚（30多岁），摇卦：

丙戌年　　辰月　　壬辰日　　（午未空）

《坎为水》	《地风升》	六神
兄弟子水、、世	父母酉金、、	白虎
官鬼戌土〇	兄弟亥水、、	螣蛇
父母申金、、	官鬼丑土、、世	勾陈
妻财午火× 应	父母酉金、	朱雀
官鬼辰土、	兄弟亥水、	青龙
子孙寅木、、	官鬼丑土、、应	玄武

解析：大坎之卦，男的属六世，财在内卦应爻，（坎为遇小人之卦）说明世应是一对结过婚的夫妻。看二爻与世爻关系，二爻辰官克世兄子，五官戌与世相克，是凶卦。看应爻（用神）与二爻相生（午财生辰官），应爻与五爻是生合关系。入五爻库相生，官鬼除了做官外，都不是好事。应爻生的是凶爻官鬼，说明问题在女的身上，二五爻克世，用神生五爻入库，生外官鬼，入桃花库，午戌合，午火入桃花库。

看动爻，一个戌桃花库动，一个午桃花动，世爻子也是桃花，休囚不动，子水桃花化回头生，是坎上水，坐宫好，说明世爻聪明伶俐，脑袋好使，金是白的，水是清的，金白水清聪明顶绝，日月生合酉金，世表面弱，实际不弱，也占桃花。有制爱脸面，入日月之库，为有制，入辰日月大库。

应财午火发动，五爻戌库为桃花库，有需求是自愿，五爻为路，路上桃花不长久，虽占君位，看真假，它是假的。一是桃花库，戌化玄水兄弟爻，劫财受日月之克，日月代表法律制度、国法、公司制度等，克玄水，玄水是桃花库变出之水，受日月冲克是败水，与法律背道而驰，是违法的，临蛇，是黑道凶险之事，为黑社会老大。它不生二爻辰鬼，二爻辰鬼代表家中男人，家宅风水恶劣，风水极坏。

世应相冲，最怕桃花库，婚非离不可，反目为仇。女的是午火坐坎宫，说明夫妻间不合，发生冲突，打架。子午冲打不起来，子水软，男对女有爱恋，我克者为妻，子克午，不会打她，午火化出酉金，桃花处死地，五爻库动，受日月冲，不是老情人，不稳刚找的，在行走中偶然相遇。她有一个老情人酉金，她自身看不上老情人（午动克酉），酉金生子水，比子水本事大（与日月合），她在利用他，酉是当官的掌印，辰酉合、子辰合，世找人帮助过老婆，女的不走正道。女的不喜欢酉金，但常相伴，午找酉，有时在一块，酉在巽，为文昌，有文化，方圆脸，白净，有权。

世应子午冲桃花冲，女与老公冲，感情上不行，女的对老公性冷淡，午坐下为鬼，头上为鬼，老公子入辰库，入外库临时找外边的女人，过眼烟云，无情之库（辰）。

老公提出离婚，女的不想离婚，午在坎水宫，救她的是寅木。戌库的门是开的，被辰冲，戌又是路上桃花库，不长久。家里有孙寅，与午戌合局，不想离，男的坚决离。离婚还有危险，戌蛇，心狠，克子水，午火入戌库，想对老公下手，求戌办事，克老公，老公临白虎，有血光灾，会不会死？幸入辰土日月之库，辰冲戌土避了一难，凶险在午月见灾月份。

午火动，目前没有彻底入死地（午未空），到午月必见灾。子水化出酉金，说明老公是有救的，坐在坎宫里，酉在坤卦里，坤能泄火，还有救，离婚是肯定了，卦中满盘官鬼。

例2：六合卦化六冲卦 恋爱多变婚难成

某个星期日上午，我刚送走一位求测者，接着就见一面带愁容的女士踏进门槛。她自我介绍说今年（2005年）38岁，久闻李计忠先生之名，仰慕已久，因婚姻之事烦恼特多，今前来求老师一测，看有否调理化解之办法。说完，她用企盼的眼光看着我。我让她摇一卦看，得《贲》之《巽》卦。

乙酉年	丁亥月	庚子日	（辰巳空）
《山火贲》		《巽为风》	六神
官鬼寅木、		官鬼卯木、世	螣蛇
妻财子水、、		父母巳火、	勾陈
兄弟戌土、、应		兄弟未土、、	朱雀
孙申 妻财亥水、		子孙酉金、应	青龙
父午 兄弟丑土×		妻财亥水、	玄武
官鬼卯木〇 世		兄弟丑土、、	白虎

推断1：你属鸡的，聪明漂亮，有气质，个儿高，苗条。不是因为你在我眼前，我就这样推断，而是看卦中信息，所推断的。

反馈：是的。我1969年出生的，我的身高自己还满意吧。八卦能看属相、长相？真玄乎。

解析：世爻为官鬼卯木持世，取对冲之酉金为其生肖，所以说她是属鸡的。

卯为桃花，桃花主漂亮。在离宫，离主文明之象，有文化之象征。动化出丑土在巽宫，巽为文昌，主聪明所以说她聪明，漂亮，有气质。

推断2：你1996年谈的对象应该是你的缘分，对方是属龙的，但你没把握好，1997年失败了。

反馈：是的。我1996年谈，但1997年就与他分手了。他是

1964年出生的。

解析：1996年流年为子水，大限行三爻亥水，小限行四爻戌土，按理六合之卦，世卯与应戌相合，戌为夫宫，与夫宫相合，应该是缘分中的事，但世爻发动化出丑土汇成"子亥丑"水局，水旺极，官鬼卯木极易漂浮，水多刑木，木易受伤，卯木既为自己也为男友，故双方皆受伤害。应爻戌土之对冲生肖为辰龙，所以说该年谈的对象是属龙的。1997年流年为丑土，大限亥水，小限子水，仍然是"亥子丑"，三汇水局刑卯木官星，刑世爻，世爻发动化出之丑土逢值太岁，小限子水化出之巳火逢空，皆意味着1997年恋爱失败了。主卦六合变卦变为六冲，开始好，最终分手了。

推断3：你第二次恋爱是在1998年，失败在1999年。

反馈：是啊，在连续的4年间，我就失恋了两次，我心情真的糟透了。

解析：1998年流年为寅木，六爻官鬼寅木逢值，化进神官鬼卯木，有恋爱信息，流年大限行三爻亥水，小限行六爻寅木，水生木旺，木旺世旺官也旺，是第二次恋爱的信息。

1999年流年为卯木，大限行四爻戌土，小限行初爻卯木。世爻逢值太岁，但是世爻卯木发动化出丑土与大限应爻夫宫戌土及化出之未土构成三刑，夫宫受刑受伤，是失恋的标志。世爻卯木逢值太岁，持白虎，该年的心情很不好。

推断4：至今为止，这么多年，你一直都没谈过恋爱。难得机缘，你自己也无心思去谈恋爱，心里闷烦。

反馈：哎呀，老师，您太了解我了。八卦也能看出？真神乎！

解析：从2000年至今皆为火、土、金旺之流年，世弱，官弱，理所当然，机缘难得，持白虎，所以说这些年卦主一直都没有谈恋爱，心里闷烦，卦中爻位多动，化六冲，表示不安，难成事。

推断5：明年（2006年），你有恋情，是你的姻缘到了。2007

周易·一卦多断点窍

年有成婚之喜，以及添丁之喜，可谓是双喜临门啊。

反馈：是嘛？！（半信半疑，喜上眉梢）那太好了。

解析：2006年流年为戌土流年，应爻夫宫逢值太岁。世爻官鬼卯木发动与应爻夫宫相合，而且该年大限行应爻戌土，小限行二爻丑土，因丑土发动化出亥水是生助世爻卯木官星的。如此世旺官星旺，夫宫逢值太岁，世应相合，六合主恋情。小限二爻丑土化出的亥水及世爻三合"亥卯未"木局加旺世爻木气，非常有利于恋爱情感的发展。太岁戌土入应爻夫宫坐正位，此次恋爱应该是命中缘分。

2007年流年为亥水，太岁合生扶助世爻官星卯木，世旺官旺。该年大限行应爻戌土，小限行三爻亥水，逢值太岁，如果"卯戌"合，"亥卯未"合，合多利婚姻，小限逢值太岁卯木持青龙，该年有大喜事，是为结婚之喜。再者，三爻亥水化出子孙酉金。从另一角度看，子孙申金亦伏于三爻亥水之下，故说结婚的当年就有生孩子之喜。所以说该年有双喜临门。

推断6：你在国营单位上班。无大财收入，但小财不断。

反馈：是的。盼发财，但虽有收入却是存不到钱啊。

解析：世爻临官鬼，官鬼可以代表政府部门，国家单位，所以断她在国营单位上班。世爻虽得财爻相生，但卦中财太旺生刑世爻，世爻受伤，所以说无大财收入，但小财不断。

推断7：你现在吃穿不愁，就是愁婚姻。

反馈：老师，您真是说到我心里头去了，真行！

解析：卦中有财来生世，源头绵长不断，当然就吃穿不愁了。应爻为丈夫之宫位，卦中逢三刑，受伤，不稳定，所以就是愁婚姻啊。

推断8：你子宫、卵巢方面有疾病，是良性瘤之类。但也需经常注意观察。

反馈：是的。今年上医院查妇科时，告诉我有子宫小肌瘤，是良性的。让我常定期做检查。

解析：卦中二爻丑土为生殖部位，发动，丑库发动不吉。而且与四爻戌土化出未土构成"丑未戌"三刑，为疾病。丑土为湿土，土为肉，即良性小肌瘤，需注意定期检查。

第三节　外遇、分居、离婚方面的信号与区别

男测婚，卦中财多合世，为有情之合，财合世入库，多为外遇，特别是库在外卦，若世旺相，构成三合局，也是外遇。有的与财相合，有的与桃花合，如用神动化桃花。女测孙持世克夫，若应临兄弟就不克。若应为鬼，间爻无通关，就克夫，有通关的不论克。孙持世多为有艺术才华，人多情，爱找比自己小的伴侣，但找小的有灾。若遇乾坤卦，找岁数大的，孙世之人得利。若逢冲，主伤配偶再嫁再娶。

兄爻持世，兄动旺相，最怕财爻休囚，伤配偶。女测兄旺官旺，必是多夫之相。官旺财休囚，妻财多，财怕合来官怕冲，一合一冲外遇逢，官受冲主有外遇，卦中官多兄多，为多婚之象。官爻不上卦，世爻合库，老来孤独之象，子孙爻多，旺相，老来无伴。男测两财合世，必有外遇，财克世，与外卦相合，多婚；老来红杏出墙，官动旺与外卦或变卦相合多婚，与变卦的兄爻相合也是，与任何爻相合都是。

孙爻不在本宫，临日月旺相合，说明妻在外有私生子。世应相错，阴阳颠倒，离婚前奏。世应都与外卦相合，各有意中情人。世化退，男背妻，外有情人，如午化巳；应化退，女外有情。世应遇空，与日月相合，偷偷摸摸会情人。

财合兄，露水夫妻；合官鬼，长久情人。财用与父母爻合，是情人加贵人。在内卦为本地人，外卦为外地人。用与财爻合，两相情愿；与孙爻合，拿钱找小的。（不分男女）

官鬼休囚，财不上卦，必多婚死夫伤配偶。官多现相刑，有官

灾，牢狱灾，多婚象。官受克入库，受日月克，无原神，进牢、病死、破败婚。鬼伏财下，男有二妻，财伏鬼下，女有二夫。官鬼克世，不论男女，是死灾（多婚）。多官无财用休囚，两财无官鬼，婚不顺。

财旺兄不上卦主离婚，兄旺财旺，官不上卦，离婚。日月入卦克用神，定死原配。最忌财化官、化兄，伤配偶；财官囚休，入库，化库，发动入日月库，多为死兆。

用神逢合遇马星，与人私奔，孙持世遇之，就是生小孩了，也要离婚。用神休囚入库：死灾；旺相逢合：外遇。与外卦合，又逢冲，为临时性分居。世应不能空，空上临玄武，破散婚，一无所有。

举例说明：

例：出类拔萃连续生　五行流转卦有情

一男子电话预测报数 2、8。此人 1973 年生人，首先让我看他在哪年恋爱？哪年结婚？哪年有孩子？是男是女？自己还想再要一个小孩看行否？

丙戌年　　　癸巳月　　　壬子日　　　（寅卯空）

《泽地萃》	《水地比》	六神
父母未土、、	子孙子水、、应	白虎
兄弟酉金、　应	父母戌土、、	螣蛇
子孙亥水○	兄弟申金、、	勾陈
妻财卯木、、	妻财卯木、世	朱雀
官鬼巳火、世	官鬼巳火、、	青龙
父母未土、、	父母未土、、	玄武

断1：你在 1999 年谈恋爱，2000 年结婚。

答：是的。

解析：1999年卯木空亡填实生世爻。2000年太岁合动夫妻宫有洞房之喜，另一种信息是兄弟酉金被太岁合动冲卯木为填实，才生官，官生父爻，也为卯的库，也是家。

断2：你妻子在2001年怀孕，2002年生了一个女孩。

答：很正确。

解析：2001年太岁巳火冲子孙爻亥水有怀孕之象，但是子孙爻发动，引出变卦中的子水，只有子水被太岁2002年午火冲动了才能生下来。不动不能为生。

断3：你本人在单位是一个正职的干部，有学历，人际关系好，领导很器重，你财运也好。

答：很正确，我有大学文凭，现在任银行行长。

解析：泽地萃卦，是出类拔萃之象，卦中一路相生，五行流转有情为大吉二爻官鬼巳火持世临青龙有月令帮扶必有官职，旺为正职，衰为副职。卦中官旺父旺说明有学历，卦中五行流转有情说明处事圆滑、上下级关系搞的特别好。萃卦从上到下一路相生。

断4：你家阴气太重，所以导致你肾虚，精子成活率很低，脾胃肠都不好，有时不愿吃饭，常常腰酸无力。

答：有一个堂姐不到20岁就去世了。你所测出病的症状都对。

解析：卯木空亡与外卦亥卯未三合，坐兑卦是本宫卦，也代表本家亲属，兑为少女。卦中卯木，财爻代表食物空，在三爻腰部有病，综合起来，有时不愿吃饭、胃肠不好，腰部酸软无力，二爻官巳火临旺地坐坤宫为腹部有炎症火土太旺水就衰弱，水代表精液，所以说他的精子成活率低。

第一，本宫卯木伏在二爻巳火随鬼，入太岁之库，死了很久，亥水是卯木的母亲，父母爻未土是，卯木的父亲，所以卯木也看作是官鬼，在兑宫，死时不到20岁。第二，看申金兄弟爻被月令官鬼刑合，日建合泄临勾陈随鬼入太岁之墓库，也为同辈兄弟死亡之象。世爻巳火为阴支坐坤宫，今年才34岁，那么兄弟申金为阳支坐坎宫，为女，坤、坎在数上应相差20左右。应该是少女。

断5：从你家西北到东南有一条路是反弓路。从你家西北到东南有一条河，为无情水不利。

答：确实有这么一条路、一条河，水还不小。

解析：在风水上，冲二爻者为路，亥水子孙发动化申金，受月令官鬼刑合为反弓路，犯路煞。亥水坐兑宫，发动化申金坐坎宫，水旺，为河流。亥水为天河水，为大水，又化出申金原神，为水大。

第四节　如何断牢狱之灾、疾病伤灾

测病是非常重要的，一定要准确无误，涉及生命问题必须学精。卦断准了才能解灾，这是真正的积德行善。过去讲看病首先看官鬼爻代表病，以五行定什么病，现在看来不完全对，实际准确性也差。如测父母病，看父母，再看官鬼，测丈夫病看官，测妻子病看财加官，财生官鬼，等等。这些都不具体，不规范。子孙代表药，库代表医院，这是有道理的。看病子孙爻发动旺相，说明医药用得对，医院选得好，病好得快。子孙不上卦，去的医院方向不对；官鬼爻持世，财爻持世，用药不对，必须换医院，换医生，不然越治越重；六合卦病难治，六冲变六合是病好了，又犯了，不能痊愈。逢子孙旺相者病可好转；子孙不上卦，或休囚，有治不好死亡的可能。父母爻持世，快换医生，不然非死不可。没有查出真正的病因，父母爻发动或旺相都是断不准病。医生开药不管用无效；兄弟持世，旺相是自己不想活了，官鬼爻不一定代表是病，但官化官、官旺发动都是一种病情严重的现象。鬼化鬼治不好了，特别是女的给丈夫测病，鬼化鬼已到了非常严重的地步，要到子孙爻旺的方向去找医院，官鬼代表病情轻重，鬼发动旺，病难治，财旺医药无效。子孙生财，财生鬼，财来助鬼，变成鬼。最忌财爻发动，财一发动非死不可，表面现象好是暂时的。

卦宫代表部位，乾代表头、大骨头、心脑血管，震代表神经、前胸和四肢，乾震都代表汽车，易出车祸。乾伤在头上，震伤在前胸或四肢，最忌艮坤卦，多指不治之症，病危快死的人；艮卦六冲在百日之内，一般是癌症；艮是上半部，坤是下半部，坎卦代表货车轮船，代表贼匪、黑社会势力。遭人陷害，忌打兑巽卦；遇盗怕坎离；坎在外，道路上被抢；离在家里失盗，周围人作案。

看伤病灾，第一确定于卦宫，卦宫决定病情，达到什么样的状况，病轻或者病重，并决定是什么病，看卦宫的旺衰；第二看爻位，它在几爻上，心脏是在五爻，头部是六爻；第三看五行，决定什么病。酉金主呼吸器官，代表肺；申金鼻炎、口腔炎、支气管炎。四五爻可以，但在一、二爻则不行，申代表大骨，酉代表小软骨，软组织部位与五行要结合看；寅木代表神经系统，也代表头发、脑神经；卯木代表小神经；亥代表血脉、心脏、脑血管。肝胆也是卯木，火代表心脏的神经系统，土代表脾胃也代表皮肉，子水代表泌尿系统，亥水为肾，五行断根源，最后看六亲，具体看谁的病，还要看爻位，一、二爻代表腿，三爻、四爻代表腹肾，五爻心脏、六爻头。看官鬼和兄弟，分清五行最旺最衰所处的部位就是病；受冲的、受刑的爻都是病。寅申巳三刑，秋天寅木最吃亏。刑克就是病根，看那一爻哪个五行受刑克。夏天申金吃亏，冬天巳火吃亏，一般都是申金为病，寅生巳，巳克申，申既受冲又受克，入库者犯死灾，病已形成很重。

用神临青龙合库，说明饮酒过度，虚弱无力或淫欲过渡；官鬼兄弟临朱雀，往往中的是邪病，胡言乱语，身上发烧，冷热病。官鬼与妻财临勾陈多指脾胃有病，子孙、父母临螣蛇为做怪梦、噩梦、神经衰弱、心神不安，不好治。看六神：用神临青龙合库，饮酒纵欲过度之病。官兄临朱雀，中邪胡言乱语，身上发烧。官财临勾陈，胃脾有病。子孙、父临蛇，做怪梦、噩梦、脑神经衰弱，心神不安，病不好治。临父母爻为阴病，中了邪气。什么邪，看父母五行地支，如丑土，在东北位遇邪，子亥为北。父爻为老年鬼，孙爻为少年鬼。临官鬼化腾蛇，看卦宫在哪，若寅卯木在树林，若艮在山上。乾卦：城市四周山上（乾主高），根据五行加六亲来定。官临金木旺相的话得罪了神仙，或在有灵气的地方，做了不该做的事，如四肢酸疼、头胀、浑身无力，骨头疼，但不胡言乱语；若遇鬼仙，胡言乱语；先头疼，后心口疼，没有定点，疼一会儿，用符咒加香火来治。特别是临父母，多数为阴病引起中邪气，就是说，房基底下是坟地。

官鬼爻临蛇克世克用，官为土。官鬼爻临白虎，兄弟爻临白虎，多指伤筋动骨，跌打损伤，女的为缺血、血崩之症，若临玄武都是阴虚之症，妇科病、肾病。官鬼爻不上卦病难治。子孙休囚财爻旺相，说明是绝症难以治疗。官鬼化父母，父母化官鬼都难治。多指伤灾，牢狱之灾，官化兄，兄化官多指头、腿、四肢上伤筋动骨、伤灾；官鬼发动是新病，不发动是老病；两鬼一个发动，一个不发动是新老病都有。随鬼入库是死期，必死无疑；子孙发动，财爻发动、同动准备后事。官鬼和用神临日、月是突发的病，官鬼和用神与日、月合者是久病难治；两鬼夹用神是大凶之兆，不死也昏沉；官鬼和用神在本宫下卦出现就难治；官鬼化财，财化官鬼就是晚期，没有一年活头，若日月再克就很快结束生命，入库就在眼前，发现的太晚。最忌的六亲是财爻，看灾情财爻旺就难治了。子孙是医药不能休囚，休囚药量不到位，应加大药量，旺相入库，说明没有用到好药；受冲是药拿错了，用错药了；相合、合住，医术不高明，换医生；子孙财旺快换医院，因子孙生财，财生官，只好换医院；子孙出现一位最好，多了就是有病乱投医，投来投去害自己；子旺鬼衰说明用对药，住对了院，若病情不好，子孙化回头生，日、月生子孙，叫你药量要加大；子孙化兄弟，兄弟化子孙，药有副作用，有反应或者过敏。子孙空亡，一般讲病无治，解决办法是：如申酉金空，就到不空亡的地方去，到西边去；寅卯木到东边；亥子水到北边，巳午火到南边。要跨越大城市才能有救，逢空加休囚就非常难治了。

财临水与鬼同动是上吐下泻；官鬼不上卦，难治；官鬼空者也难治。子孙发动，官鬼也动不是吉兆，丈夫死得快，死期来临。官鬼安静好，动就有情况，动有子孙制就有凶灾；鬼化墓库，库化鬼都是死期；兄弟为用神，子孙宜发动，财爻不宜动。六亲不管是谁，财化鬼，鬼化财都是病情加重，有生命之危。官父同动用药无效，也是凶象。总之用神宜旺，不能休囚入库。

兄弟临勾陈发动克世是牢狱之灾，官鬼克世临白虎、勾陈、朱雀，不进病房进牢房；或者克用神也是同样。兄化鬼，鬼化兄都是牢狱之灾，特别是四、五爻（三爻是以前）发动是近期坐牢，特怕犯三刑，兄官二爻刑，不论世应指定坐过牢；兄持世化鬼回头克在五爻是牢灾；加入库肯定坐牢；随鬼入库也是主大凶，不死就坐牢；父母三刑克世都是坐牢征兆；兄弟克世，官鬼克世都属犯刑法之灾，犯口舌。三合兄弟局临勾陈主有牢狱之灾；兄持世化财，临朱雀，官鬼发动克世都是牢狱之灾；官鬼临腾蛇在五爻为车祸；官临白虎血光之灾；一般乾震坎坤都主车祸，寅申巳亥是道路上的事故；辰戌丑未是刑狱之灾；子午卯酉多为酒色之灾，喝酒后醉酒、车祸。兄鬼临勾陈发动克世，特别在三四爻都是牢狱灾；兄化鬼，官化孙临腾蛇、朱雀与卦逢三刑，三刑中兄弟或官鬼都属牢狱之灾；用神或世化官鬼回头克入墓牢狱之灾；兄弟化鬼回头入库，卦中兄弟多官鬼多克世，官鬼旺相反克子孙，以上都是牢灾。三合局、三会局，合成兄弟局、官鬼局临勾陈朱雀发动牢灾；太岁入卦克世刑克世爻主牢灾；朱雀临兄弟必有官司要打；五爻鬼或父母相刑冲临白虎、腾蛇必有车祸。

按五行爻位看最弱、最旺的为病。戌未为癌，辰丑是肿瘤，巳火申金是手术，临腾蛇、白虎则是手术，震乾冲是车祸。巽艮卦是跌打损伤，坎兑是打伤，艮震是高处摔下来。水火相冲是突发的心血管突发病，震乾相冲，卯酉冲寅申冲都是手术之灾。子午冲喝酒打伤之灾；兄化兄，鬼化鬼主大伤灾；鬼化父，父化鬼也是大伤灾；卦中兄弟爻不能动，兄动子孙旺财旺必入黄泉。

六爻临白虎为高血压、血脂高，风水上房子外因犯火煞，如有高压线，烟囱等。五、六爻临螣蛇、白虎外邪之病；四、五爻临勾陈为心脏贫血、缺氧；临玄武为血脂高；一、二爻临青龙多指有糖尿病；五爻、四爻是阴爻被冲克主颈椎有病。五爻相刑入库易得食道癌，特别戌未土；卯木逢冲入库多指肝癌、肝胆毛病，特别戌未土刑多指肝癌，四爻戌化辰为乳腺癌。四、五爻申化巳火，或子午冲、丑未冲多为心脏有病，发闷、喘不上气，心肌梗死而亡；二爻临巳火，发动化寅木主手术之灾；临螣蛇、白虎有大手术之灾。寅木化巳指妇科病，戌未土是长东西，恶性瘤，临白虎非手术不可；初爻旺金克木，两条腿有病，走路不方便；鬼化鬼骨折，如若水土相克有偏瘫可能。

举例说明：

例1：女测父病：

寅年　　午月　　丙申日　　（辰巳空）

《火泽睽》		《山泽损》		六神
	父母巳火、	官鬼寅木、	应	青龙
妻财子水	兄弟未土、、	妻财子水、、		玄武
	子孙酉金〇 世	兄弟戌土、、		白虎
	兄弟丑土、、	兄弟丑土、、	世	螣蛇
	官鬼卯木、	官鬼卯木、		勾陈
	父母巳火、 应	父母巳火、		朱雀

解析：两卦都是灾情卦，取应爻父母为用。

1. 特点：兄化兄，官化鬼，二爻临勾陈（先看二爻）。

2. 看五爻，未土化财爻，五爻生世，二爻冲世。

3. 看旺衰，最旺火，次旺土，木最衰，水次衰、最旺与最衰的爻就是病。火土旺，水木衰。

4. 应爻巳火为父，为用神，寅申巳相刑，申在日令，寅木有病；未丑戌三刑，三个库门都很旺，刑冲也有旺衰。

5. 最衰的二爻卯木是病，未土最旺与月令合，是病因；第二旺爻戌土，第三为丑土，未戌为火库燥土，巳火旺要入戌库，未是鬼库，离卦为心脏，五爻为胸部，卯为肝，午未合为太阳土，子水得日令生，但月破，坐艮，不能生寅，不能流。子水为血，肝有病，热性，为肝癌。卯入五爻库，世入戌库，临虎，主孝服，二爻家里卯木化卯木，为棺木。

世酉孙动，无用。九月要出殡，九月巳火父入戌库。能救者辰土，不上卦，故无救。

第三章　一卦多断技法

第一节　三飞的运用

一、飞爻十六变

1. 变法：上六不动，从初爻变起，逐爻变化，由初到五，再从五到初，反复两次，共 16 变，将八卦由 64 卦变成 128 卦，分为阳 64 卦和阴 64 卦。

2. 变化顺序：1234 5432 1234 5432

以乾为例：乾 姤 遁 否 观 剥 晋 旅 鼎 大有 离 噬嗑 颐 益 无妄 同人

《乾》　　　《姤》　　　《遁》　　　《否》

《观》　　　《剥》　　　《晋》　　　《旅》
　　　　　　　　　　　（游魂）　　（外戒）

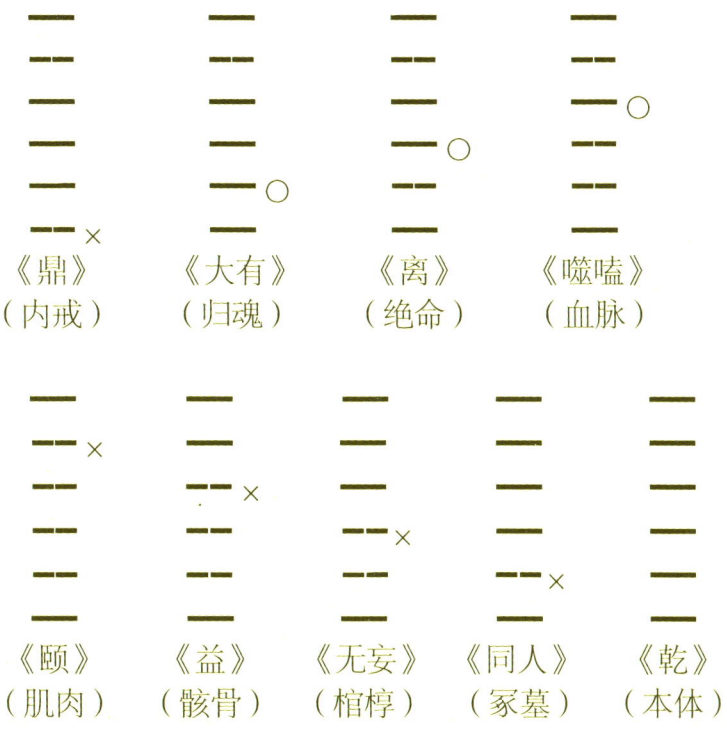

《鼎》　　《大有》　　《离》　　《噬嗑》
（内戒）　（归魂）　　（绝命）　（血脉）

《颐》　　《益》　　《无妄》　《同人》　《乾》
（肌肉）　（骸骨）　（棺椁）　（冢墓）　（本体）

八宫十六变卦表（注：黑斜体字为阴八卦也叫鬼八卦）

宫位	乾宫变卦	坎宫变卦	艮宫变卦	震宫变卦	离宫变卦	坤宫变卦	巽宫变卦	兑宫变卦
六世	乾	坎	艮	震	离	坤	巽	兑
一世	姤	节	贲	豫	旅	复	小畜	困
二世	遁	屯	大畜	解	鼎	临	家人	萃
三世	否	既济	损	恒	未济	泰	益	咸
四世	观	革	睽	升	蒙	大壮	无妄	蹇
五世	剥	丰	履	井	涣	夬	噬嗑	谦
游魂	晋	明夷	中浮	大过	讼	需	颐	小过
外戒	旅	复	小畜	困	姤	节	贲	豫
内戒	鼎	临	家人	萃	遁	屯	大畜	解
归魂	大有	师	渐	随	同人	比	蛊	归妹
绝命	离	坤	巽	兑	乾	坎	艮	震
血脉	噬嗑	谦	涣	夬	履	井	剥	丰
肌肉	颐	小过	讼	需	中孚	大过	晋	明夷
骸骨	益	咸	未济	泰	损	恒	否	既济
棺椁	无妄	蹇	蒙	大壮	睽	升	观	革
冢墓	同人	比	蛊	归妹	大有	师	渐	随
本体	乾	坎	艮	震	离	坤	巽	兑

3. 阴八卦的含义：

外戒（一世）：对外警戒，吉凶祸福从外来。

内戒（二世）：对内警戒，吉凶祸福从内起。

绝命（六世）：事多反复，紧急关头，内乱无穷，伤病死亡。

血脉（五世）：血液，心脑血管疾病，血脉相传。

骸骨（三世）：活着的人骨瘦如柴，死了的人骨骸暴露在外。

棺椁（四世）：棺材，测病遇之主入棺之象。

肌肉（四世）：（与游魂卦相同）精神恍惚，神不守舍，如梦如痴。

冢墓（三世）：（与归魂卦相同）死者入墓，生者归魂，测坟墓吉。

4. **基本原理**：爻上下飞动，每宫16卦八宫128卦，通常用阳八卦，后天变的为阴八卦，也称鬼八卦，64阳八卦是测人间之事的。

5. **演变动态**：

从本宫首卦起，如乾宫，乾属大吉卦，干大事的。

天风姤卦是初爻阳变阴，运气往上走，古书说婚不顺，没有财爻，实际不但有而且大，男在外，女在内，巽为女就是财，官财运是往上走的，不是走下坡路，是从一到五世已经60岁，一个花甲，到五爻为君，见到皇帝了，然后就下来往下走，走到墓绝地。

天山遁：实际是好卦，是临时性受阻，开始吃苦，打天下，临时遁住，未来非常好，准备吃苦创业，干事业建家园；遁是假象，鸿运在后边，柳暗花明又一村。

天地否卦是六合卦，天地人合，阴阳搭配。

风地观卦，心发虚，有些阴盛，能不能成功，看动态。

山地剥卦，见到君王，阴盛阳衰，什么都有了，没法往上走。只有隐居退休了，再退就是归魂。

前四卦有财有官，必有一发，渐进有理，奋发有为，都是好卦，剥就是快完了，墓年花甲。

火地晋卦，晋有晋升之意，老当益壮，一直到鼎盛。

大有能创出一番天地，归魂就没有了。

测事业卦，打出来噬嗑卦是凶卦。

天火同人为冢墓卦，人的阳气没有了。看运气，事业不好；但人死了求墓为吉。

天雷无妄为棺椁卦，是风水宝地，无妄是六冲卦，测阴宅遇冢墓也是风水宝地。

山雷颐、风雷益，为肌肉、骸骨卦，主精神恍惚，骨瘦如柴，是伤灾之意。

火雷噬嗑为血脉卦，心脏病、高血压、与血液有关的病。

离为火，是乾宫绝命卦，主没有人气，没有地脉。

火天大有是好卦，老年人在天堂享受合家欢乐，子孙满堂，夫妻都能长寿，享福的命。在天堂，火在上，乾在下，人在天堂之上，老年人享福之卦。

火风鼎卦祸从内部起，有小人破财，受外来打击，内勾外连。

火山旅卦，祸从外起，上下车注意，小心轧脚，不要轻信别人，有破财之兆。想去玩，艮为止，不要玩，如是团体性的可以，但不能单独行动，心浮躁，应以静为主，宁可什么不干，要慎之又慎。

火地晋能考上好学校，是升迁之卦称为好卦。

一定要记住，测卦得绝命、肌肉、骸骨易伤灾。阳起头，阴收尾，阳卦讲人、权、财，阴卦讲风、水、地。后三卦是风水宝地，要识阴阳，一是地理上的，一是六爻阴阳，前八卦为阳，后八卦为阴，阴八卦中，绝命、血脉、肌肉、骸骨四卦凶，每卦天地之间代表人的一生，每卦中又是六十年，变卦又是一个花甲，万事万物，包罗万象。

二五爻是提纲，二五爻变，会变成绝命卦，如乾卦，二五爻变为离，是乾宫绝命卦。离卦要二五爻发动变成乾，是离宫的绝命卦，是阴阳转位问题，天火同人是离宫的归魂卦，冢墓都是归魂卦。各宫卦都排出表，一看就慢慢明白，心中就有数了。再加上六亲五行分析就准确了。

关于入变爻之库，如：二爻寅，四爻申动变出未库，申日冲寅木就入未库。主卦与变爻，其他爻进行生克，合到日月，发动变出库，逢冲就入库。亥是寅长生之地，巳申合，六合就是入墓那天。休囚不入，旺者入库，冲者入库，合进入库，是合伙拉进去的，冲能冲进库，旺能入库，休囚不能入库，入库是有前提的。

关于三合局，三人同行必有我师，生我者是老师，但必定有一个小人，因为有一个库。谨防合伙小人，三合局两人吃亏。而三刑是两人打一人，要破财，要遍体鳞伤。若变卦变出三刑，测做生意，需有两个人牵线，非三人才成。主动权不在自己手中，而是在人家手中，是致命的弱点。测生意三刑不可为。六合可以躲过去，有贵人也有小人，小人要的钱，而不是命。逢三合局，办事要的是钱，送多少？地支相加的数，少了办不成，临腾蛇就得增一倍，要做到心中有数。

二、飞宫

运用飞宫法，能增加信息量，常用容易掌握，用神代表自己，如世爻为火，则寅卯木为父母、领导；金是财；土是子孙，阳土为儿子，阴土为女儿；儿媳是水；亲家是金；是儿媳的父母，这就是飞宫。如自己的父母，看父母爻，看爷爷，就不能再看父母爻，六爻看太祖，五爻为爷爷，阳爻阴位是爸爸，生爸爸是爷爷，生爷爷的就是太祖。水是爷爷，火是奶奶，木是爸爸，土就是妈妈，特别在断终身卦时，父母爻不上卦，子孙爻不上卦都得用飞宫法。五爻也为长子，一爻也为长子。四、六爻为奶奶。火者木是父，水是爷，金是太爷。

三、飞数

《地水师》（坎）	《雷水解》
父母酉金、、应	官鬼戌土、、
兄弟亥水、、	父母申金、、应
官鬼丑土×	妻财午火、
妻财午火、、世	妻财午火、、
官鬼辰土、	官鬼辰土、 世
子孙寅木、、	子孙寅木、、

飞数：在飞宫基础上按五行之数上下顺序而排，五行之数：水1火2木3金4土5。上飞下飞以长幼而定，要确定六亲的用神，才能准确断卦。

以此卦为例：以世爻为主，按飞宫决定六亲之五行。即，大于己者从世前（下）一位往下数，测小于已者，世后（上）一位往上数。如测父，世为午火，午之父母为木，木数为3，从二爻辰往下数3数，至上六爻酉为父母，为飞爻入父乡，在外地，大吉之象，酉应居坤遇长生。看小孩，火生为土主5，从四爻官丑往上数5数，至二爻官辰为儿子（坎宫为阳），飞爻子孙坐鬼乡，为小孩12岁以前身体不好。

看妻子，我克者为妻财，午克为酉4，上飞数4数，至初爻寅孙为妻，坐子孙寅木，为年龄小，高个，胖，寅不是金水，坐坎，长相不好看，但长得水灵。

找六亲看主卦，六亲为内亲，变出来的是外亲。

看兄弟：比肩者为兄弟，午为2，看哥，下数2，寅为哥，再下一位，酉为二哥，再下一位，辰为三哥。应爻一神多用，兄弟多少？看卦中世爻同类多不多，兄旺不旺。看兄弟几个，先看午火旺不旺，火取二数，世旺午火坐坎宫。坎为六，午火代表兄弟。亥水与火为异性，老大为大姐（亥兄），亥在五爻化父母，年岁大，象父母，在五爻为长。三爻午化午，没有动爻，同宫同位不变化可不看，有变化之宫才可以看。

外卦的六亲为假，内卦的六亲为真，旺相、相合，月生用神，卦宫相生为大吉，休囚、空亡，为远离家乡，官鬼相刑用神，此人必有病，残疾之人。逢冲，没有固定的地点；用神入墓，死亡之象。三合遇青龙，在外遇贵人；三合遇虎，有凶险，行当不正经，违法；三合入库临勾陈，在外地有牢狱之灾。

第二节　八卦配十二宫

八卦配十二宫是将命理与八卦两者结合起来断事的高层次的预测法。学会此法，不但能提高卦技水平，而且还能精确地断出终身际遇或六亲的兴衰。

1. 十二宫名称：

一、命　宫　　二、兄弟宫　　三、夫妻宫　　四、子女宫

五、财帛宫　　六、疾厄宫　　七、迁移宫　　八、奴仆宫

九、官禄宫　　十、田宅宫　　十一、福德宫　　十二、父母宫

2. 如何推命宫：

以占者本人出生月、时为准，从生月上起子时，逆数至本人生时安命。以农历为准，须看节气，从此月上起子时。如某人生于九月午时，即从九月"戌"上起"子"时，逆数至"午"，得"辰"为命宫。又如某人生于酉月卯时，即从八月"酉"上起"子"时，逆数至"卯"，得"午"为命宫。

3. 八卦配十二宫活法：

（1）排出命宫支神爻位：根据"阳世从子起，顺行（从下往上）；

阴世从午起，逆行（从上往下）"的法则，在主卦和变卦的十二个爻位上排出十二个命宫支神（地支）。方法如下：

阳世从主卦开始顺行往上，从初爻起"子"，二爻"丑"，排到六爻"巳"，再从变卦初爻开始，排第七支"午"，一直排倒十二支"亥"。

阴世卦从主卦初爻开始起"午"，然后往下排，即从主卦的六爻往下排"未"，直排到二爻为"亥"，然后再从变卦的上六爻开始，接着往下排"子"，到初爻为第十二支"巳"。

● 阳世顺行法

主卦	变卦	
上爻	六巳	十二亥
五爻	五辰	十一戌
四爻	四卯	十酉
三爻	三寅	九申
二爻	二丑	八未
初爻	一子	七午

● 阴世逆行法

主卦	变卦	
上爻	二未	七子
五爻	三申	八丑
四爻	四酉	九寅
三爻	五戌	十卯
二爻	六亥	十一辰
初爻	一午	十二巳

（2）爻配十二宫：找出命宫的支神后，根据"阳世顺行，阴世逆行"的顺序来配十二宫。举例说明：

阳世，如酉月生于卯时，得"午"为命宫，爻配十二宫。

主卦	变卦	
上爻	父母	疾厄
五爻	福德	财帛
四爻	田宅	子媳
三爻	官禄	夫妻
二爻	奴婢	兄弟
初爻	迁移	命宫

阴世，如酉月生于卯时，得"午"为命宫，爻配十二宫。

主卦	变卦	
上爻	兄弟	迁移
五爻	夫妻	奴婢
四爻	子媳	官禄
三爻	财帛	田宅
二爻	疾厄	福德
初爻	命宫	父母

4. 十二宫含义：

（1）**命宫**：十二宫中，最重要的宫位就是命宫，命宫是核心，一切判断都要以命宫为基准。命宫显示人的先天命运和后天命运，包括性格、品德、容貌、才能、机遇、思想、精神、爱好、适任的职业、适居的环境、一生工作和事业发展的情况、人生的顺逆等等，都在命宫中表露无遗。命宫是统辖个人终身吉凶祸福所在的中心宫位。

（2）**兄弟宫** 可测知与兄弟姊妹之间的关系如何，缘分的厚薄，是否有助益，是否有刑克死亡，兄弟姊妹人数多少等，凡与兄弟姊妹有关之事，均可在此宫窥之。同时，兄弟宫又可以用来推断自己的同事、同僚、同学、好友的情况。

（3）**夫妻宫** 可测知配偶、恋人、异性交往有关的事项，如恋爱、结婚、配偶的容貌、性格、是否得对方的助力，以及夫妻感情、婚姻关系、离婚、再婚、婚姻前后的顺逆、早婚或晚婚、青年时期的夫妻状况等，均可在夫妻宫显示出来。

（4）子女宫 表示子女人数的多寡、自己与子女缘分的厚薄、子女的发展如何、子女命运吉凶祸福、子女的容貌、性格、健康状况、孝顺与否，以及本人生殖器官是否健全，性生活、流产等事情。子女宫同时可用来推算自己的学生、弟子、门生、徒弟、晚辈、有直接关系的下属。

（5）财帛宫 显示一生中与财运、理财能力、蓄财能力、收入高低、适合从事何种职业进财、有无赚大钱、发大财的命势和机遇，能否守住产业等与金钱有关的事象。财帛宫显示物质方面是否充裕，福德宫显示的与享乐、福分相关之事，即表示精神方面是否充足。论财帛宫之吉凶，应参看福德宫。

（6）疾厄宫 一生中凡与先天体格、健康情形、体质强弱、易罹患疾病种类、抵抗疾病的能力、天灾人祸、意外伤害等，均投影在本宫。论疾厄宫时，应参看父母宫之吉凶，其原因为自己的先天体质，是得自父母遗传的关系。

（7）迁移宫 凡是与外出、旅游、搭乘的交通工具是否安全、在外地外乡活动的吉凶、交际能力、职业和职务的变迁、住所变化、社会地位等有关的事项，均投影在迁移宫。本宫主要在论与"移动"有关的吉凶，如调职、升迁、搬家、背井离乡等。

（8）奴仆宫 现在又称此宫为"交友宫"。表示朋友、同事、下属、职员、佣人、事业合作伙伴的性质是好是坏，与他们之间的缘分和关系如何，以及与听众、观众、读者、支持者、弟子、门徒之间的关系。兄弟宫主要论内部（家庭）的人事关系，而奴仆宫主要论外在（社会）的人事关系、社交能力。

（9）官禄宫 现在又称作"事业宫"。显示事业之成败、就职的状况、适任职业、地位高低、官运如何、名誉、升迁、贬谪或工作上的人事关系之吉凶、运气。在女命，官禄宫有时可以用来推断婚姻、家庭、子女和性生活的情况。

（10）田宅宫 表示其人的住宅、居住环境、不动产之多寡、不动产买卖之吉凶，以及是否继承祖产等，在论断固定资产、存款及中年时期的夫妻感情与精神生活时，亦以田宅宫来测之。同时，自己的工作场所、办公场地、服务的机构，亦可由此窥之。

（11）福德宫 显示一生物质和精神享受的福分、享乐、精神状态（悲观或乐观）、辛劳或安逸、趣味及嗜好等有关的事象。同时，本宫在测知寿命长短及健康状况、家庭支出、管理能力方面，也有参考作用。

（12）父母宫 表示父母吉凶情况，与父母的缘分厚薄、关系好坏，承受父母恩惠的多寡，父母对自己思想、人格上的影响力的多寡，以及自己的童年、少年时期家境如何。同时，父母宫可看出政府、法院、文书等管辖自己的事务，自己与上司之间的关系等。父母宫又称为"相貌宫"，可以测知自己受双亲遗传的情况，自己的容貌等内容。

5. 十二宫基本断法：

（1）命　宫：一定要旺相，最忌刑冲。父母爻、财爻、子孙爻、最好不能休囚，不能空亡，否则一生多灾多患难，一生颠倒不能好，命宫是根基，旺相最为强，一生遇贵福禄强。每次摇卦命宫不变，多少人反复试验，无论在何时仍然是一样的。想改变命宫，一是参考父母宫，走好运时生的与走差运生的不一样。现在香港人创业时不要孩子，发财时要孩子；再是生孩子选八字进行剖腹产。走好运时生儿子。父母身体壮、家宅旺、打工时也可以生。二是参考配偶宫，老公命好能带好，老婆命好能助夫；三是参考子女宫的旺衰。

（2）兄弟宫：喜旺强，若三合、六合必出贵，只有贵人出现合之为贵。兄弟入三合，吃穿没问题。最怕带官鬼衰，一生多刑伤；衰带鬼主受伤，兄弟宫怕冲，遇之坐牢残伤。民间老艺人专用十二宫，看兄弟爻有没有冲，兄弟逢冲必有车祸；兄弟当中有坐牢的，必是相刑入墓的。

（3）**夫妻宫**：最喜自旺，不能与别爻相合相生。最怕三合六合将财合走，遇之是老婆被合走。喜原神发动，自身带着财，子孙生财。怕刑冲临腾蛇，财逢休囚临腾蛇，病不好治，不能空，一空一衰，难保夫妻百年之缘。

（4）**子女宫**：旺最好，日月临生合，能做高官能发财；三合六合为贵；最好文昌位临青龙，主大吉；最怕日月冲，必生逆子。如果逢衰空，与父母无缘；旺相与父母爻相冲，克父母。

（5）**财帛宫**：代表人的一生的财，临兄弟一生财不聚，临鬼耗财，临财发大财，财越旺越大，最喜金水，一生福禄无限，好上加好，最忌兄弟，临玄武，一生当中犯小人。

（6）**疾厄宫**：一生身体状况。休囚空亡反称心，如旺生世合世，一生病魔就找你，临腾蛇则邪气绕身，不能生世合世，旺相之年有病灾。

（7）**迁移宫**：临世爻，说明白手起家，没有祖业，祖上没留下财产，六亲靠不上；三合六合主动，主迁移，步步高；若临喜星财官旺，临凶星则妄徒劳；财官合你要官有官，要财有财。

（8）**奴仆宫**：佣人，旺最好，不喜欢相合。相合不好会带来灾祸的。如与日月相合生你，手下能做大事、发大财，福德无限，他能帮助你。

（9）**官禄宫**：看事业要发达需要有吉星，得日月生合一生多是贵；最怕休囚相刑，喜的财官，不能临兄弟子孙，不能衰，如是这样一生是白丁，平平常常，不能临兄弟，临子孙不能衰。

（10）**田宅宫**：喜土金临子孙，最忌水火木，特别是水木；不能休囚空亡，不然到老孤独之命。

（11）**福德宫**：旺与世相生相合好。一生吉祥如意。忌六冲忌刑伤。

（12）**父母宫**：越旺越好，生合必借父母之力，衰休囚空亡得不到父母之助。

6. 十二命宫断诀：

（1）**命　宫**：首论命宫宜旺相，贵人禄马福难量。若值休空多患难，一生颠倒惹灾殃。

（2）**兄弟宫**：兄弟宫中喜旺强，合生身世禄华芳。衰空带鬼无同气，冲克身爻定不良。

（3）**夫妻宫**：夫妇宫中喜生旺，财临子值助吾身。杀刃临爻多怪病，衰空难保百年姻。

（4）**子媳宫**：子媳宫中吉曜临，子孙岐嶷有精神。冲克身世多忤逆，衰空杀刃嗣伶仃。

（5）**财帛宫**：财帛宫中忌破空，旺临财位福无穷。最怕耗神兄武劫，一生得失小人侵。

（6）**疾厄宫**：疾厄休空反称心，生身合世必相侵。身克世冲总不犯，最嫌帝旺与长生。

（7）**迁移宫**：迁移身世坐其爻，迁徙无恒祖业抛。吉曜临之迁则吉，凶星如值枉奔劳。

（8）**奴婢宫**：奴婢宫中喜旺兴，生身合世必多情。福德养奴财养婢，吉神会遇似陈琳。

（9）**官禄宫**：官禄宫中要吉星，吉星生旺必荣身。休衰恶杀兼兄子，皓首依然一白丁。

（10）**田宅宫**：田宅宫中喜土金，子孙奕业得相承。水火木星多进退，休空到老素寒人。

（11）**福德宫**：福德旺兴生世象，一生长得吉人钦。衰空终岁身勤动，凶曜奔忙也是贫。

（12）**父母宫**：父母宫宜生旺临，合生身世荫重深。衰空受克无瞻依，伤世冲身定不仁。

十二宫所临之爻，辨其生旺或衰弱，由月令、日辰而定；又须看此爻之空破合冲刑害等情况，以定其休咎；其次论之与世爻之间生克制化情况。如兄弟宫，父母宫，可看兄弟、父母自身的情况，与世爻的关系辨明兄弟、父母对本人得力与否，相处好否等。

举例说明：

例1：亥月 己亥日（辰巳空）测终身运

山地剥（乾） 地山谦

疾厄	财寅○	兄酉、、	父母	勾
命宫	孙子、、世	孙亥、、世	迁移	朱
兄弟	父戌、、	父丑、、	奴仆	龙
夫妻	财卯×	兄申、	官禄	玄
子女	官巳、、应	官午、、应	田宅	虎
财帛	父未、、	父辰、、	福德	蛇

看世爻有无官位，临月令旺，二爻官空化午冲世，看官禄宫申，不旺，没官运。子孙爻持世，水临月令旺，坐艮坤受克，无官非政府部门人员，官鬼爻死地，官禄宫临兄弟衰地，非事业单位，做生意的。

命宫子，化亥临日，有马星主动。孙爻坐艮卦，山上水往下流；坤主车，自高自大，不团结，外表有水有钱，水被土耗泄，无钱。临朱雀，会说。化为亥临迁移、好动。看有无钱，分析财帛宫，父未化辰退，化空亡，没钱。

应爻巳化午化进，表面红火，看冬天月破（真破），午与世子冲。化田宅宫，连房屋都没有。

看老婆，用飞宫，我克者为妻财，世子克者为火，二数，上数二为初爻父未，化辰空亡，故无老婆。寅卯财动为情人，上爻财寅坐疾厄宫化回头克，情人有病。卯与亥半合，在夫妻宫。将来可成

周易·一卦多断点窍

为太太。

寅主头化酉金回头克，为头上有疤痕（疾厄宫）。喜衰不喜旺，旺有病，阵发性头疼，医院治不好，世孙化退，家的祖坟被挖洞，子化亥，北边靠西北，艮为坟，中间进水。

二爻巳午官化进，鬼坐家门，初未化辰，父母爻是车，下为车库，阴气大。化艮，为坟地有杂气。

看兄弟，弟为上六寅，哥为四爻戌，都有头疼怪病。

坟地有棵大树，树上有东西，寅动入库于未临蛇，有蛇精，寅树根冲申金，申为死人头颅。（余略）

第三节　正确使用大小运限

大小运限之法，古易唯见《易隐》记载。

一、《易隐》身命取三限法

正卦管 30 年，变卦管 30 年，互卦管 30 年。每爻五年为一限，共 90 年。如卦值六爻安静，而无变卦者，则正卦管 30 年，互卦管 30 年，再从升降取卦管 30 年。取之何如，凡在子寅辰午申戌阳时卜者，升初爻于上作卦，如正卦得天风姤，作泽天夬卦断之。又如乾坤二卦，无互，不可升降者，动则正卦管 30 年，变卦管 30 年，复以变卦，随阴阳时，取升降作卦。如前法，管 30 年，若乾坤二卦，又逢静而无变者，则正卦管 30 年，再以占人生命起卦。如甲子年，五月，十八日，酉时生人，即从子上起正月，则五月在辰上，又于辰上起初一日，则十八日在酉上，又于酉上起子时，则酉时在午上，酉属兑，午属离，即以酉临午，得泽火革卦，管 30 年，再以来占年月日时起卦，如甲子年，正月，下十五日，卯时占，便从子上起正月，则正月即在子上，又于子上起初一日，则十五日在寅上，又于寅上起子时，则卯时到巳上，卯属震，巳属巽，即以卯临巳，得雷风恒卦，管30年，共90年。若年高至九旬已外者，再从正卦，世爻，一年一位，在阴阳顺逆行之，以定吉凶。

《易隐》以正卦、变卦、互卦各管30年，三卦合之共计90年，如此可将每个人的90年运气分析出来。凡身命卦中出现动爻时可用正常的起限法，如果身命卦中并无动爻，则将主卦升降，重新起出一卦以充变卦，再加上互卦，依旧可以预测90年运气。乾坤二卦并无互卦，则取主卦30年，变卦30年，再依求测者的出生时间起出一卦以充互卦，如此仍旧可以预测出90年运气。如果求测者不知出生时间，则以求测时间起卦以充出生时间卦，如此仍旧可以预测90年运气。此法与太乙神数的起卦法有些类似。

二、《易隐》大限行运法

大限五年一度，行运世应兼取，单论天干。如天山遁卦，世丙火，应壬水，火数二，水数一，共三数，则三行运也，即于世上起3岁，至7岁，五年为一限，阳世顺行，阴世逆行（甲丙戊庚壬为阳，乙丁己辛癸为阴）。如遁卦二爻阳世，则运宜顺行，8岁至12岁轮在三爻，13岁至18岁，轮在四爻，余仿此。如孩提未起运以前，即于世上起一岁断之。

大限与八字预测学中的大运意思相同，而有些现代著作中只以主卦中世爻阴阳顺逆取大限，不论互变卦，不论几岁起限，而《易隐》独传以世应干数合而起岁，较之现代人所用之法更为详尽，与八字预测学相合，以便使读者达到卦命合断的地步。

三、《易隐》小限行运法

小限一载一宫，亦世爻起数，阳顺阴逆，亦正卦值30年，变卦值30年，互卦值30年，其无互不变之卦俱从前式取之。

此法与八字预测学中的小运意思相同。

四、《易隐》推流年流月法

阳世初爻起十一月，阴世初爻起五月，正变二卦并取，共成期年之运。此为《易隐》独传的推流年流月法，其原理与六爻起卦身法相同，又与道家先天易学中的河洛理数、太乙神数流月法起法相同，估计就是游南子吸收的这两种术数之法。

详研其法，甚是繁琐，无所适从。易在于简明而不失其道，在于适用而不背其理，在于灵应而又能通解。故而变通如下：

（一）六十花甲子计时，卦爻六十岁而变

（1）六爻静卦，从世爻起，每爻管10岁，六爻其计60岁，为大限；小限亦从世上起，每岁一爻，循环往复。

（2）六爻动卦，从世爻起，每爻管5岁，主卦管30岁；变卦亦从世上起，顺接主卦，每爻亦管5岁，共管30岁；主卦、变卦合计60岁，为大限。论小限于主卦管前30岁，变卦管后30岁，每岁一爻，循环往复。

（二）察世爻之阴阳，定排运之顺逆

世临阳爻，由世往上顺起大小运限。世临阴爻，由世往下逆行大小运限。若有变卦，法之类同。

（三）吉凶看运限，发用看游年

于占卦日辰上按长生诀定限爻的原始状态

十二长生诀（爻配十二宫）：

	生	浴	带	官	旺	衰	病	死	墓	绝	胎	养
木	亥	子	丑	寅	卯	辰	巳	午	未	申	酉	戌
火	寅	卯	辰	巳	午	未	申	酉	戌	亥	子	丑
金	巳	午	未	申	酉	戌	亥	子	丑	寅	卯	辰
水	申	酉	戌	亥	子	丑	寅	卯	辰	巳	午	未

生带官旺四吉爻，浴衰病养四平爻，死墓绝胎四凶爻。

限爻或世爻处于日辰的状态：比如寅日占得《乾为天》静卦，1至10岁在壬戌父母世爻，土病在寅，世爻为本人，父母爻为父亲，此限本身和父亲俱入病乡，表示身体有病。

（2）限爻或世爻处于游年太岁的状态：接上例，世爻入病地，限爻戌亦然，若游年为丁巳太岁，则世与限值太岁的绝地，病危之兆。但凶不致死，因丁壬合，巳年岁德在戌，太岁德合入限，乃凶中有救。

（3）详解游年太岁之贵马德合吉星

贵：即天乙贵人，为众贵之主，能解灾招福。天乙贵人取岁干，歌云：甲戊并牛羊，乙己鼠猴乡，丙丁猪鸡位，庚辛逢虎马，壬癸兔蛇藏。

马：即驿马，主贵福禄。诀曰：申子辰年，马星在寅爻；亥卯未年，马星在巳爻；巳酉丑年，马星在亥爻；寅午戌年，马星在申爻。

因马属火，寅为火之长生，巳为火之临官，为福最多；申为火之病乡，亥为火之绝地，赐恩减半。

马走旺官，仕宦超群。马行衰地，士民拮据。马值空亡，定居尘市。

申年寅马，为岁刑马；寅年申马，为马刑岁，马爻临官鬼持世，若犯月日破克刑害，更遇限爻刑害破克胎墓绝之年，必遭刑戮而死。

德：有干德，岁德。一德可以让百恶，解百忧，无求不得，无欲不遂。

a、干德：甲己合、乙庚合、丙辛合、丁壬合、戊癸合，如甲年合己爻，辛年合丙爻，指六爻配纳甲。

b、岁德：在岁对冲支后一辰，如子年，子冲午，德在巳。

年 　　子 丑 寅 卯 辰 巳 午 未 申 酉 戌 亥

岁德 　巳 午 未 申 酉 戌 亥 子 丑 寅 卯 辰

岁德之论，流年太岁德在限爻，或限爻德值于岁上，均吉。如游年癸未，世临戊子，癸戊干合，未德在子，名德合相见。如游年丙辰，世在辛酉，丙辛合，辰德在酉，辰生酉，辰酉合，名天地合德。

干德不临名孤德，辰戌二爻贵人驿马不临名弱德，德犯冲刑害，克中遇德，或德空亡月破，均为福稍减。

合：合为六合与三合，为顺为助。

a、六合：卯合戌，丑合子，合中带克，吉处藏凶。戌合卯，我克他，为吉。辰合酉，午合未，亥合寅，合处带生，必全吉。未合午，寅合亥，酉合辰，泄我之气，吉稍减。巳合申，金生在巳，不可言克，为大吉，若卦中见寅动乃是三刑之煞，毫无合气，主大凶。申合巳，刑处带合，吉处有凶。

b、三合：三合以中一字为主，前一字生主发，后一字墓主藏，三字俱全，为真三合。半合少藏，有始无终；半合少生，先难后易。

（4）大小运限同落一爻，吉凶明显。

（5）限爻逢游年太岁旺相之年，又有贵马德合入其爻上，看限爻临何六亲，便知何事之顺吉；反之，若限爻居四凶之位，又值太岁无气之乡，受刑冲破克害，看限爻临何六亲，便知何事之不顺。

比如：申日占得《雷天大壮》之《雷火丰》卦。世爻庚午，主1至5岁运限，午病在申，午为自刑，表示其人5岁前必多病；若飞宫六亲同居此爻，则其亲属亦有病也。10岁申限值日而旺为吉。15岁戌限，20岁子限，均值日建长生之地吉。25岁寅限值日建之绝地又受申日冲克，且临官鬼，为凶运之限；若太岁为巳年，寅限木病在巳，必有病凶；游年太岁若为午年，寅限木入死乡，灾咎之凶，但不至于死者，因午世临巳午岁之旺气；流年太岁至未年，寅限天德在未，且未合午世，稍吉；申岁流年，寅受岁之冲克，且寅限绝于申，四凶之地，而午世病于申岁，病危之兆，但不至于死者，因申马在寅；酉年太岁，寅限胎于酉，午世死于酉，酉为孙爻，寅为官爻，事业不顺之兆，或病伤之灾，但因酉德在寅，凶中有救。30岁辰限，兄弟之爻，临申日长生之地为吉，但因兄弟值限主多耗财或犯口舌；流年若为寅岁，辰限处病乡之地，寅岁为官星克限，口舌官非之事；卯年太岁，辰限死地，午世败地，卯辰克害，防外人谋害；辰年太岁，辰限墓地，运势无起色；巳、午岁，辰限处于绝胎之乡，稍有不顺，但因巳、午扶助午世为旺，即父旺，有工作调动之事。

（6）断流月吉凶可看限爻于逐月之长生诀，按四吉、四平、四凶之位来论。

（7）限爻所临六亲，如为本宫亲爻、飞宫六亲、飞数六亲，乃是亲属之称；如兄弟爻是本宫亲爻，指兄弟姐妹，他宫他爻为亲戚朋友同事之谓。

（四）何吉何凶看神煞

（1）所临六神分清吉凶性情。

（2）贵马为解凶之神，吉则多主官贵。

（3）德合为解凶之神，吉则多福禄、成事。

（4）岁杀临于世上或限上，随其凶性，言其祸端；察其限爻，是何亲属，即知祸福临于何人。

丧门：主丧服。在岁前二辰，如子年在寅，午年在申。

吊客：主病凶。在岁后二辰，如子年在戌，午年在辰。

病符：主病讼。在岁后一辰，如子年在亥，午年在巳。

太阳：主化凶为吉。在岁前一辰，如子年在丑，午年在未。

官符：主官讼。在岁前四辰，如子年在辰，午年在戌。

亡神：主死亡哭泣。在岁前三辰，如子年在卯，午年在酉。

劫杀：主伤灾凶事。在岁后三辰，如子年在酉，午年在卯。

龙德：主吉庆。在岁对冲支前一辰，如子年在未，午年在丑。

白虎：主凶灾。在岁对冲支前二辰，如子年在申，午年在寅。

卦中吉凶神煞，旺相有气，不犯空亡，灾福应重；空亡无气者，不应。

（五）入用之法：

限带休气，必多疾病。限带囚气，必多狱讼。

吉神主限，凶灾自轻。凶神主限，祸来难免。

（六）六神祸福：

（1）六神生合用爻，各应其福。六神伤克用爻，各应其灾。

（2）六神以岁临爻为上，月临爻次之，日又次之：

青龙临三传外动生合用爻，带贵马德合者，主加官进财进禄之喜。

青龙临三传内动生合用爻，带贵马德合者，主孕育婚姻进财喜庆之事。

若青龙遇凶鬼刑害克伤破用爻，喜处招殃。

朱雀临三传外动，带贵马德合生合用爻，主加官进职科甲文书之喜。

朱雀临三传内动，加兄鬼刑害克破用爻，主分离、口舌、官非之事。

勾陈临三传外动，带贵马德合生合用爻，主加官禄进田产造房子进新居喜事。

勾陈临三传内动，主灾患缠扰，不能摆脱。加官符必有田产婚姻之讼；加凶鬼刑害克破，主跌打损伤、或改造房子、安葬等致祸。

腾蛇临三传外动，主求谋多变，外事牵连。

腾蛇临三传内动，主虚惊怪状，梦寐不安；加凶鬼刑害克破，主动土起讼、患病或鬼怪致祸。

白虎临三传外动，带贵马德合生合用爻，主武职升迁诸行吉利，经营称心。

白虎临三传内动主血光、孝服、横祸；加凶鬼刑害克破，主丧乱、杀戮、征动、车马致祸。

玄武临三传外动，主舟行车马有盗贼之变，会吉神则斩获贼盗或得财。

玄武临三传内动，主家中失脱，孕妇灾咎；加鬼杀刑冲克害破，主坑厕、酒馆、花街致祸。

（七）运限所主吉凶

（1）运限生旺，带贵马德合者吉。运限四凶，加刑害克破者凶。

（2）限爻生合世爻者吉，冲刑克害世爻者凶。

（3）限吉则恶见刑害相残，限凶则宜贵马德合以救。

（4）吉逢冲克，吉中有凶；凶逢解救，凶中有吉。大小运限并兄弟，必先伤妻后破财。

（5）限爻动，灾殃易惹；限爻空，身若飘蓬。

（6）限值天罗辰、地网戌加鬼杀者，限内作事昏迷。

（7）祸福之应遇流年太岁触之而动发。

（8）限中是何祸福，以限神之性言之：

贵人为官贵，升职发达，喜庆之功。驿马为官贵，驰聘四方，致身云路。德为喜庆。合乃合好，成期。杀主伤残、病凶。墓多蒙昧，不明。破主倾损，破耗。害必斗争，谋害。刑主克伤，刑罚。冲多摇动。青龙为婚姻喜庆孕育。朱雀见火灾官非口舌。勾陈乃争斗讼狱田产。玄武则奸淫阴私失脱。白虎为疾病死亡伤灾。螣蛇主惊恐怪异牵连。

（八）爻限新论

此理论与《易隐》所载有所不同，大致以初二爻管少年运，三四爻管中年运，五上爻管晚年运；亦可以每爻管十年定之，即：

初爻管 1—10 岁，二爻管 11—20 岁，三爻管 21—30 岁，四爻管 31—40 岁，五爻管 41—50 岁，上爻管 51 岁以后的运程。

此法为简捷之法，经长期实践验证甚为灵验，故善用者用之。

举例说明：

例1：某男占终身运气，甲辰年生。

	亥月	辛卯日	（午未空）
	《山水蒙》	《巽为风》	六神
兄弟巳火	父母寅木、	父母卯木、世	螣蛇
子孙未土	官鬼子水×	兄弟巳火、	勾陈
妻财酉金	子孙戌土、、世	子孙未土、、	朱雀
官鬼亥水	兄弟午火×	妻财酉金、应	青龙
子孙丑土	子孙辰土、	官鬼亥水、	玄武
父母卯木	父母寅木、、应	子孙丑土、、	白虎

1. 初爻寅父管1—10岁。

寅木得月令鬼爻亥水生合，又羊刃于日辰，动化入丑金之墓，临白虎主伤病之灾，金克木主伤灾，且寅运克世，表示此十年运气不佳。3岁丁未年，未土刑世爻戌土，寅木死于丁，入墓于太岁，未冲丑墓则开，白虎猖狂，受伤难免。实际是从高处摔伤头部、手部，很严重。五岁己酉年，酉金克寅木，冲伏神卯木，酉年白虎司权，金克木，木主筋骨，伤灾又来。实际与同伴玩乐，右腿骨折。此人必7岁上一年级，7岁辛亥年，太岁亥合动寅木父爻，父主文书，表示上学之龄。

2. 二爻辰孙管11—20岁。

辰限与世爻戌相冲，走动之象，再结合11—20岁为上学年龄之理，可理解为升学或外出走动之象。辰限在卦中的原象是，辰禄在亥月，处日建卯之死地，即四凶爻之位，且动化亥官得禄，有吉有凶；吉之者能考上高一级的学校读书（官星带禄），凶之者病伤之灾。1979年己未，限爻处太岁之养地，四吉地，未岁之德在子，带官星而动，辰戌丑未四库全而土动，升学顺利之象，实际当年考上县重点中学，但此年有伤灾，因辰戌互冲与太岁刑世，实为右腿打球扭伤，一个月走不了路。1983年癸亥，官星带禄旺临太岁，限爻化亥官，亥之岁德在辰临限爻，此年考上重点大学。（余略）

例2：男测财运：

<table>
<tr><td>壬午年</td><td>辰月</td><td>辛酉日</td><td>（子丑空）</td></tr>
<tr><td>《水火既济》</td><td>《泽地萃》</td><td>六神</td></tr>
<tr><td>兄弟子水、、应</td><td>官鬼未土、、</td><td>腾蛇</td></tr>
<tr><td>官鬼戌土、</td><td>父母酉金　应</td><td>勾陈</td></tr>
<tr><td>父母申金×</td><td>兄弟亥水、</td><td>朱雀</td></tr>
<tr><td>妻财午火　兄弟亥水○　世</td><td>子孙卯木、、</td><td>青龙</td></tr>
<tr><td>官鬼丑土、、</td><td>妻财巳火、、世</td><td>玄武</td></tr>
<tr><td>子孙卯木○</td><td>官鬼未土、、</td><td>白虎</td></tr>
</table>

排大小限法，从世爻起，无论男女，阳顺阴逆，往上为顺，往下为逆，大限5年（或10年）一爻，小限一岁一爻。

大限用10年一爻的三个条件：

1、一般一爻管5年，特殊情况用10年，六静卦用10年。

2、六冲卦用10年起大限。

3、断终身卦，40岁以后的人来测卦，用10年，其他用5年。

①1岁从亥，自旺（坐世爻），2岁父母申金生亥水，身体健康受到父母的庇护，3岁戌土小限克大限亥水，肯定生病，但中间有申金化，是小病不是大病，戌土是火土，在五爻，主父亲，父亲这年身体不好，家中破财。因戌库在卦中，为财库，但卦中无财爻，火库临

鬼，破财，土克水，成为火库，水火相激，发高烧。4岁比和，无事，5岁临卯木，没有问题。1—5岁家里经济条件不好，因大限临兄弟，财爻不上卦。5岁临初爻子孙卯木，初爻为父，父亲经济有所缓和。

看大小限，不论日月！

②6岁换大限为父母申金。

6岁小限丑，官鬼相生，6岁即上学。

7岁亥水通关，金水通，学习聪明。

看近10年财运不用起限，直接看满盘论。5岁一限，主卦管30年。31岁起从变卦世爻起31—35岁限。

③22岁大小限都在六爻，兄化官，回头克，与女人同居，破财。这年5或6月头部受伤。应爻为其老婆化出个官鬼回头来克，说明他老婆这年找到他，和他同居。

21岁五爻戌限。卯戌合这年谈的恋爱。

23岁亥卯未合成桃花局，财见官入库，为结婚，当年结婚当年即怀孕，因合成的是子孙局。

21岁这年在五爻戌，为火库，卯为桃花，与世爻为亥卯半合，卯与戌合，为火库，合入火库，热情热恋之象。（未也是火库，也有同样含义）

④文化不太高，为大专，父母生世，但不得月令，所以不会太高，为大专。

兄弟爻持世的人，都是大起大落。

此人有两个子，因父母生世，主卦一个，变卦一个。应爻为妻，亥为水（1.6为水）老婆1.62米（1.6＋0.02两个水），头发不是很多，不密。木主头发，子水化出官鬼入库，是木库，主头发，鬼就是病，所以头发不多，库爻在六爻为头。

寅木一般头发枯发黄，卯木发旺发黑。卯木为桃花，为好看，爱在头上打扮，讲究发型。

他们家为三兄弟，亥水动加旺一倍，为2个，应爻子水为一个，子为老大，亥为小，自己为老三。

初爻合五爻官鬼，初爻为父，父亲腿有病。临子孙爻，故职业为会计。为何取初爻为父，因初爻动，为旺，所以取初爻，变卦为坤，为老人。

三爻亥水为血液，二爻官鬼丑土化巳，土阻水，不生初爻卯木，故腿有病。

为何断父亲有病，因日令酉金为父母爻，冲初爻父位，故有此断。

看母亲为二爻，父克为母，坤主胖，丑土不高，长得不好看。

卦中亥卯未合木局，儿子利用初爻父亲的关系和路子生财。

今年家中买房80万，造厂房（加去年）80万，十月罚款7万，十一月10天内连续三次车祸，破财。1991年死了一个儿子。

1991年白虎动孙卯化未库，儿子死。今年10月、11月兄弟爻旺相，世应旺，亥子旺，耗费花销大。应爻为兄弟，要破财。世下伏午，财爻受制。

子月合丑，家中鬼动，亥月冲变卦巳，财爻破。父母申（长生在巳），申巳合，四月开始付款。四爻为大门，长生就置房。七、八月付大笔房款，申酉旺，都要合财，要付款。

老房子卖了10来万。

二爻为宅，为根基，是老房子。财为巳火，为2、7数，2+7=9，坤离8+3=11，综合判断10万元上下。

数都出在爻位上，以爻位来定数，以所在五行和卦宫，以旺衰而定其大小。

此人上半年应该挣钱不少，加上欠账和挣到私钱应为300万。卯木为子孙爻，木为3、8数，不旺，取3数，为300万。

看挣的钱多少，看子孙爻，一旺一衰，取旺者。

老婆有外遇。六爻未为老婆的情人，午与未合，卯与未合，卯为子孙为学生，木火通明为学校，兑为说，这个情人应在县城教育局当杂官（县城在他西南方）。

2004年要破大财，父母申金动，打官司，弄不好要破产，申子辰合水局，申化亥兄，辰冲动戌，化酉金，酉金旺，克卯木，申金合巳火，把家中钱拿出来，亥来冲巳，破家中财，四爻临朱雀动，有官司。

酉年，酉冲卯木，卯木进未库，三合逢冲，必进库，有狱灾。

应爻为问事的根基与源头，动爻是事情发生的经过，变出之爻是事情的结果。神机来自数理，数字来自于爻位，爻位定五行。

例3：断静卦

2001年六月我出差办事，一位王先生请我为他测运气。

癸未月　　辛酉日　　（子丑空）

《坤为地》	六神
子孙酉金、、世	螣蛇
妻财亥水、、	勾陈
兄弟丑土、、	朱雀
官鬼卯木、、应	青龙
父母巳火、、	玄武
兄弟未土、、	白虎

此卦是一个六静卦又为六冲卦，若从卦中提出若干信息，难度较大。坤卦在六月旺相，世爻酉金得月生临日令为旺相之爻，应爻官星卯木入月库，日令又冲克，应爻为弱为休囚。按古命书的论点：子孙爻持世无官位。我对此论不敢苟同。我以为任何论点的出现和使用都是有条件的，不是绝对的。此时此地依此卦而论，我断：

（1）王先生你出生在官吏之家，父母均有高职在身，又都为文官。

你本人是高材生，多才多艺，文章写得好，来得快，必是干文行的。官位嘛？应为处级。王先生回答："你测的很对。我是本市的秘书长，我父亲是省教育厅的厅长。"

解析：坤主文主顺。此卦以五爻为父，亥水居之，虽受月克但酉金在上六临日而旺，财爻不受克，因酉金泄土生用神。五爻为君位又亥卯未合成财官局，官生文必然是高职在身。财官相生，木火通明，当然是文官。本人所摇之卦为坤卦，坤卦主文，土金相生主文学满腹呈状元之象，所以尽管此卦子孙爻持世，仍应看作为官之象。为高才生者，乃是金生水财属多才多艺之故。卦中巳酉丑合局，文风通门户，酉金在坤宫，所以断其文章写得好。文风正来得快是坤主通顺之故。综合推断是干文行的。官星在三爻虽不旺但临青龙，龙虎同宫者，必为州府之官，所断为处级之职（县级干部）。卦中世爻临腾蛇，主有计谋，丑旬空，酉金生亥水，亥水生卯木，卯木生巳火，为官父相生，木火通明，所以断有官职有名气。坤为众，代表群众百姓，世爻位于六爻至高点，万人之上是高官，但子孙爻持世不利官，故为父母官，却不是高官。

（2）你从8岁开始上学到大学毕业，学习成绩好，名列前茅。王先生回答："我从初中到大学成绩在全班排前三名"。

解析：大小限飞宫，世爻为阴，行运逆走，也就是说从上而下，十年为一大限。1至10岁，大限从世爻酉金算起，命主8岁小限在亥，是金水相生，金白水清，说明读书聪明伶俐。14岁命主上中学，大限在五爻亥水，小限也在亥水，卦中财官相生，说明命主不但聪明，并且在校成绩好有名气，名列前茅之象。命主在17岁上是财官相合相生，官生父，木火通明，有文才之风。17岁的流年是父母爻当令而旺，此年命主考上了重点高中。命主在20岁，考上重点大学，20岁者大小二限同宫，财助官生，金水相连，旺官能助衰父，正是金榜夺魁之象。注：大小二限断终身卦，只有八纯卦按10年大限论之。

特殊的卦也是以 10 年论大限，男阴女阳可作 10 年而论。其余的卦以五年论大限。此断卦之绝法是师傅口传之秘，古今卦书无文字记载。

（3）25 岁，是你人生大转折，有事业，工作上顺心，而且有结婚之喜。妻子也是高材生。王先生回答："23 岁大学毕业，24 岁分配工作，25 岁结婚，妻子是我同班同学，成绩比我好。"

解析：25 岁大限在四爻丑土，小限在上爻酉金，卦中巳酉丑三合局，财爻旺相，是丑酉共合生财，金水相连，腾蛇盘绕，情意绵绵，正是婚姻起动之时，所以断 25 岁为他的人生转折点。

（4）我断王先生 26 岁双喜临门，升官抱孩子。27 岁工作调动，应干文书、文秘之类的工作，此年顺利，又进财。30 岁父亲有大灾，多指伤灾，或手术之灾。王先生回答："我 26 岁在某市宣传部提干，同年妻子生了个女儿；27 岁是进点小财，分了一套房子搬家；28 岁我从小市调到一个大市当宣传部部长。是我朋友帮的忙。29 岁又调到市委给市长当秘书；30 岁父亲肚里长瘤，做大手术，确为一次大灾。"

解析：26 岁大限四爻丑土，小限是五爻亥水，卦中组合是巳酉丑三合子孙局生财爻亥水，亥水在五爻应说此君得女贵人相助。亥水合卯冲巳，为升官之象。三合子孙局酉金是阴爻阴位，所断此年升官又生女儿，是双喜临门也。27 岁大小二限同宫，运限共走在丑土之上，世爻酉金归库，牵动二爻父母巳火，二爻为宅位，又父母为房屋，归库归家也！故此年有搬迁之喜。28 岁大限丑土，小限在三爻卯木，官星卯木冲世爻酉金，冲者动也，大限丑土在四爻，四爻为县级，因丑酉相合，不能断卯酉冲，有车祸伤灾，因合破冲克之力。官动冲世归库，正说明有贵人相助，有提升之喜，朱雀临大限，正说明干文秘工作。30 岁大限丑土，小限运行初爻未土，大小二限见兄弟，丑未二土具动劫财，世爻酉金入库，亥水受克无原神，五爻亥水为父临勾陈，说明其父有住院之信息。丑冲未，未在坤宫主腹，艮坤都说明为瘤一类之病。初爻也代表父，又临白虎，二爻为父母爻巳火临玄武，故其父肚里长瘤。手术开刀，是二爻巳火代表手术刀，玄武主流血，白虎主伤灾、手术灾。

（5）我断王先生34岁提为处级干部，到43岁事业顺利，运行1993年也就是44岁，开始仕途不顺，犯指背星，也就是犯小人，财运有，但官位迟迟提不上来。王先生回答：完全正确。

解析：34岁者是大限为三爻卯木，小限同宫，双官临身，此为官星玉兔挂青龙，必有喜事交门庭。卦中官旺生父母爻巳火，巳火生未土，未土生酉金，官父两旺相生合，可视为官府下召到门庭。卯木冲动酉金亥有水通关，故此年提为县级干部。提示：坤卦的官星在三爻，临青龙，为门庭吉星高照，必定官贵临门，坤为官星之库，酉金不但冲不了官星，反而与官星生合，此是坤卦变通之理。31岁至33岁出现经济问题。（不做具体披露）。44岁为1993年癸酉世爻旺相，大限卯木，小限亥水财旺生官，大限卯木反冲世爻，虽世旺不受伤，但官位升不上去，此命主是财气旺，此年大发。此时的官鬼亦多成小人，所断44岁犯小人。

（6）我断王先生说：1995年发大财，1996年发财应有提升的机遇。1997年丧父家有孝服。1999年有提升的机遇，但机遇失掉未提成。1999年发财，并将自己玩过的一个女人送给领导，尽管送房又送美女，但是官还是没提上。王先生不好意思地说道：这些也能看出来？

解析：1995年1996年财临太岁而旺，财官相生，官生父，父合世。1999年为官星临太岁亦有提升的机遇。1996年丙子年，财虽临岁，但被兄弟爻丑土合住，父母爻又合生丑土，此年机遇失掉。1999年虽官旺父旺，但世爻休囚，所以机遇也失掉。1999年大限在二爻卯木，小限在五爻，财官相合而旺，说明此年发财。卯木为桃花冲酉金，说明卯木为女，找酉金，二人应有暧昧关系。卯木与月令未土相合，月令为大领导，酉金也为桃花，两个桃花相冲，当然王先生与此女先有关系，后与大领导有关系。酉冲动卯木去合未土，故断王先生将玩过的女人送与领导。送房子，是卯木生巳火之故。1997年丧父者，是兄弟爻丑土旺相，酉金入库，亥水受制，五爻为父，亥水受克，丑土临岁冲动未土，初爻白虎起动主丧，亥水也随鬼入未土之库，所断1997年应穿父孝。

（7）我断王先生与副市长水火不容。副市长最迟到2001年4月要调走。王先生说：正是如此，我与副市长是谁也不让谁，互相看不起。

解析：秘书长可以代表市长讲话办事，有管辖副市长之气势，我克者为副市长，世旺应衰，又相冲，说明关系不好。但实际上也不能拿对方怎么样。因为卯木虽日破，一受冲便入月墓，卯未合库，说明那位副市长有后台庇护。明年巳酉丑合，子孙爻旺相必将卯木冲走。

（8）我断王先生单位内部有一个小人，30多岁，应是退伍兵，长形脸，高材生，此人与副市长关系好。王先生回答：不错，此人是我一手提起来的，现在的确和副市长关系好。

解析：二爻巳火与世爻合中带克，说明面和心不和。巳酉丑合局，二人是同一个部门的。卯木生巳火，与副市长关系好。父母爻主文，坤主文，木火相通，文化高，是干文行，上龙下虎，能文能武，巳火为马星，巳亥相冲，马星在五爻，有当兵之意。巳火为长形脸。

（9）下边还有人想争夺你这秘书长之职，王先生说：那是肯定的。

解析：兄弟未土临月旺相冲动丑土，欲使世爻酉金入库，但酉金临日不入库。

（10）我断王先生与市长的关系较好。王先生回答："我是专照顾市长的，肯定关系好。"

解析：五君爻亥水代表市长，酉金生亥水，肯定关系好。但帮不了什么忙，因为只是相生关系，不是合生的关系。

（11）王先生问：我现在手上有修路工程能干否？

我回答：能行，你本人财力大，二路来财。王先生急着回答：

确实二条公路。我接着说：一个月至一个半月（七月中旬）开工比较好。征迁工作20天左右可完成。到明年四月、五月可修好公路。

解析：子孙持世临日建得月生，又财在五君爻紧贴世下受生，故财大利大。坤本身可看作路，上下是坤，所以是两条路。卦中丑未二土相冲也可看作两条路，故二路来财。世爻临日而旺，泄土生财，所以能干可获大利。水财为流动之财，且在五爻，表明是修路得的财。巳酉丑合局生财，应爻日破入月墓，不能合去财，肯定这是个赚钱的买卖，进入七月以后，子孙爻旺生财，所以七月开工对自己有利。土旺、路旺属可开工之象，土为5、10之数，土又坐坤，加倍为20天左右，征迁工作可完成。工期看子孙爻，子孙爻代表民工，土旺金旺，说明工程干得欢，进展快。金为4、9取9数，故到明年的四月或五月完工。

（12）你妻子是个大干部，在一个农业大城市工作，夫妻关系好。王先生回答："我妻子是副市长。"

解析：财爻亥水旺相居五爻位，金水相生聪明，官大亥卯未合，与官合，财官相生，临青龙也是大官。坤为农业大城市（乾为首都、京城、震为工业大城市）。财与世紧临相生，关系好。

（13）注：此人酒色俱全，走动大、出国多。因为酉金持世旺相，主能喝酒，酉为桃花，卯酉相冲，临腾蛇，桃花旺、计谋多。世在上六受冲，马星旺，必是走动大、常出国。

第四节　一卦断终身

卦象万千，易理千万，终一生之力，学也学不完。故要求我们学易贵在思路明确，断法简单，而非在于把易理记住了多少，学会了多少招。因此，学易者必须掌握好基本的断卦思路，具备扎实的理论知识，然后大胆发挥即可。

不易是基础，变易是根本。易跟随时代的变化发展，乃是变易。

圣人作易，在于教人趋吉避凶，顺应自然之理，变化之道，以达到适应自然、改造自然的目的。

古人有的东西，现代人也有，而现代人有的，古人未必就有，这是社会不断向前发展的结果。现代社会，自从电力的发明和运用及电脑的问世，生产力和生产关系发生了天翻地覆的变化。记得小时候上晚修课，点的是煤油灯，如今被光亮的电灯所代替了。煤油灯是乙巳、甲辰佛灯火，电灯则是戊午、己未天上火。

古人骑的是马、驴，坐的是马车。现代不同了，交通发达，有单车、摩托车、汽车、火车、轮船、飞机。古人用马星，即寅申巳亥代表之；现代亦沿用之，或以父母爻为车。八卦亦有其象，如乾为健为车，坎为轮为车，坤为车，巽为车、震为车等。白虎、腾蛇主道路伤灾，马星冲刑主车祸。又有卯酉冲，辰戌冲等均有车灾之象。

现在是市场经济，假冒伪劣商品很多，在古代则少之又少。子孙爻为商品，临腾蛇或犯刑伤，或孙爻化鬼，可以表示之。现代的医学也相当发展，不仅有中医，还有西医，各种高精度的医疗设备至臻完善。一般的病症，在古代人看来是死症，而现代却可轻而易举地治好了。卦中的孙爻为医药，也包括医疗设备或疗程。易是为人类服务的，必须适应人类物质文明和精神文明的发展，所以说，古易该是脱胎换骨的时候了。

1．祖业

（1）卦宫：卦宫即大象，主卦宫为祖业之前半生，变卦宫为祖业的后半生。六爻静卦为祖业的总称。大象为生时之根基，大象旺相，家道兴隆；大象休囚，家资萧条。

主卦宫与变卦宫，如主卦为坎宫，变卦为兑宫，合得《水泽节》卦，坎6兑2取动爻为二，列出主变卦的爻象，为祖业运势卦。

其断法取财官为用，论祖业之兴衰成败。

（2）爻位：（适用于专测祖业卦或一卦多断之卦）

上爻	曾祖父
五爻	父亲
四爻	祖母
三爻	曾祖母
二爻	母亲
初爻	祖父

初爻祖父，四爻祖母，上爻曾祖父，三爻曾祖母，为祖上的用爻，结合三传的影响、爻象的情形与卦象等关系来判断。

（3）飞宫法：

以世爻为主，生世为父，生父为祖父，生祖父为曾祖父，祖父克为祖母，曾祖父克为曾祖母。如世爻属木，金爻为祖父，木爻为祖母，土爻为曾祖父，水爻为曾祖母。

（4）飞数法：

飞宫取五行，飞数取飞爻，如世属火，生世为木为父，木三数，下飞三位得飞爻；此飞爻如属金，金克木，则木爻为母，又飞得金爻为父，土生金为祖父。即只飞一次，可论其他六亲，不用再飞。

论用爻之生克制化即知祖业的情形。

（5）断祖上风水：

取用爻之墓神，旺衰如何，坐下卦象，所落卦宫，三传的作用，上下夹爻等情况合参。

（6）断祖业简法：以官鬼爻的状态来断，看其旺衰生克制化如何。

2. 父母

（1）爻位：（适用于一卦多断）

上爻

五爻　　父亲

四爻

三爻

二爻　　母亲

初爻

（2）亲爻：本宫内卦亲爻为用，不现取内卦伏神。若此亲爻受动爻冲刑害，断父母之咎；阴动伤父，阳动伤母；刑害阳伤母，刑害阴伤父。

（3）本宫内卦亲爻不出现，又无伏神，取飞数：生世爻为父，以一水二火三木四金五土之数下飞取用。

比如占得《雷火丰》卦。

官戌、、

父申、、世

财午、

兄亥、

官丑、、应

孙卯、

《丰》属坎宫，坎卦内卦亲爻寅辰午，外卦亲爻申戌子。

此卦父母申金为本宫亲爻，坎为阳宫，震为阳卦；阳卦为父，临五爻阳位主父，那么五爻父母申金可代表父亲。父克为母，金克木，木三数，下飞得二爻为母亲，入兄弟亥水之乡。

（4）本宫出现之父母爻，亦可取用来断。

（5）飞爻父母基本断法：飞爻之财乡，带四凶又被三传及世爻刑克，已故。看在何限内，刑克之爻是何年支神，可知何限何年亡故。飞爻入鬼乡，衰则有病必丧身。太岁动来刑冲飞爻，年内有灾。

（6）世冲刑害父母爻，父母不全，世带官鬼爻更验。

3. 兄弟

（1）爻位：三兄四弟。

（2）亲爻：本宫出现者为真。如乾宫，出现兄弟申爻。兄弟多少，以一水二火三木四金五土推之，月令论旺衰;旺相加倍，休如数，囚死减半，空绝者独子。

（3）伏神：本宫不现亲爻，取伏神。

（4）飞数：本宫亲爻不出现，又无伏神，取飞爻。兄长下飞，弟弟上飞。取与世比肩之爻为兄弟，以一水二火三木四金五土取用爻。

比如占得《水天需》卦。

财子、、

兄戌、

孙申、、世

兄辰、

官寅、

兄未　财子、 应

《需》属坤宫，兄弟亲爻为兄丑、兄未。兄未伏于初爻之下，世在四爻，则兄未为哥。若问弟弟，世申金为四数，下飞则二弟在上爻入财乡，三弟临五爻兄戌。

（5）基本断法：兄爻旺相与三传生合者吉，受三传冲克者减福。兄爻衰弱而逢动爻冲刑克害者凶。官鬼独发或有鬼无兄者，俱主刑克。兄动生合世爻，多恩义；刑冲克害世爻，不睦也。兄旺带贵马德合不受刑冲克害者主富贵。飞爻之官鬼乡，有病或凶灾。自刑或亡劫入飞爻者，主兄弟有灾。阴爻动来冲刑则伤阳，阳爻动来冲刑主伤阴。

4. 妻子

（1）本宫出现亲爻为主，或应爻为用。

（2）不现取伏神为用。

（3）不现又无伏取飞数论之，即世克之爻为妻，以一水二火三木四金五土之数上飞取用。

（4）五行论妻身材性格：用临金，色白净身瘦小，性格刚烈。用临木，色青身长娆态，性格宽厚。用临火，色赤身矮，性格躁急。用临土，色黄身肥矮，性格温和迟慢。用临水，色黑身活动敏捷，性格和宽，多机变。由纳甲太玄数或五行之数结合旺衰论身高多少。

（5）飞爻临六亲断：飞爻入父乡，寿高，伶俐，为掌家，事分明。飞爻入兄乡，性损物，耗财，旺主破家好赌，兄妻不和。飞爻入孙乡，性善多识见，旺相能掌家，生贵子。飞爻入财乡，貌美，性安和，旺相益夫，有财帛。飞爻入官乡，貌丑，性狠，旺相好杀，带贵马有官职。

（6）妻财伏藏断：财伏兄下，貌丑，贪财好赌。财伏官下，酷劣，有病，有外遇。

（7）综合断卦：

用爻旺相带吉神为吉，衰弱带凶神为凶。男占兄爻独发、有兄无财、财爻无故自空，主离婚死别之象。财持辰午酉亥自刑，夫妻不和。财动冲刑克害世或世应相冲克刑害，夫妇少恩情。占得《小畜》《姤》卦，夫妻反目。世应俱动相克冲或刑害，夫妻争吵不休。用临死墓绝胎，加刑刃兼兄动克，刑克妻亡。妻爻合父母爻者，敬事公姑。妻爻合兄爻，兄妻和好。妻爻合孙爻，善抚卑幼。妻居五爻尊位生合世爻，掌管家事。妻爻临玄武桃花，贪淫。妻合应爻官鬼，与外人私通。合多而刑杀临财或应爻，妻必为娼。妻克世爻重合应，妻必重婚。妻爻持世旺相或合生世爻，住近而娶早。妻爻伏藏不现，住远而娶迟。本宫内卦为本地，他宫外卦为远方。妻与世爻同居一卦，近邻之女。妻与世爻被月日动爻变爻隔断，外乡之女。隔断者，如乾卦戌世，寅财，申爻午爻辰爻动或月日并动申午辰爻。二爻妻坐宅，贴邻之女。世阴妻阳，妻年长；世阳妻阴，妻年幼。

5. 子女

（1）爻位：初爻为小口的位置。

（2）亲爻：本宫亲爻为主，如震宫亲爻子孙午火代表子女。子女多少，以五行之数论之，旺相加倍，休如数，囚死减半，空绝者无。

（3）伏神：本宫亲爻不现，看伏神。

（4）飞数：本宫亲爻不现又无伏，按飞数。以世生之爻为子，妻生之爻为女，长子的前一爻为次子，次子前一爻为三子。依一水二火三木四金五土之数推之取用（上飞）。

比如占得《泽火革》卦。

官未、、

父酉、

兄亥、世

兄亥、

官丑、、

孙寅　孙卯、应

《革》属坎宫，亲爻孙寅为子女，此爻可大致论子女的情况。若分房吉凶，取飞宫之数，世爻亥水，水生木，木为三数，上飞上爻未官为长子，初爻卯孙为二子，二爻丑官为三子。

（5）基本断法：

用爻旺相得位带贵马德合，主有贵子。飞爻入父乡遇三传刑冲克，必死。卦中父爻独发或有父无子，或子爻空墓死绝，主无子。福临土静，只主单传，空则抱养他人之子。世克孙爻，本人与子女不和；孙冲克世爻，亦然。孙爻与父爻生合，父子合好；孙爻与父爻克冲刑害，父子少。孙爻与妻爻相合主儿女与妻关系好，相冲反断。孙爻与孙爻相冲儿女不睦，相合主团结。

6. 贵贱

（1）贵贱是身份地位、名气高低的象征。在现代社会里，贵指领导干部、企事业单位的老总或有一定职位的官员；贱指农民、打工族、职位卑低的社会群体或游手好闲的人、贼盗、江湖人、妓娼等。

贵贱主要以用爻、官爻、印爻及神煞来定。

（2）基本断法：

用爻旺相带贵马德合临官印阳爻，位极人臣。太岁临官贵四五爻生世，朝中之臣。月建临官贵生世，省区之官。日建临官贵生世，县镇之职。官贵加巳午有气，正途出身。官贵加辰戌有气，异路出身。官生禄死，不显；爻旺身衰，不荣。贵官旺空，清修术士。父旺带禄伏孙爻，讲师。福旺身空或父休伏孙，穷书生。空世逢冲，奔走东西。兄带桃花，酒色之徒。飞爻财下伏兄，薄艺聊生。官爻生旺临朱雀生世，教师。乾宫官旺生合世爻，公务员。世临马星父动合，汽车司机。土财月建，店业营生。父空旺者，术士之人。鬼空旺者，巫卜之师。土福旺者，农夫。财世伏兄，一生贫。兄世伏鬼，多劳苦。父世伏财，百不成。财世伏父，多寿促。

7. 贫富

（1）以世爻、财爻、孙爻为用，兼看神煞。

（2）基本断法：

库积万金，财星得所；家徒四壁，兄旺当先。财福带月日动变来生合世爻者，富。兄鬼带月日动变来刑冲世爻者，贫。财临亡劫，贫困寒酸。财居辰戌丑未旺相者，农工商贾致富。财居寅申巳亥生旺者，他乡致富。财居子午卯酉旺相者，技术艺术致富。他宫外卦财来生合世爻，远方获利。他宫内卦财来生合世爻，本区外地致富。本宫外卦财来生合世爻，本区致富。本宫内卦财来生合世爻，当地致富。本宫内卦六亲动化财来生合世，内亲之财。本宫外卦六亲动化财来生合世，外亲之财。他宫内卦六亲动变财来生合世，本地之财。他宫外卦六亲动变财来生合世，远方之财。官动化财生合世爻，工薪阶层。财动化孙生合世爻，生意求财。

例1：人生难得一帆顺　起落无常皆有因

尚先生今年40多岁，让我测算他的运程。摇得《蛊》之《损》卦：

	乙酉年	戊寅月	癸酉日	（戌亥空）
	《山风蛊》	《山泽损》		六神

	兄弟寅木、应	兄弟寅木、　应	白虎
子孙巳火	父母子水、、	父母子水、、	螣蛇
	妻财戌土、、	妻财戌土、、	勾陈
	官鬼酉金〇世	妻财丑土、、世	朱雀
	父母亥水、	兄弟卯木、	青龙
	妻财丑土×	子孙巳火、	玄武

推断1： 你是属牛的。文化程度达大学本科以上，最高能达到研究生水平，是分步完成的学业。

反馈： 我1961年出生，是属牛的。开始为初中毕业，当兵时，在军校里学习，毕业后相当中专文凭。往后当教官，中途去进修本科，回校继续当教官，再继续深造而达到目前的研究生学历。

解析： 世爻官鬼酉金发动化出财爻丑土，化出的是结果，故说是牛年出生的。

卦中二爻父母亥水在巽卦，巽为文昌，主读书聪明。世爻酉金在内卦发动，丑土发动化出巳火，构成"巳酉丑"三合金局，生助父母爻亥水。卦中官旺父旺，父母亥水持青龙为喜，说明读书成绩好，有名气。卦中五爻也为父母，子水在五爻为君位，从二爻父母亥水上升到五爻父母子水，要经历三爻、四爻，说明是不断学习、不断完善、不断精进努力才达到目前的文化水平——研究生。

推断2：你出社会早，17岁就当兵了。

反馈：对啊，从学校初中毕业就去当兵了。

解析：17岁行大限在主卦六爻兄弟寅木上，持白虎，白虎也代表部队、公检司法部门。行小限在主卦五爻父母子水上，五爻为道路，为远离家乡的外地。父母为工作，故说17岁就出社会，参军当兵了。

推断3：你有能力，工作很出色，人缘好，口才好，能言善辩。利官近贵，有官运。早年发迹，领导器重，23岁就有提干之喜。27岁被提为连级干部，且财运很好。33岁又提为正营级，事业上风风光光，仕途顺利。

反馈：说的全对！

解析：世爻酉金临太岁、临日建旺，在卦中发动为旺气，且临官鬼，官鬼代表政府、领导、职位等等，说明卦主不但为有能力之人，工作出色，而且利官近贵，有官运。酉金代表正官，所以仕途顺畅，级级高升，最终可升为正营级。早年发迹之象。

世爻持朱雀旺相，朱雀主说，所以断他人缘好，口才好，能言善辩。

23岁，大限行在主卦五爻父母子水上，小限也是行在主卦五爻父母子水上，父母爻很旺，在五爻为君位，为有利工作、仕途之象，故得领导器重，有提干之喜。

27岁，大限行在主卦四爻妻财戌土上，小限行在主卦初爻妻财丑土上，妻财很旺，说明该年不但是财运好，财旺升官，官持世，说明27岁既发财，又升官，即被提为连级干部。

33岁，大限行在变卦三爻妻财丑土上，小限行在变卦初爻子孙巳火上，世爻官鬼酉金与大、小限组成"巳酉丑"三合金局（为官旺之局），力量大，故被荣升为正营级，真是世旺官旺，风风光光，喜事多多。

推断4：你1987年喜结良缘。1988年喜得千金，1995年上半年喜得贵子。这些年喜事多多。工作事业，家庭感情方面诸事顺畅。

反馈：连哪年结婚、哪年生儿子、哪年生女儿您都可以看得出？这八卦还真神奇，不是亲身经历，还真不敢相信！

解析：1987 年（即 27 岁）大限行走在主卦四爻妻财戌土上，小限行走在主卦初爻妻财丑土上，妻财很旺，妻财代表妻子，钱财，财旺了还可升官，故这年既升官，又发财还有结婚之喜。世爻酉金为桃花，流年太岁丁卯也为桃花之年，财旺桃花同旺，故喜结良缘。

1988 年（即 28 岁）大限行走在主卦四爻妻财戌土上，小限行走在主卦六爻兄弟寅木上。兄弟寅木临应爻妻位，与妻同性，而且六爻也为阴位，故为喜得千金。

1995 年（即 35 岁）大限行走在变卦妻财丑土上，小限行走在变卦五爻父母子水上，五爻代表父亲，代表长男，故 95 年上半年子孙旺相，喜得贵子。仕途、财运、家庭诸事顺利。

推断 5：你 1995 年下半年不吉利，有官司牢狱之灾，多数因经济问题。不过很快能出来，约两年时间。1996 年家庭不稳定，有婚灾。

反馈：我 1995 年农历十月份因经济案入狱。1997 年出狱。1996 年我离婚了。唉，走的运气真倒霉！

解析：1995 年农历十月份为亥月，与该年行走的大限丑与小限子组成"亥子丑"三会水局，1995 年太岁也为亥水，水过旺泄世爻太过，耗财力度大，故世弱不担财，不胜官，有破财、牢狱之事。不利财，不利仕途。水旺为灾，水反克土，土为财，故说多数因经济案件入狱。

1997 年大限走在变卦二爻兄弟卯木上，小限走在变卦三爻妻财丑土上，太岁为丑土，卦中组合"巳酉丑"三合金局，助旺世爻酉金，而且该年旺水有卯木泄，有丑土制，太岁生合世爻，是为吉星高照，得以出狱。

1996 年大限走在变卦二爻兄弟卯木上，小限走在变卦四爻妻财

周易·一卦多断点窍

戌土上,太岁丙子与大限卯构成"子卯"相刑,小限与大限组成"卯戌"相合,财爻戌土去合兄弟(另一男性),妻有外情,婚不稳;子卯刑,也说明有官司,子与卯皆为桃花,犯桃花煞,故为离婚之象,有婚灾。

推断6:1998年你开始新的转折,做起了生意。但1999年不顺利,有官司之灾。

反馈:我1998年投资做生意。1999年发现被别人骗后,跟别人打了一场官司。

解析:1998年大限走在变卦二爻兄弟卯木上,小限也是走在变卦二爻兄弟卯木上,流年太岁戊寅亦为兄弟。兄弟众多,且大、小限皆持着青龙,为吉象,为做生意投资之象。

1999年大限仍是走在变卦二爻兄弟卯木上,小限走在变卦初爻子孙爻巳火上,流年太岁为卯木兄弟。大限与流年皆为兄弟卯木,生助小限子孙爻巳火,孙爻为生财的原神,卦中子孙巳火持玄武,为骗局。另外,流年卯木冲动世爻官鬼酉金,世爻持朱雀动而有口舌官司之象,实际是自己被骗而导致与别人打官司。

推断7:2000年不利你父亲。农历7月份父亲有生死大灾。

反馈:我父亲于2000年七月份去世了。

解析:卦中五爻子水代表父亲,在艮宫代表坟墓,逢流年辰、流月申与五爻子水合成"申子辰"水局,水归万物之"辰"库,为寿终之象。

推断8:你2000年至2003年的财运很好。发了大财。

反馈:是这样。我搞装修及房地产生意,的确赚了许多钱。

解析:2000年至2003年,流年辰、巳、午、未皆为火土旺相之五行。卦中以火土为子孙爻和财爻,再者,大小限也都走在财爻、子孙爻上,就算是2002年走在变卦二爻兄弟卯木上,它持青龙也为扩大投资之吉象,是非常有利发财的年份,所以说2000年至2003年财运很好,为发财年份。

推断9：2004年你的财运一落千丈，破大财了。该年很不顺心。

反馈：我2004年是破了大财。所以现在想请求李计忠先生给我指点指点，今后几年我该如何去做才能转好呢？

解析：2004年甲申太岁与主变卦构成"寅巳申"三刑，逢刑则有破财之象。2004年大限走在变卦初爻子孙巳火上，小限走在变卦六爻兄弟寅木上，与太岁申金也同样地构成"寅巳申"三刑。大、小限值玄武、白虎，故仍然会有被骗、官司、破财的现象，该年很不顺心。

例2：流年吉凶　全凭限运

海口某男测流年运气：

己卯年	寅月	癸巳日	（午未空）
《风地观》		**《泽水困》**	**六神**
妻财卯木〇		父母未土、、	白虎
官鬼巳火、		兄弟酉金	螣蛇
父母未土×	世	子孙亥水　应	勾陈
妻财卯木、、		官鬼午火、	朱雀
官鬼巳火×		父母辰土、	青龙
父母未土、、应		妻财寅木、、世	玄武

断：

1. 1990年结婚，事业上有贵人相帮并有提升之喜。对方讲：是1990年结婚，上半年提财务科长。

2. 1991年财运较好，工作有变动，并有提升之象。对方回答：1991年与朋友合伙做化工生意，挣点钱。此年调到经营部当副经理。

3. 1992年进财，1993年破点财，1994年有口舌是非。对方回答：正确。

4. 1995年门庭有喜事，多指得贵子。对方讲：1995年抱儿子。

5. 1995年破财，并有桃花运。此年父亲有重病，多指呼吸器官或肺部。对方回答，1996年炒股破财，此年有女朋友，父亲得病是喉癌。

6. 1997年父亲去世，1998年破财有官非，1999年发财工作有变动并提升。

解析：1. 本卦主是1965年生人属蛇，1990年庚午命主26岁大限三爻卯木当令，小限飞到三爻，大小二限同宫流年庚午，财官相生太岁生世合世，二限财星与世半合，主有喜事。因此1990年有结婚之喜，此年官星临岁生合世爻所断此年有提升之喜。

2. 1991年财运好，工作有动并有提升。1991年为辛未年命主27岁，大限在三爻卯木当令，小限流到二爻官星巳火当令。是世爻临太岁而旺，又得二爻官星午火发动生世爻，官旺父旺，而且官父居在二宫，所以此年工作有动并有提升之喜。提为副职正是小限巳火官星之故。

3. 1992年进财是太岁值壬申，命主28岁小限流到初爻，父母爻未土当限，伏神子水伏在未土之下，申子半合水局，申金又冲起初爻寅木，水生财旺世爻又为财之库，所断此年发财。1993年破财，是命主29岁小限流到上六爻卯木临虎岁动，与当年太岁兄弟酉金相克大限又在三爻，是双卯冲太岁，六爻卯动化库，均指破财之象，此年身弱不胜财，因此破财。妻子流产是卯酉逢冲之故，因主卦子孙爻不上卦得子较晚。1994年有口舌是非，此年太岁甲戌，大限在二爻官鬼巳火。小限在上五爻亦是官星巳火化兄弟酉金。双鬼临门主心有不宁之兆，无病必遭官。为什么不断升官？而断有官非口舌呢？因世爻未土与太岁戌土相穿，财爻卯木与太岁相合不生官，而财爻暗动化官星午火临朱雀，火土之旺，增加了相刑的力度，三官相逢，必有官司口舌。但有惊无险。

4. 1995年门庭有喜事，得贵子是命主引发大限在二爻小限在四爻。1995年是乙亥，子孙爻亥水临岁，在卦中组成亥卯未合局财爻得长生，是母强子兴，所以此年得子。

5. 1996年破财，此年小限流到三爻，太岁为丙子，此年财旺克世，官星火爻受太岁所制，但必得财爻卯木相生，官鬼发动必有耗财之患。有桃花运是子卯均为桃花，而且子卯相刑有暗动之意，所以断其犯桃花。父亲得喉癌是大限官鬼巳火化父母爻辰土为不祥之兆，上六卯木被太岁牵动化父母未土受克。卯动生五爻官鬼巳火为病五爻为喉，化出兑金酉金均主死地，所以父亲此年得喉癌。二爻鬼动亦主为病，说明癌细胞已扩散，二爻为肾说明肾亦失去排毒的功能。

6. 1997年父亲去世，是太岁丁丑卦主33岁，小限在二爻临官鬼巳火主事，大限亦在二爻。双鬼并父丑未相冲，太岁冲世爻，就有灾气，此灾应在父亲身上。1998年破财有官非口舌。此年戊寅小限初爻未土，寅巳有相刑之意，世爻受克处死地此年不但破财并有刑伤之灾。1999年得财，是卯未有相合之意，而且有巳火通关生世，故此年得财。

例3：易理真知　剥茧抽丝

2004年元旦面授班上，一女学员起卦请我当场测断流年运程，摇得：

癸未年　　甲子月　　庚辰日　　（申酉空）

《天雷无妄》	《天地否》	六神
妻财戌土、	妻财戌土、　应	螣蛇
官鬼申金、	官鬼申金、	勾陈
子孙午火、世	子孙午火、	朱雀
妻财辰土、、	兄弟卯木、、世	青龙
兄弟寅木、、	子孙巳火、、	玄武
父母子水×应	妻财未土、、	白虎

我将卦写在黑板上，当即断道：

1. 你父亲很有能力，不为掌印之才定是坐镇将领。

"对，我父亲是一个少将。"学员立刻反馈。

2. 你父亲兄弟姐妹三人，他本人最小。

"是三个，我父亲最小。"

3. 你父亲的哥哥现在不在国内，姐在本地，你现在离你父亲也较远。

"对，我的大叔在意大利做生意，大姑在国内，我现在也离父亲很远。"

4. 你父亲坐过牢，受过审查，坐牢是在 1966 年和 1967 年，受审查时间较长，1976 年才结束。

"对，'文革'的头一年坐过牢之后一直被审查，直到 1976 年才结束，1978 年让他官复原职回部队工作，他本人不愿意，后转入地方。"

5. 你父亲很正直，是个清官，对子女非常严格，是一个严父。

"这一条很准，我父亲非常正直，他从不收受别人的礼，上班工作说一不二，从不拖泥带水，对部下也是奖罚分明，我们兄弟姐妹几个都很怕他，每次过年，他都要开家庭会议，让你汇报一年的生活工作情况，并要对来年订一个计划。"

6. 你父亲个头较高，长得英俊，你母亲个稍矮，1.56 米左右，肤黑。你父亲 1988 年得过肝炎，现有血压高，今年 5 月犯过中风病。你母亲的身体也不好，有心脏病，2001 年犯过病。

"是的，这几条都对，现在我很想知道我父母的健康状况。"

"你父亲 2006 年有一大关，你母亲明年是一大关。"

7. 你本人兄弟姐妹三人，你是老大，下有一妹一弟。

"对！"

8. 你 1978 年高考落榜，1979 年才考上大学。

是的，我1978年那一年只差5分，按理只要我父亲去走一下关系，那一年也能被录取的，可是我父亲却没有去找关系。1979年为了保险，我只好将志愿填低一点，所以考上了师范大学，1978年我报的交大。

9. 你1983年结婚，头胎为女儿，女儿非常优秀，现不在你们身边，应在外国留学，而且是东南亚一带。

"对，我女儿在澳大利亚留学。"

10. 你的婚姻不顺，现在是第二次婚姻。

"对。"

11. 你1990年与前夫闹矛盾，1992年分居，1996年认识现在的男友，1997年正式离婚，1999年第二次结婚，而且1998年你与你现在的男友差点分开，因为追你的人太多。

"是的，1998年我认识一个军人，当时现在的男友在香港，知道消息后，他立即回来才稳定了我们的关系。"

12. 你现在没有公职，你1993、1994两年投资，1995、1996两年进财，1998、1999两年比较辛苦，2000年破了大财，2001年替人打工，2002年走动大，2003年比较安静。

"是的，我1993年自己开公司，1995、1996、1997几年都不错，1998、1999两年比较辛苦，2000年破产倒闭被人骗了，2001年给人打工，去年走动大，今年是比较安静。请问李计忠先生，你看我以后还可不可以再自己做，我准备明年自己做。"

"可以，你往后不错，可以自己做。"

"再请问一下李计忠先生，你看我父母亲现在的住宅风水如何？"

13. 你父母现住在一个小区花园里，住宅幽静，环境不错，布局绿化也好。卧室有六间，厅堂为两个，是二层小楼，二层的厅堂长方形，略小，一层的厅堂大，为正方形。

"对，是一幢二层楼的小楼，六个房间，上下两个厅堂，上小长，下大方。"

解析：

1. 初爻为父，又是父位，震宫为阳木，变坤为大地，大地上的木为栋梁之材，临白虎，白虎主军警司法。应爻为水，得五君之位的金生，故是将才，应爻又为远方，世爻居乾为京城，此父是镇守边关的将领，得五君爻之生。

2. 申子辰三合父母局，故三个，辰为水库，库为女，故是姐；申金也为大，金生水，金在前。

3. 申金在五爻，五爻为道路，申又为马星，故哥不在国内；辰土与子水同宫，为在本地；占卦人为世爻，父在应爻，为父女不在一起。

4. 1966 年为午火，太岁冲父爻子水，1967 年未年，太岁克父爻，故有灾。1976 年辰年子水与太岁相合，父爻入太岁之库，为复出结束。

5. 才克父爻为清官，才为忌主不贪财廉洁正直；白虎主威严，子水冲克子孙爻午火，对子女严格。

6. 子水为长高，水的原神为金，金主白，子水为桃花主漂亮英俊。母亲取寅木，为生我者父母，二爻也为母位，生木的原神为水，水主黑，初爻为水，直接生二爻寅木，寅木旺相，寅木生为高大，但太旺则应反断，故取原神水数，1.56 米寅木紧贴三爻辰土，辰为水库之因，土主五，库藏水为六。

7. 兄弟姐妹三人，取世爻午为用神，午火与变卦巳未三合火局，为三人，两火为女，未土临白虎，白虎为阳弟，午火为大。

8. 1978 年是午年，子水父母爻冲子孙爻午火，为落榜，1979 年为未土，才爻与世爻相合，合者为吉。

9. 1983 年亥水合寅木生世爻午火，头胎为女儿，子孙爻与世爻同卦同爻。午火临朱雀，朱雀主文为学业优秀。午火为马星，世应相冲，是父爻冲子孙爻，冲者主动，世应相隔为远。午火为南方，生辰土，辰土为水库，水在卦中为父，故辰土就是学校，辰为东南方。

10. 午火克官鬼，官鬼为丈夫，故婚姻不顺。午火为桃花，主漂亮美丽，临朱雀能说会道，对人热情，此类女性能有不再婚之理吗（以常理而论，易理也是生活的常理断卦切不可脱离现实生活）。

11. 1990年为午火，午与世爻相刑，应爻又冲太岁，父母冲子孙，家中不宁，朱雀冲白虎口舌打闹。1992年申金太岁入卦中临五爻处在道路之上，与世爻又是相克，为分居。1996年认识男友，为桃花逢冲。1997年丑土为财泄午火合子水为正式离婚。1999年卯木生世爻午火为桃花相生，主喜庆结婚。1998年寅木与变卦巳火相刑，又临玄武，玄武主暗，故是私交男友。

12. 午火临世爻，在月上为破，日上为泄，故无公职。1993年酉金合辰土，为财去合官为投资。1994年戌土冲辰，为财冲财，也是投资。1995年亥水寅木和变卦又是亥卯未三合木局生世爻午火。1996年子水申子辰三合水局生寅木，都是得财之年。1997年丑土为财，与父相合，合化生木也是得财。1998、1999两年财临太岁，过旺，木在卦中为兄弟，兄弟旺有劫财之嫌，因世爻为火，兄弟被化去旺气，所以比较辛苦。2000年辰土为财，财旺泄身冲六爻戌土，为身弱不胜财，故破大财。2001年巳火为比劫，故替人打工。2002年午火为马星，应爻冲太岁，马星逢冲，为走动大。2003年未土与午火世爻相合，故合则不动为安静。

13. 上卦为乾，下卦为震，乾震都主庄重威森之地，金主森严，木主绿化，故为花园。震动变坤，平地之上木成林，为幽静之处。父爻代表房屋，也主房间卧室，申子辰三合水局，月日加合一起，水数1—6，此处水旺相，故6数为卧室，子孙爻代表厅堂，主卦午为一个，变卦巳火也为一个，故两个厅堂。午火在四爻为上，巳火在二爻为下，午火长，巳火方。

周易·一卦多断点窍

例4：明来意 析吉凶

初秋，天气还挺热的，我于屋外乘凉。有一位中年陈女士前来求测，问之想测什么，她却说道："听别人说，先生给人测卦，不问也知道。"也罢，只好叫她随便摇卦，摇得《剥》之《贲》卦。

壬午年	申月	乙卯日	（子丑空）
《山地剥》	《山火贲》		六神
妻财寅木、	妻财寅木、		玄武
子孙子水、、世	子孙子水、、		白虎
父母戌土、、	父母戌土、、应		腾蛇
妻财卯木×	子孙亥水、		勾陈
官鬼巳火、、应	父母丑土、、		朱雀
父母未土×	妻财卯木、 世		青龙

断：

1. 断卦不容迟疑，也没有太多时间考虑，凭感觉走。我扫了此卦一眼，立即道："你是开店做生意的，不是卖什么货物，而是靠手艺赚钱；眼下生意清淡，心里好烦，故而来求测下半年生意是否好转？"她说："先生真行！我的确是为此事而来，我是开了一家理发店，您看如何？"

内卦两动，内为宅，家中之事；财动泄世爻子水合克父爻，主开店求财；子孙为商品货物逢空，故非卖货；卯木值日而旺，泄气甚重，临白虎，主手艺赚钱；交申月初为寅卯财空，目下孙爻持世逢空，九六寅财月破，故主生意不好；世空财破临武，心里当然不好受；世爻子水为冬季，孙世生财，为占下半年生意之事。

2. 我说："店是租用人家的门面，是去年六月开的，至今有一年时间了。总的来说，生意不是很好，每月几乎都赚不到钱，要不是你的老公出去打工，拿工资补助家用，恐怕早就关门了。"此时，她表情甚是激动，道："看来什么事都瞒不了您，确实如此，可是我老早就想换个地方，就是搬不成。"

二爻为宅，临官鬼应爻，表示租门面经营；我克者为财，巳官应爻为世财，巳是去年辛巳，初爻为门面临未动，未为六月，故主去年六月开的；去年辛巳，世爻子水绝于巳，财爻寅卯之木于巳年休地，而今年壬午，孙爻子水之囚地，财爻寅卯木之死地，所以一年来生意不好；应爻巳官为丈夫，巳午年官旺主有工作，巳生初爻父未为店，我生者为泄气，即以工资补助家用。

3. "你是想搬家又搬不成，主要是考虑小孩上学的问题难以解决，同时你自己也怕搬出去花费太大，而且你的老公又不同意，是不是这样子？"她说："可不是，如要换地方，小孩转学不太好办，同时不知为什么，我的老公就是不同意换地方！"

卦中卯财动化孙亥与初爻未父母三合局，初爻未父为门面，动了想换地方，但动逢合则行不通，孙亥爻为小孩，故得考虑小孩上学之事，；卯财生巳官老公，巳官生未父店，表示老公喜欢此店面，至于她怕搬出花费大，乃因未父化卯财回头克。

4. 这回她主动问了："先生还能看出别的什么事否？"我说：试试看吧！于是道："你不是本市人，是从外地来做生意的；你嫁得挺远，老公也不是本地人；现在你们一家都住在店里，地方虽小，凑合着住，不知道我说得对不对？"她笑道："先生可真神！我是琼海人，老公是广东人，以前在海口工作时相识的。没有错，我们一家都住在店里。"

主卦乾宫，乾为城市，世在艮卦为他宫外卦，表示不是本市人，应爻巳官为老公，巳为马星主远，在坤卦为他宫内卦之应方，表示外地人。二爻为宅，巳宫居之，未父为房，卯财为妻，亥孙为小孩，共成亥卯未三合局，故主一家人住在店里。

5．说到这里，还真有点庆幸自己思路没有错，可是陈女士余兴未尽，问道："先生能否看看我老公的运气怎么样？"此时，我沉思片刻，眼光在卦纸上来回扫描，想找出良好的感觉。她又说："有问题吗？"我说："没有问题，远的不讲，就讲一讲你老公最近几年的运气吧。前年你老公运气很差，有伤灾，大概是撞车了，伤不重，虚惊一场，同时做生意还亏了本；去年在单位里打工，四月份得重病，破财不少；今年运气也不太好。"她反馈说："先生说得对！前年他总不听我的，投资做生意，结果全亏了，三月份的时候他骑车不小心摔了，伤了右脚；去年他确实在单位上班，四月份的时候莫明其妙地发高烧，时好时坏，折腾了一个月才好；今年虽上班待遇也低。"

断她丈夫之事，我用了飞宫飞爻，二爻巳官为丈夫，前年为庚辰，辰冲卦中戌，戌为巳官之库，辰戌相冲临螣蛇为路主车祸；虚惊一场者，因临螣蛇主虚惊；伤之不重者，因卦中卯财生巳官；投资做生意者，巳火生辰土，我生者为子孙，子孙为生财之源，带父母忌神，故亏本；去年上班工作者，巳官临太岁；四月建巳，巳火旺极无制主发烧，冲孙爻亥水主打针吃药；今年壬午，巳羊刃在午劫神当旺泄财气，故没有什么财运。

6．言归正传，我说："你这个月负担很重，一方面是送小孩上学的花费，另一方面交付房租等各种花费。至于冬季生意如何？我看生意会有所好转，请放心吧！"她笑了笑说："承蒙先生贵言！这样子的话，那就太好了，谢谢！"

九六财爻逢月破，三爻卯财发动，表示要花费了；卯化亥水，水生木为父母主文化，带孙爻为小孩，表示花钱供小孩上学读书；卯财动合未父门面，表示交房租；冬季水旺则孙爻旺，孙旺生财，故主财运较好。

例5：为官为商几多愁　随命顺势佳运开

　　某日的下午，在我的办公室里，看了一会儿书，此刻正惬意地吸着香烟。放眼眺望室外，虽然海南的冬天此刻正阳光灿烂，但凉爽的微风中已夹杂着几许寒意。我的心情感觉还不错。正欲往下暇想，忽地电话响起，我拿起电话："喂……。"电话里传来一位深沉的男中音，不急且带着几许低调的口吻："是李计忠先生吗？你好！我是一个徘徊在十字路口的困惑者，能否请李计忠先生给我指点迷津，我该如何走？我今后的运程是否光明顺利？……"我说："你先别愁。现在你随口报两个数来，我给你看一看。"对方惊喜万分："那么太谢谢李计忠先生了！您知道我打了好几回电话，这次才与您通上话，真让我太感动了！能让您看一卦，真是我三生有幸啊！我报8和7两个数吧。"我起卦得《地山谦》之《坤为地》。

	乙酉年	丁亥月	庚子日	（辰巳空）

	《地山谦》	《坤为地》	六神
	兄弟酉金、、	兄弟酉金、、世	螣蛇
	子孙亥水、、世	子孙亥水、、	勾陈
	父母丑土、、	父母丑土、、	朱雀
	兄弟申金〇	妻财卯木、、应	青龙
妻财卯木	官鬼午火、、应	官鬼巳火、、	玄武
	父母辰土、、	父母未土、、	白虎

　　稍审视此卦，心中便有数了。

　　推断1：起卦得《地山谦》，好卦啊！你文化不高，二次完成学业。对人谦和，能说会道。办事能力强。有酒量。你有权在手，但官职不大，是个清白之官，不贪财。

　　反馈：是的。我文化程度开始是初中毕业。参加工作后继续进

周易·一卦多断点窍

修学习，现在相当大学文化程度。在单位里，领导及同事也都说我能办实事。现在是银行主任，有一点小权力吧。但我从不敢滥用职权。平素因应酬酒量还行。

解析：地与山皆为土，是比和关系，互助关系。故地山谦，谦者，退让之意，谦受益，满则损，随缘而安。卦主对人谦和，是为好卦。

卦中父母两重，为二次完成学业。初爻父母辰土为万物之库，在艮宫受卦气之生助，故不断为小学文化而是初中。四爻父母丑土在坤宫亦得卦气生，为相当于大学文化水平。

世爻子孙亥水临月、日建旺，属五爻君位，为有权在握。亥水在坤宫，不得气候，子孙为克制官鬼的，故官职不大。

卦中财不上卦，世爻子孙为生财，如此看出，卦主一生奉献的多，得到回报的少，是个清官，不贪财。

世爻为子孙也代表心情、娱乐、酒色之类，世爻亥水旺相，说明卦主好酒量。

世爻亥水旺，水主灵活、智慧、有胆识，所以说卦主能说会道，办事能力强。世爻持子孙代表一个人的气质修养，旺相，说明卦主涵养好，对人谦和。

推断2：你是瘦高个儿，1.74米左右。四方长脸，两眼有神，双眼皮儿。头发稀少，有点儿卷。

反馈：哎呀，李计忠先生，您就好像在我跟前看到我似的，我的长相确实如您所说的那样。

解析：世爻亥水主1、6数，在坤宫，坤主8数，个高1.6米，尾数6再加8为1.74米。

水主瘦，土主胖，水旺主高，土旺主胖，故断卦主为瘦高个儿。

世爻持勾陈为土，临亥水，断为方长脸形。因亥水在五爻，亥水代表双眼皮，子水代表单眼皮，亥水临日月旺，断其两眼有神。

卦中木主毛发，但卯木不上卦，伏在二爻官鬼午火下，午火化巳火，巳火主毛发时，为头发稀少，有点儿带卷。

推断 3： 从卦里看，你的婚姻不顺，至少为两次婚姻。

反馈： 对。我是结过两次婚。

解析： 卦中世爻亥水临日月旺，逢动爻兄弟申金发动又生亥水，卦中土无力制水。水旺无制，妻财不上卦，主卦化变卦为六冲之卦，这些皆为不利婚姻的因素。

推断 4： 你以前的妻子漂亮、年轻；现在的妻子脸上有斑，身体不好，有脑神经衰弱症，常感觉腰疼，内分泌失调，子宫里有瘤，早晚得做手术切除。你妻子本身就是一个医生，常与病人打交道，是在国家单位上班的。

反馈： 李计忠先生，你说得对！连脸上长斑也能看出，子宫长瘤也能看出。我妻子确实像你所说的那样。

解析： 卦中卯木妻财伏藏在二爻官鬼午火下，那么二爻也可视为妻子。主卦二爻官鬼午为桃花在艮宫，主年轻漂亮，临日破，最终没能共白头，分离了。变卦二爻官鬼巳火可以代表现在的妻子，在坤宫，代表年龄较大，临着月破，世爻亥水冲克，确实妻子身体不好。

巳火在坤宫，临官鬼代表脸，说明脸上斑。之所以断他阴阳不交，内分泌失调，是卦中水太旺，巳火在坤宫，水、火、土混战不调，谓之阴阳不交，内分泌失调。

妻财卯木也代表妻子，六爻酉金代表头部，卯酉犯冲，断妻子有脑神经衰弱。

官鬼在二爻也指腰部，午火化巳火持玄武水神，为水火交战，阴阳不交。巳火还代表炎症，应该是妇科炎症引起的腰疼。

二爻官鬼由艮卦变化出坤卦，土化土，土代表肌肉、肿瘤，所以断她有子宫肌瘤。因化出巳火代表手术刀，故断她做手术是早晚的事。

妻财卯木伏在官鬼之下，在这里卯木代表妻子，官鬼可以看作病人，变卦化出坤宫，坤宫也可代表医院，官鬼持玄武，可视为阴气重的地方，阴气重即为病号多的地方，故断她本身就是一位医生，经常与病人打交道。

妻财伏在二爻官鬼下，这里的官鬼还可以看作国家单位、政府部门，因为变卦化出坤卦，坤主土、主杂气大，阴气重，故说是在国家单位的医院里上班的。

推断 5：你的父亲身体不好，是血液方面的疾病，现在处于中风的后遗症——左边身体瘫痪。父亲 2003 年瘫痪至今已有二年了。母亲 2001 年去世了。

反馈：我父亲患高血压，2003 年突然脑中风，左半边身体瘫痪至今。

解析：初爻父母辰土代表父亲，临年月日泄耗，非常休囚，但临坤宫还有气。卦中水旺无制是病因，水主血脉。用神辰土化未土在坤宫，克制水，水土交战，水脉不通，土惹水怒，为患高血压疾病。

初爻父母辰土变化出父母未土，未土为结果，2003 年为癸未流年，为应事之年。未土在坤卦里，坤主土、主软。主卦代表人体的右边，变卦代表人体的左边，所以判断他父亲 2003 年瘫痪至今已有两年了。具体为左半边身体瘫痪。

初爻父母辰土代表父亲，那么二爻官鬼午火就代表母亲。二爻午火临鬼在艮宫（艮宫代表坟墓），化鬼巳火逢旬空（空可理解为不在人世间），巳火之鬼在坤宫，坤主土，说明母亲已入土为安了。断其 2001 年去世是因为变卦官鬼巳火为应期，2001 年就为巳火流年。

推断 6：你有一个儿子，1989 年出生，属蛇的。这孩子很聪明灵活，但没有读书运。就说今年高考吧，成绩还行，但最终还是落榜了。现在在家待着呢，明年还有走出家门（求学或工作）之象。

反馈：唉，我也曾为孩子的事伤透脑筋。他平时成绩都挺好的，就是在关键时候通不过了。

解析：卦里子孙爻亥水占据五爻，五爻代表长子，而且临日月建旺。所以断卦有一个儿子而不是女儿。

子孙爻为亥水，其对冲的生肖为蛇，所以说他儿子为1989年出生的。

子孙临亥水，水主聪明智慧，故说这孩子很聪明灵活。因亥水在坤宫受卦气克制，为读书运不佳。亥水很旺，受土克制，易犯怒，水怒制官鬼午火，官鬼午火主名气，受克制，说明考试没有名气，不理想，落榜了。

亥水旺则为动，入初爻父母辰土之水库（也为万物之库），辰土在内三爻，为家里。辰土被太岁酉金合住，为不动之意，所以说儿子现在在家待着呢。明年流年戌土与父母辰土相冲，冲开辰库，亥水（即用神——儿子）则有走动之象，太岁戌土为父母，父母代表学习和工作，所以说明年孩子有走出家门去求学或求职的动态。

推断7：你从参加工作开始就在银行上班了，而且20多年来工作都较稳定，但今年你在工作上特别不顺。你经商最佳，做官不长久，容易在官场上失利。

反馈：真是这样的。我在银行工作已有20多年了，但今年问题就出来了，看来做官是行不通了。

解析：主卦中父母爻及官鬼爻在初爻、二爻，初爻1～10岁，二爻代表11～20岁，参加工作时大限行走在二爻官鬼午火上，官鬼下伏藏财爻，说明卦主的工作与金钱有关。在艮宫，艮指年轻、年少，说明卦主参加工作较早。艮宫化坤宫，坤代表农业银行。综合考虑，卦主从参加工作就在银行上班。

内外卦为艮、坤，皆主土，比和，说明卦主从事银行工作较长久，之所以说20多年来工作较稳定，是因为行走在大限三爻、四爻皆对工作无啥大的不利因素。但是目前行走在五爻大限时，子孙临之，非常不利工作。今年流年太岁酉金生亥水子孙，卦中申金发动，亦生助亥水，子孙很旺，克制官鬼即工作有力，所以说今年工作特别不顺。

子孙为福神，持世；子孙是财之原神，是克制官星的，所以说卦主经商最佳，不利于官场，迟早得下马。

推断8：你今年犯了小人了。六月至九月份为财之事犯官非，是内部引起的。只要你一动（比如换工作），职务就会没有了。大势所趋，其实你是一个清白之人，不贪财，主要与官方欠协调，又遇今年犯小人，所以你的官职注定丢失在今年。以后也很难有升级的机会和希望。如果能弃政从商，则前途光明。做化工之类行业最佳，旺财。

反馈：唉，今年真的如老师所言，犯了官非，犯小人，都是因财致祸。官司弄得我非常不安、苦恼，真的是别人在陷害我，而我又证据不足。唉，真是的。

解析：卦主今年大限、小限皆行走在五爻子孙亥水上，犯亥亥自刑，一方面为自找麻烦；另一方面，太岁流年酉金，卦中兄弟申金，这些申、酉金兄弟皆为小人发动又临太岁，使亥亥自刑，火上加油（金生水），故麻烦大了。

子孙旺克官星，与领导欠谐调，导致今年丢官。

世持勾陈，被牵连勾搭上了。世爻水旺主动，停不下来，所以说是大势所趋，肯定换工作。

卦中父母休囚，父母代表证据，为证据不足，遭别人陷害。

卦中世爻是子孙生财的，说明卦主是一个清白之人，不贪财，反而是那些小人（申酉金克卯木），贪敛钱财。

因为卦主在坤宫，土的杂气大，因素复杂，所以说今后很难有提升的机会和希望了。

世爻临子孙亥水，子孙生财，亥水旺主波动性大，宜动不宜静，经商走动大，变动多，所以建议卦主弃政从商则前途光明。

因化工类属水类行业，水为子孙能生财，故建议卦主做化工类行业最佳，旺财。

推断9：你现在住的阳宅应该不超五楼，具体说应该在四楼，楼下是空的。你身体不好，特别注意肝方面疾病。这都与阳宅阴气重的原因有关。楼房下面有坟，家宅阴气重，人常病，身体欠佳。

反馈：是这样的。我和妻子常常生病花钱。烦心事多，我实际住在四楼，楼下有个地下停车场。

解析：卦中两重父母，说明卦主所住不是平房而是楼房。世爻在坤宫，坤主土，表示楼体大但不高。初爻父母辰土逢旬空，初爻也为地基，所以说楼下是空的（地下停车场）。

世爻在五爻，从二爻数起，卦主应该住在四楼了。卦中由下至上为艮、坤，皆主坟、主土，说明此楼此宅的阴气重。世爻亥水持勾陈也为坟之意。初爻持白虎，亦为有煞气，所以说此楼从下到上阴气直往上蹿。二爻为宅，临官鬼，持玄武水神，也说明阴气重。阳宅阴气重，人常患病。

卦主身体不好是因为世爻亥水旺极，卦中卯木不现，三爻兄弟申金发动化出了卯木，水多木漂，卯木为患，卯木代表肝，所以说卦主特别要注意肝脏方面的疾病。

推断10：你们家的祖坟也不好。不藏风不聚气。财难积聚，也不利人丁。女人患病尤其突出。

反馈：哦，原来我总是存不住钱，也是与这阴宅祖坟有关啊。老师，如此坏的风水能调理吗？

解析：主卦《地山谦》为独阳之卦，六亲不全，财不现卦中。变卦为全阴之卦，卦化六冲。冲则有动散，气不聚，不藏风，即无法聚集钱财，耗散多。最不利阴宅。

卦主居五爻，持世，在外卦，起卦逢这样的格局无风水可言，位居高气就散了。

五爻亥水也代表人，旺而无制不利人丁，二爻为宅临官鬼，休囚亦为不利人丁，财爻不现，也代表不利女人，所以说祖坟风水差，不聚财，也不利人口，女人易患病。

推断 11：你的阴宅风水可以用 108 阵法作调理，能得到很好的改善，但要彻底地扭转风水，较难，也不是一朝一夕的事儿。

反馈：李计忠先生，待我经济好转，经商赚了钱，一定请老师为我调理阴、阳宅风水。

推断 12：卦中还可以看出你妻子的弟弟为财出事了。明年就有牢狱之灾，一定入狱无疑了。

反馈：哎呀，连我妻子的弟弟出事了你都知道，而且还知道是为财的事情，您真神了！我妻子的弟弟贷款 1000 万元，因赌博输掉了，欠钱很多，一时又还不上，便采取逃为上策，看来明年这场劫难是逃不了了。

解析：卦主之妻取应爻官鬼午火，卦中三爻兄弟申金与应爻同宫，可以看作为妻子的兄弟，申金在艮宫，艮主少男，所以为妻子的弟弟。

卦中兄弟申金发动化出妻财卯木，逢日刑之，有水旺木漂之嫌，所以是因财至祸了。

三爻兄弟申金为妻子的弟弟，三爻持青龙在坤卦里，犹如龙卧海滩无法运转，没有了灵气，谓之青龙折足。一方面明年流年太岁戌土为库为监狱，用神卯木与戌土相合，用神被合入库中；另一方面来看，明年戌土太岁与主、变卦组合成四库刑冲，有刑与冲就有动，四库全部为发动了，初爻辰库化未库，未逢刑冲之动也就不逢空亡了，未土亦为用神卯木之库，未土持白虎，白虎主牢狱，所以从两个不同的角度来看，卯木（妻子的弟弟）明年有牢狱之灾，而且入狱无疑了。

推断 13：你妻子的弟弟明年还面临着离婚之痛。现在他妻子都已经与别人好上了。这些与阳宅不吉有很大关系。

反馈：如果真是那样，那也算是认命了，只求老师您帮忙我先把阳宅给调理一番吧。

解析：卦中三爻兄弟申金为卦主妻子的弟弟，那么伏藏在二爻官鬼午火之下的妻财卯木可看作是弟媳。此刻伏在官鬼下，定有外遇了。明年太岁戌土与官鬼午火相合，也与妻财卯木相合，卯与午双双合到戌土家中去了，成为一家人了。这是卦中组合不吉造成的，即阳宅不吉，阴气重，不利女人，女人容易出问题，不是有病便是红杏出墙。所以说卦主妻子的弟弟不但有牢狱之灾，而且明年还有离婚之灾。

附：一卦多断秘诀

首观二五定天地，旺衰生克论法秘。

二论日月看世应，生合刑克定吉凶。

三看卦宫分真假，吉凶祸福卦中查。

四看动爻变为真，变爻为果动为因。

旺生衰囚刑墓合，事态成败论刑克。

五定爻位论内外，从下至上仔细观。

六定刑冲论墓库，遇之灾祸止不住。

七看六亲分五行，最旺最衰要分清。

生合喜神门庭喜，冲刑入墓祸不宁。

六亲之首父为主，子孙妻财论次行。

官鬼兄弟少为美，金木水火以吉定。

四库土旺有灾情，刑冲入墓判死刑。

六爻安静鹊报春，阳顺阴逆定阳阴。

一至六爻有定位，大小二限流年推。

十二宫法显神通，灵活三飞妙无穷。

若能掌握断卦理，天机阴阳一掌中。

此是断卦硬道理，观音佛前唱佛音。

第二篇
六爻风水技法

第一章　传统风水概述

第一节　风水的改造

六爻八卦是术数之首，把八卦学精了，干什么会得心应手。不论什么派，只有把八卦学好了你才能成为好的。风水，用来趋吉避凶，避灾难，按现在讲，属于环境学。命运能不能改变？百分之百能改变！环境改变了，加上意志力，人的命运就会改变，人的命运决定于五行金木水火土。东方不亮西方亮，命理水多就到南方。在小天地里修补，调理能好，但不如真正的好。在现有的住宅方面，看房屋地形，宅有三吉三凶。改变风水就是改变命运，与成功的人打交道就能成功。

学好阴阳的目的在于改造阴阳，阴阳指的就是风水。办公室的风水好，才能引来凤凰。公司好引来凤，不好引来麻雀。调理风水，能改变财运，改变人际关系。外围风水好坏，主人际关系的好坏。

风水术早期是为权贵服务的。故宫门门相对在子午线上，北门大南门高，后有景山公园，山下有湖，四隅方有建筑，南边是金水桥，北有山，山下有花园，从上往下看就是一幅大八卦图。这就是典型的八卦风水。

南京西北角的城墙下，有沈万三的聚宝盆。南京是火地，每每出了人才就遭殃，风水是个葫芦地。

被人抱养家的风水与养子的命运有关。风水上，水就是财，水好，出才子、才女，经济发达。李嘉诚有三个，老家潮州风水好，左面后面有江河，下边是大湖，四周是山，清水如澈。四周水收财，水旺不能算有财，水中有鱼才是，鱼是进家的元宝。

王安石的家乡临川县人才辈出，风水上是三条江聚集之地。一个湖，水主聪明，西北山最高，为龙头能挡寒。东南地户为水，三面环水，山环水抱，聚气藏风。

江苏宜兴，出教授的地方，水乡到处是水，外围是水做的八卦，阳卦高，阴卦低，鱼眼在文昌星方位，西北文昌塔，中间为球，东南为眼。风水上叫云星捧月，霸王解甲，七星捧照。近有长江、太湖。水主智慧，山主贵，水主财，风水对人的发达有直接的影响。

有阳光、月亮、风、水、气、血脉的地方为有精气神，在地理环境上，天地为父母，有前有后，左要亮，右要厚。前要宽，后有靠，左要透，右要亮（有路为好），左有河有水（透）为好，一阳一阴才能接到生命的灵气，古人称地杰人灵。

砂水概念：砂为阳，水为阴，充满了活力和力量，水以柔制刚有攻击性。

先要辨认风水，好的风水有好的气场，叫生气之方，看山有没有势。二要辨气，紫气大吉，气是水之母，水为财，气行财水随，水止气则止。有龙脉之处必有水。山石润而亮，林草茂盛，草树为龙鳞，云雾缭绕，有甘泉。山上无草龙无毛是死龙，有生气之处建城镇者吉。

风水以大门为纳气口，有路有水为有气，但大门不能开在闭塞的一方，为不得气。四川都江堰风水改造不错，利用长江水龙，改变经济，驯服岷江。北京城中处处是改造的风水名胜，护城河、景山威震玄武，北海、颐和园，山、湖都是人造的。北海为金库，钓鱼台风水叫七星碧月，以白塔为坐山，圆明园是最好的风水宝地。

第二节　阴阳风水及煞气

一、风水论煞

风水里的煞可分为形煞、气煞、声煞、光煞、风煞等，而以形煞居多。

（一）形煞

形煞是物体的形，看得见，摸得着。因位置不同，吉凶各异。形煞是形势派风水里一个重要内容。比如路冲，最忌冲门，其他方位亦忌，冲坤位损母，冲坎位伤中男。路冲分吉冲和凶冲，阳宅气口门卦 旺不怕冲，工厂酒店不怕冲。若格局好，反冲为旺。但一般情况受冲不好，路越宽越长，凶气越大。

再如水射，是水流的冲射，水大水急水直者为凶，正冲者凶。若水从远方来，忽然停住，流进蓄水尺或湖泊，此为水势有收，反而成吉。风水有时也将路称为"水"，虽有直路冲来，忽然拐进一个停车场，也叫水势有收，反而吉。

还有墙缺。墙有缺口，不能藏风聚气，是衰败的象征，久住会使家运衰退。墙缺的方位在哪个卦象上，哪个卦象所代表的事物就会受到影响。比如乾位缺，影响老父或宅主的权力和地位。或头部受伤有病。总之，凡乾卦代表的事物都会受到影响。到底是什么事物，要综合分析。

再如门前有大树，在中间，易患和口腔有关的病。因为门如口。门在哪个卦位，哪个卦位所代表的事物就会受到影响。若有电杆，圆柱等同理。

若有巨型高大建筑紧贴阳宅，即属高压。压得人喘不过气，久住会导致心理上的障碍。还有变压器、庙、池塘、坟、烟囱、厕所、垃圾堆、铁路、桥梁等。因位置不同，都可能形成煞，对居住者产生危害。

另外不同的门派对煞有不同的讲究，比如"八煞"之说。所谓八煞，就是八个不同座向的房屋，各有一个煞气方，如犯此方需防意外。这些煞气以宅外的形煞为主。这就涉及如何下罗盘的问题，门派不同，下法不同。

（二）气煞

形煞是看得见摸得着的实实在在的物体，而还有一种看不见摸不着但却时时刻刻对人产生影响的煞，这就是气煞。这种气不是空气，而是被现代科学称之为宇宙背景辐射的东西，是和磁、场、波很相近但又不完全相同的东西。是老子说的"道"，是气功界说的"气"。总之是一种说不清道不明又确实存在的东西。

在风水学的范畴，有很多煞气。气煞是理气派的专利，其中以每年来临的所谓岁星最凶，应验率最高，杀伤力亦是众星之冠。

尤其是岁星中之凶星飞临到屋中大门，睡床或厨房，甚至是神位时，必主疾病连连、口舌官非、伤亡手术、火灾、贼劫，视该凶星的性质而决定应灾在什么方面。

1. 五黄：煞中之煞，临之皆主灾祸连连，阻碍百般。

2. 二黑：为病符星，主要作用为产生疾病，令人疲倦，新陈代谢减弱，免疫系统失调。受害者感觉有如患上伤风感冒。

3. 三碧：为蚩尤星，多主口舌官非，刑伤小口，家宅不宁，精神失常。

4. 七赤：为贼星，凶性在三碧之上，引发的作用集中于官刑、失业、入狱、手术、争斗、贼劫、车祸等较严重的效应。

（三）声煞

各种不协调的声音均可构成声煞。现代科学叫噪音污染。

无论是生产性噪声还是环境噪声，除了能对人的听觉系统，神经系统，心血管系统，消化系统产生损害之外，对人的生殖机能及胚胎发育也能产生不良影响。

大量的流行病学研究结果表明，噪声会使妇女月经周期不规律，经期延长，血量增多或者减少及发生痛经等。当噪声强度在 90dB 以上时，月经异常的患病率会显著增加，接触 100dB 以上噪音的人群则更为明显。其原因是噪声可刺激妇女卵泡发育的两个时期出现变化：在早期阶段，加速卵泡成熟或卵泡出现显著的退行性改变；在晚期阶段，则主要为闭锁卵泡。

妊娠妇女接触高强度噪声，特别是 100dB 以上强噪声的怀孕女工，妊娠中毒症的发病率会明显增高。有报告表明，接触 103dB 的织布女工，妊娠中毒症的发生率为 31.0%，妊娠高血压的发病率为 9.7%，均高于对照组。有统计资料表明，在国际机场附近居住的人群中，低体重儿的出生率增加。这种情况与噪声引起母亲胎盘催乳素的含量下降有关。西北某国际机场的周围不但孕妇受到影响，连鸡都不好好下蛋。为此周围群众都受到了一定程度的补偿。

假如你的住宅与现代迪吧为邻，或者你的邻居是个现代音乐迷，或者你家里出了一个迷恋现代音乐的"新新人类"，那你就等着受害吧。据有关专家测定，长时间听强刺激性的音乐，听力会大受影响。如果你是个不懂现代音乐的人，那么你听到的就是一种噪音，在 3 年内，听力会严重衰退，严重者可能变聋。

科学家经过研究以后得出结论：连续听 4 小时刺激性音乐后的耳朵，需要 20-50 小时才能恢复正常听力。

据德新社援引德国《外科医生学报》的文章报道，幼儿园中小孩子们发出的高分贝喧闹声可能会造成老师心理和生理失调。

这篇文章引用德国一家健康和福利机构的研究结果指出，在德国幼儿园教师里，有三分之一的人所处工作环境的噪声都超过 85dB，其强度与钻孔机或除草机相当。

噪声能够给人造成压力，引起血压升高和心跳及呼吸加速。幼儿园教师患上永久性疲劳、不安、颈和肩部疼痛、背部疾患等病症的机率比平常人高出 27%。采取铺设厚地毯和安装特殊声学天花板等降低噪声的措施可以使这种情况得到缓解。

（四）光煞

在某些时候，光也是一种煞气。科学上把光煞叫光污染。受害最深的是现代都市人。

国际上一般将光污染分成 3 类，即白亮污染，人工白昼和彩光污染。

白亮污染指阳光照射强烈时，城市里建筑物的玻璃幕墙，釉面砖墙，磨光大理石和各种涂料等装饰反射光线，明晃白亮，炫眼夺目。

人工白昼指夜幕降临后，商场，酒店上的广告灯，霓虹灯闪烁夺目，令人眼花缭乱。有些强光束甚至直冲云霄，使得夜晚如同白天一样，即所谓人工白昼。

彩光污染指舞厅，夜总会安装的黑光灯，旋转灯，荧光灯以及闪烁的彩色光源构成了彩色污染。

如果人们长期生活或住在这样的环境里，就会对身体造成伤害，如果住宅周围有这样的环境而缺少必要的防护措施，也会受到伤害。

在白色光亮污染下，视网膜和虹膜都会受到不同程度的损害，视力急剧下降，白内障的发病率高达 45%。还使人头昏心烦，甚至发生失眠，食欲下降，情绪低落，身体乏力等类似神经衰弱的症状。

"不夜城"里的光会扰乱人体正常的生物钟，导致白天工作效率低下。如果住宅窗多窗大而又不注意遮挡，就会深受其害。

彩光污染中的黑光灯所产生的紫外线强度大大高于太阳光中的

紫外线，且对人体有害影响持续时间长。人如果长期接受这种照射，可诱发流鼻血，脱牙，白内障，甚至导致白血病和其他癌变。彩色光源让人眼花缭乱，不仅对眼睛不利，而且干扰大脑中枢神经，使人感到头晕目眩，出现恶心呕吐，失眠等症状。而且彩光污染不仅有损人的生理功能，还会影响心理健康。

（五）风煞

建筑物被强风吹射为煞。比如过于高耸的建筑物，四周无高度相近的建筑物围拱，就成了孤峰，不能藏风聚气，风水上视为不吉。

凡是一切对人不利的风统称为风煞。比如北方寒冷，以西北风为煞风。前、后、中门一线通，形成过堂风，为煞风。夏天吹风扇，风适度为吉风，过猛为煞风。

古代风水术认为，宅前有凹风，则明堂倾卸。宅后有凹风，臂膊受寒，无倚无靠。宅左有凹风，龙砂软弱无情。宅右有凹风，白虎空缺，不庇小房。等等。这些凹风都是煞风。

住在山口之地，易招风灾。住在狭窄的川道里或长胡同的尽头，风到此都会产生窄管效应，对人有害无益。这些风也是煞风。

二、其他

一要龙真有势，山上树木多，为活龙，看山势，看龙毛，旺衰定吉凶。

二要点准穴，水要抱，要看砂，看远处有无煞气，形煞，气煞等。

浊水、污水起反作用，净水起好的作用。平原注意砂环水抱，阳宅要注意反光煞、铁架桥、对过玻璃、隔角煞，房的背后有养鱼池也为隔角煞，易得邪病、风湿。

镰刀煞：易夭折；

铁架桥：易出血光灾、车祸、易蛇缠身。

孤峰煞：独一户，夫妻费力，婚不顺。

反弓路：婚不顺，主死亡。

枪煞：无形的气场，一条直路（河流、巷口也算）冲家门：易脑出血，自寻短见。

白虎煞：左青龙、右白虎，若房右边高宽，或前有立交桥、旗杆、公检司法等场所，为白虎煞。盖房子右方不能乱动土，否则伤人。

天桥煞：大门对着桥头、楼梯，易心脏病、脑出血、车祸。

开口煞：开门见楼梯，像虎牙一样，大口吃小口。包括电梯，别人的大门。

形象风水，到现场亲自勘探，不管任何风水，都是在八卦基础上认真分析其坐山立向。住宅、城市、酒店、厂房等大风水主要讲理气，着重于内五行的调解，外五行煞气以镇的手段调理。看住宅风水的步骤：一门二灶三床席，再看厅堂。

第三节　对住宅的认识

一、阳宅风水

八宅风水注重的是大门、灶房、主卧。一宅之主在于门，一宅之安在灶，一宅之福在于卧。现在加上厕所，吉凶特别敏感，外邪易进厕所躲藏。进水为阳，排水为阴，周围不干净的就进卫生间，装上灯亮灯光要强，可驱阴气。

灶的气场强弱，决定身体健康和经济来源。万病从口入，灶的方位安错了，就会让主人生病灾。在八卦配九宫里，灶为头、为离、为火、为9。

厨房不能安错位置，错了易脑神经有病。火生土，直接影响到身体，易患肿瘤、癌症，错安东北，属冷性，易得如脑血栓、脑出血、糖尿病等。不要安在正南、西北方，易家里有病人，原因之一就是厨房方位错了，把厨房迁到相冲的方位，可以调理。门是一宅之主，门破家里残缺，门歪心不正。家里的厨房，卧室次之。夫妻关系好坏，祸福看主卧。

不管哪个流派，对阳宅和阴宅的看法，重要的都是纳气。要收门气、地气。旺者，有福；阳宅不能建在坟地上，否则病魔缠身，死亡；庙地也不行，这叫阳赶阴；阴气会损害人体。地形：南北要长，金玉满堂；东西窄短，缺衣少碗。卯酉缺角狭长，像棺材一样地基不吉；子午不足，住者大凶。前低后高都不好。阴遮阳，损儿郎；破窑洞、庙地都不宜建房。否则家中不安宁，窑地建房家中有凶死之人。

阳宅最重要的是大门，先盖主房，传统上门朝南的房，左东为上，西为子辈，否则奴欺主、犯上。（照相为长右少左）。大门好比房的嘴巴，用来收纳宅前天地之灵气。大门收纳气好，财旺官必旺；门开在死气之方，对男子极为不利，叫绝户宅，望寡之门，伤男人，直接影响子孙后代。门前要平，不能高，不能低；门前有花园最好的，门前开阔能伏千军万马，何愁不好；明堂平整收气。忌门前便池、猪圈，浊气进屋，灾气连连。门前不能犯楼角煞，不聚财。犯剑煞，女人遭殃。犯火煞，人有灾，男左女右。

家宅兴不兴，主要看门厅。生气门，旺子又旺财。天乙方的门财气旺，女人发达男享福。延年方开门人长寿，旺发子孙。西北、正北、东北为大吉之门。门前不能堆垃圾。独门的院中间不能打井，门前不能放东西，打井为水破天星，灾祸病。院内要干干净净，东西两边要有60米的土地，不能打满水泥地，四个角也不能封死，要种一些不见花的草木，代表家族人气旺，风水好的花草好。

要注意房屋的造型，要以方形为佳。房里有气场，要有动静内外：客厅为动，有花草，名人字画；见水为佳。火不能太重，火指电视、灯光，重了会神经衰弱；客厅以长方形为好，电视大没问题，客厅里放鱼缸、园叶花草、开运竹好。

卧室里要静，以方形为主，以浅色为主；颜色深了代表一种五行，浅色的为好，墙为浅色的，家具要深一些，否则会空虚多异梦。

房屋五行看房形状：金字型，富贵，人丁兴旺。上为人字头"金"。"品"字型：发官发贵，先盖震房后盖兑房，若先兑克人口。

正房：东南门，房屋开太阳门，出文豪。在东墙开巽门大吉。主五贵：官、福、财、子、父。

阳宅忌火字型：中间高，平房安电视塔，太阳能等。棺材状的小房为伏尸宅，大凶之房。楼上有悬棺，死了丈夫塌了天。

屋房震方不能高，偏房不能长，对女不利，男易出走。前宽后窄、主孤苦伶仃；坟地、祠堂不要建房；不要对着教堂、道观、寺庙、战场、刑场、监狱，在此附近之处住不吉。

房前后砍大树，会加灾情，不可垫池塘后马上盖房，三年以后才可以。门前后不能有古井，损丈夫伤儿郎。房不能建在最高处，像庙一样叫绝户宅，屋多人少为凶，屋少人多为吉。

宅基前圆后方，天圆地方，文武全才大吉。前屋角半园，后成方大吉，大门两侧半园也好。门也圆，柱也园，方方圆圆到百年。门圆好进气，方宜散气，宅前有半园池塘，河抱宅大吉，河水宜西水东流为吉，否则为反弓水。

什么样的房屋里边是桃花水？卯山酉向，门朝东或朝西的房屋，南北方不能放水放花，卯酉怕见子午冲，此为桃花水。巽门和子门：西方不能放花、放水。东门、南门：东面、西北方不能放花、放水。西北门：东、西南不能放花放水。西南门；桃花位在子位，如放花瓶、金鱼，会招桃花。

二、卫生间的使用

家中怪病不断或患绝症，是卫生间设置不对引起的，排水口的方位影响主人的身体。一家的住宅坐北朝南，门朝西，卫生间排水口坐巳面亥，排水管往西南（坤）流，女主人患肾病，女儿泌尿感染，改造排水坐在西方（正面），肾病就好了。

周易·一卦多断点窍

广州一家住宅，卫生间排水口在子位（神圣的地方，坐便器不能安在正北方），男主人得肾病，凡得这方面病的只要改厕所，一个月后就会好。改坐便器，或卫生间，需光线旺亮干净为好，应摆桌子放花瓶，不要插花，聚气，不可堆垃圾。

买房，一进大门就是卫生间的不好。不要与厨房在一起，门左右做厨房有毛病，主房要静，客厅要动，厨房要内，厕所要外。大门朝南北的厕所东西为主，大门朝东西，厕所南北，子午线上不能安大便池，偏位为好。

阳宅的财位，是关键方位，以门向定财位。人的财运也受宅的财运影响，决定于宅的门向。门破财位破，指的是方向不对。门前要平整，凡是高低不平的，看门能否接住水，门迎水，为招财门。门外的车辆从哪方来，去哪方。门对着下楼梯好，对上楼梯不好。树在门中间招阴气，要避开，电线杆对着门也不行，门朝东北，朝南、东南、西南，出门见水必见财。

家里的财位，都是在门的左右两侧定位，财位不能靠窗（漏气）。财位可以放些花草或流动的水，或钟表（两针的最好）。这是招财的方式。

书房，可设在财位上，主人房的财位放大衣柜，能带财气。床头靠生气方，不能靠窗，梳妆台可在财位。

三、关于家中神像的摆放

关公：摆在门的两侧，不能摆在正中对着门。

菩萨：一元大小的红纸放在佛座下，保吉祥；摆在桌上铺红布。看见发红光是道家，为贵；金光为菩萨，白光吉祥，黑气为妖邪。鬼无光线，鬼附身，脑后有黑气，有道行的脑门白光，半仙为蓝光。青铜器能避邪；佛要供香火。佛不能取木、石的带阴气。一铜、二瓷器，里面是空的，不要供石的，实心不行，玉能避邪。佛像不能放置在卧室或厨房，不能面向厕所或背靠厕所。佛像不能供多，犯猜疑。大肚佛可以，放在前、观音在后。

观音原为慈航道人、佛道双修，西方三圣之一。药师王菩萨可以放在厨房旁，学易的供观世音最灵验。一个位置上最多两尊佛，前边不要放不干净的东西，不要乱说脏话，衣冠不整。

佛像旧了怎么处理？初一、十五奉送到庙里让和尚处理。大肚佛的脸放在车里朝前，财神朝车内。佛像不要放在抽匣里，小佛下放圆盘，下面放红布，保平安，招财气。

一般男戴观音，女戴佛（大肚佛）。金佛最好，开光过香火。不要戴着睡觉。招贵招财保平安。佛像不能卷起来，易头疼；若佛像破裂，不要乱扔，一三五七九逢单日在中午红纸包起来，在住宅的东南方位烧化，配合水果，可用桃核、茶叶、荔枝等。破裂的瓷器佛像可以用红布包着。若只残一点，可在双日送庙里。供佛的眼与手指不能残伤。身上有裂痕，剪一点红纸贴在裂痕上，可以供奉的。

四、阳宅的布置：

（一）厨房之布置

1. 厨房的火炉不可对大门——主女人身体不顺、肠胃病、不聚财、头痛。

2. 厨房的火炉不可对冰箱——主家内身体不顺、六亲常吃药。

3. 厨房的火炉不可对卧室门——主夫妻失和、脾气暴躁、易神经质。

4. 厨房电器类不可放置太多——主住者腰酸背痛、头痛、胃痛。

5. 阳台走道不可对火炉——主不聚财、背痛、高血压。

（二）卧室之布置

1. 卧室门不可对明镜——主夫妻失和、精神衰弱。

2. 卧室门不可对床头——主神经痛、头痛。

3. 卧室床头不可对明镜——主疑心病重、噩梦、神经痛。

4. 化妆台明镜不可对浴室门——主夫妻失和、容易发脾气。

5. 浴室门不可对床头——主痛风、风湿、头痛。

6. 床头不可靠在浴室墙——主腰背痛、风湿痛。

7. 床头不可被梁压——主精神不振、神经质。

8. 卧室明镜不可太多——主心神不定、疑心病。

（三）书房之布置

1. 书柜不可太高压床——主身体虚弱。

2. 书柜不可压迫书桌——主心神不定、劳心头昏。

3. 书桌不可压在梁下——主心神散乱。

4. 书房灯光不可太强——主容易疲劳。

5. 书房电器类不可太多——主头痛、心神不专。

6. 书房墙面不可乱贴偶像——主精神错乱、恶梦、疑心病。

五、阳宅禁忌：

1. 入门先见厨厕，退运之宅。

所有的屋子，入门必见客厅。现代的建筑设计，有时为了考虑空间的配置，一进门往往先见到厨房、餐厅或浴厕。这是阳宅的大忌，也不合常理，居住其中，家运必衰。

2. 房门对大门，耽于淫欲。

卧室门不可正对大门，否则易诱使居住者耽于淫乱色欲之中。

3. 客厅在屋子正中大吉。

一般住宅，如果起居室或客厅设在整幢房子的正中间，这是一种大吉之象，可使家运昌隆。

4. 不规则屋不可做厨房。

不规则屋如用来做厨房，会影响家人健康，不规则屋只可用来做储藏间用。

5. 横梁压顶，影响情绪与健康。

横梁最忌压在床头、书桌及餐桌上方，如实在无法避免，也要设计天花板，将之挡住，否则就会影响居者的情绪与健康，事业运亦会受阻。

6．不规则屋不宜做卧室。

不规则的房间不可用做夫妇的主卧房，否则会导致久婚不孕的后果。

7．床边放镜，难以安眠。

除了床不可正对大镜之外，床的两侧如果有大的穿衣镜，将使人睡不安稳，导致失眠、惊梦等。

8．卧室不可布置得琳琅满目。

卧室的色调以素雅温暖为宜，切忌太过鲜艳，也不要布置得琳琅满目，过度豪华，闪闪发光的饰物尤为不宜。

9．浴厕对床，当心恶疾 主卧室中，除了床不可正对浴厕之外，侧对亦不吉，容易使人罹患严重恶疾。

10．常青盆栽利家运。

由于生活品位的提高，为了增加室内的绿意，常青盆栽是很好的室内饰物，但务必选择常绿、生命力强，不易凋谢、落叶的植物。

11．床头巨幅画不宜。

床头置画可以增加卧室之雅意，但以轻薄短小为宜，最忌厚重巨框之大画，否则一旦挂钩脱落，当头砍下，非死即伤，不可不慎。

12．整洁的浴厕才能留住财。

浴厕是排污之所，除了方位要合规中局之外，最忌阴湿、不洁、有异味，如能保持清洁干爽反而能留住财气。

13．大门直通到底，麻烦不断 居家忌像宾馆饭店一样，一条长廊连着一排数个房间，否则易发生外遇及私奔现象，难得平安。

14．有脚之床，床下忌堆杂物。

有脚之床，床下宜保持空旷通风，切不可于床下堆放杂物，新婚夫妇尤忌。

15. 屋内房门，开门方向应一致。

屋内房门，开门方向应一致，这一点从门把手就可以断定。最忌一扇左开，一扇右开。

16. 浴厕设在走廊尽头，大凶。

屋内如有走廊，浴厕只宜设在走廊边上，不可设在尽头，否则大凶。

17. 床头忌开大窗。

床头开窗乃风水大忌，务必谨记。

18. 厕所忌对大门。

厕所门正对大门，为漏财退运之宅，可用屏风遮挡。

19. 柱角冲射床头不利婚。

第四节　关于门的用法

一个独立的院落，在不同方位上开门，主不同的吉凶祝福。关于门的 8 个方位，不仅适用于一家一户的独立院落，而且也适用于现在的别墅和住宅。

一、巽门

东南为地户，招财，为太阳门，近官、近贵、为文昌星位；出文官状元；门半圆，路抱门聚气。圆的东西可避煞；巽门口不能种桃树、杏树；开花植物易招花引蝶，引阴性东西。砖块、石块、草堆之类，不能堆放，门口有大树招阴。东南门一定要搞个门楼，什么样的都可以，两边有圆柱，红色的，此为木火通明。栽竹，门南多栽竹，家有万卷书。若栽花男人离家门。院子为巽门时，房屋门朝南，木火相生。院门往前修，引龙入户，对私宅大吉。开山（西北）立户（东南）门里东北面修个小水池，椭圆型，内养鱼，水往东南流，到此聚住了，叫青龙得水（辰为东南，正水法为水库）。西北为天门，宜高，为龙；可修凉亭，亭为凤，龙凤呈祥；开门见水好。

二、震门（东门）

叫白虎悬腰门，门不能高，东门要用石狮子把门，否则易出伤灾，门前忌有高压线（火煞）、发射塔，主脑神经衰弱，易出现伤灾。好处是出武官，在公检司法、部队里工作。门前有煞气，主有病人，小孩不走正道，伤子孙。门红色为好，门槛不能过高。开门有水不吉，有山大吉，高山震虎，利于官。有水易血光。不能有火煞，冲虎，忌三棵以上大树，有竹林也不好，招阴气。

三、艮门（东北门）

生气门。生气之方好求财。门以圆为好，方形不好，两边圆柱好，门槛半圆，圆而聚气，方而漏气。门头半园形更好，楼梯半圆的最佳，宽：1.6-1.9米，高2.3-2.9米，可用金黄色、红色、银灰色的，不能用绿色的，绿为棺材门。门口不能栽木草，偏东可有水，为青龙得水，偏右（东方）有水大发。门前平整，忌不平。门前不能有水，门内偏南有水可以。对小孩好，对排行老三好。门前不能有任何东西，如草堆、臭水等，门前用石狮子可避邪。门不能对墙角，易得癌症；西南要处理好，不能高，要平，可当厨房、仓库。可做花园、水池、种花草，不能做厕所（坤位）会倒霉，可位兑位（西）。以门定向，大门朝哪就是向。天门要高，地户要矮，坤位不可做厕所，易得白血病，食道癌，胃热；易得肾衰，泌尿病。艮门忌见山，为坟头，左右有河为好，以平整为好。只有东南门（巽门）山可高，其他向不可。门前五米以外，有大道路为好；忌门前有桥，会死人，多为病死夭折；见桥为奈何桥，灵魂出壳。门前忌有树，是幡。

周易·一卦多断点窍

四、北门（坎门）

文曲星门。北方水星，北斗七星的星主，代表头名状元，我国著名大学第一道门都是北门，门要低要宽，才能出人才，南门（火）要窄要高。（一个人的富贵贫贱在于门，有病出在厕所和厨房，上半身的病根在厨房，肾有病；下半身得病在厕所。坐便池在坎方，有两个肾病人。艮坤方长瘤、马桶在亥子方，肾腰疼，脊椎骨变形。厕所易出内病，厨房易出外病。）

北门可收乾艮之气，利于事业发展，但又为阴门，宜白色银灰色为佳，配以不锈钢柱子，但不能用红色（水火相战）。明堂喜6、7、9米。6利女财好，7利子孙好，9利老公好。门两边有竹草更好，聪明绝顶。前后摆龟、龙最好，叫龙门。放鱼缸，只能放西边，旺财、旺子孙。门内两龙招官，养鱼发财。门左（西边）可挖水池，或放大缸养鱼，以宽为主。左右两边有河最好。出门最怕见山，喜水不喜山。忌下雨水往北流，叫淫荡水，反弓水；可往东、南流。离开家门外，可随意。北门为三大吉门之一的休门。

出水、路基、门外煞气，三者决定门向好坏。最怕倒流水。

五、乾门

西北门，三吉门之一，住宅乾门开，腰缠万贯财。门向好，坟地好就能出帝王。乾门、乾位，对政府机关来说，就实在，有权力。乾巽是真正的门，离兑坤为假门。巽艮坎乾为真门，离是午朝门，只有当官才能进，老百姓不沾边，故是假门。百姓不宜开离门，离做主房门可以，院门不可，院门宜与房门相生，阴阳搭配为吉。坐北向南，院南门，癌症多，高血压，心脏病多。

八宅派理论：院门与主门相生为大吉，阴阳搭配为吉。主门东，院门为南，木生火，院门北：水生木。主房门朝南，院门朝南，为望门寡。阴门阴向必出阴病，阳门阳向必出阳病。

乾门为财官两旺之门，门朝南的房子，利于院乾门。门为向，对向为山（座山）乾门为巽山乾向。乾门要高大，利高不利宽，最好为圆门，乾门要收进来为好。金龙盘玉柱：门两边立高柱，雕刻条龙，门楼上安平安铃。乾门张嘴接气，圆主接气、纳气、聚气。乾门前后不能有水，泄门气。门与河流相对环抱象接吻，可在东南角上修池。

公检司法利于乾门。衙门里的官清不清，看大门就知道。乾门不能红色，可用黑漆大门，为金水相生，门为白也可以，不锈钢的金属门就行，不要红色。门上要半弧形，下面是半弧形台阶，上是半弧形门顶。门里可放屏风或影壁墙，画马，含义为：天马行空，马到成功。不要画松鹤延年，这是阴宅的。家里不能放迎客松、松柏，鹤不能放家里，这是常识。门前后不能有水，主泄气，在东南方可修水池。

六、兑门

（西门）为败水之门，一般不要开。男女不合，口舌是非，官位不显，财运不聚。兑为浊水，开兑门要往西北靠。大门的颜色为黑最佳，绿色也可。院内外不能安水池，院内多养花栽竹，禁止有水，要用狮子把门。对过有住家要两只大象，放在门内也一样。门内设影壁墙，前放大肚佛，就解了败水之门。

七、坤门

死门，一般不用，只有练兵场，仓库、粮仓可用。开坤门易得病，女能长寿，男易夭折。坤门主子女偷盗，不务正业，出现牢狱之灾。

八、离门

男人利于文书，忌破冲。不能有高架桥，易流血；有路冲，对女的不好，易自寻短见；天桥相冲，泰山压顶伤老公，楼角煞冲，伤小孩。对男人虽好，但忌讳太多，忌路；门前不能低，走下坡路；不能高，高为一箭穿心；平最好。门外反弓路，易有车祸。路抱宅，怕南门，叫长蛇吐信，易脑出血、肝癌，为凶宅。（其他方向喜路抱宅，为大吉）。

买房：先看周围的路，再看门向。现在一般的小区选房，选门朝北、朝东为大吉。小区门前最忌下水，水外流。小区房不在于漂亮，要看门的形状，以圆弧状为好，近家见水为大吉。

炒楼：门朝震方、离方、坎方的楼盘，利于高价出手。

居住：宜门朝乾、艮，人利于住在四隅方，买卖在子午卯酉，四隅方位带库，主平安；在四正方人多动，不平安。小区的路要高，水要低，路水分明，主人贵气。

工厂大门：宜开在朝北、东大吉，政府办公楼大门，开在西北、正南方向大吉。

第二章　六爻风水概述

第一节　爻位所主

人不到现场,通过六爻卦,就能看风水吉凶。六爻风水的好处是,看不到的东西,通过六爻能显示出来。看吉凶,哪个部位不好,但不够直观。六爻配合卦宫,加上爻位,全面测量风水的好坏,不管是形象风水还是六爻风水,首先讲的是门气。门要纳气,一爻宅气,二爻房气,三爻门气,都要旺。房宅的坐向与朝向,先看世爻和父母爻地支五行。初爻、世爻、父母爻三者兼看,以安静为好。日月冲动之爻定为向。

如初爻为子,坐北朝南;初爻亥:坐北偏西,门朝东南。初爻为地基,临辰戌丑未,被日月冲克,房基不好;初临兄、官、父、不是好宅基;初不能冲、不能空,否则地基下面有毛病。初为鬼之墓为大凶宅,房下有坟。鬼库相冲,前后都有坟地,初爻金水为好。初爻父母爻,下面邪气多,人易得邪病,不是好宅。

初、二爻临玄武、亥子丑,为房周围有河沟、潮湿。二爻为厅堂、主屋,二爻临父旺,房好,厅堂大,能聚气;休囚不好。二爻休囚主客厅不大,被日月相刑,房有破损;临父母、官鬼为厅堂、主屋;临兄、孙、财为厨房。二爻临财爻旺相,厨房风水不错,炉向对,能聚气,休囚为炉向不对,人易有病。二爻旺相与日月合,为新盖之房;二爻临鬼休囚,家里易出怪邪之事,得病。房屋聚不聚气,先看二爻与世爻、五爻之关系。要旺相,得日月生助,能得到阴阳二气。阴气重,人得病。木火在二爻,气为真;土在二爻为气假,房有毛病。二爻与世相生合为好、大吉,与五爻生合大吉。二

周易·一卦多断点窍

127

爻忌官鬼化官鬼或冲化冲，与日月冲，不聚气、住不长，日月冲必动，有迁居之象。代表厨房最怕官鬼为二爻。二爻兄化兄，对女人不利，灶房有毛病，易破财有病灾。官化官，大厅漏气，窗多、地下不干净。初爻鬼库者为坟地。土逢冲，下有新坟，逢日合为少年坟，休囚为老年坟。父化父下有坟地，不论五行，下都有坟，临水：1-2座，金：3-4座坟，临寅卯更多，临土此宅就是在坟堆上建的，这是地脉宅基不干净。金水，房基好，清澈之地。二爻怕冲，逢冲家中必见灾。二爻要旺，不能衰，临虎伤男人，临蛇伤女人。官鬼白虎是厅堂，兄弟玄武为灶房。

下卦为震、乾、巽是大吉之宅，有龙气、龙脉。下卦为兑、坤、坎，为房基浊气大，比较差，地气杂。艮离的房基下阴气太重，离下无龙脉，阴阳二气不交。下卦艮化艮，坤化坤，为坟地、庙地、刑场之类，是凶宅。房前后有坟都大凶，叫二鬼抬轿。房后有坟：小鬼推磨。左右有坟伤子女，前后有坟伤掌门和女主人。

看家宅最怕官鬼在内卦动，看财运最怕父动。官临蛇虎，会出凶灾。二爻不能空，不能临虎，空临虎为房内曾经有凶死者。二爻旺空、合、临桃花，家里淫荡。二爻日月相克，家里有伤灾。临青龙合财，在闹市中，人口兴旺。宅气旺，房气也旺。财化官主厨房方位不对，易有脾胃病，呼吸气管有病。二爻鬼临雀，官司口舌不断，夫妻不合。

三爻：为大门。忌日月冲，不聚气，日月合为大吉之门，有财。三爻旺相吉，受冲门破家也破，门冲家有灾。日月合三爻，有两道门；日月冲门，前有弯路。三爻父化父：两扇门，旺为吉，休囚衰为不吉。三爻逢空：不走大门走偏门。三爻临土：门前必有路。临龙者为路抱宅大吉。三爻临蛇：反弓路主大凶。临玄武：高低不平，有积水。临虎：路宽，平坦；临勾陈，小路；三爻临丑土：门旁有臭水沟。临水库：大门对面有池塘、河流。三爻临兄：门多。土化土：房屋漏气。

测阳宅以下卦为主，风水好坏主要在一、二、三爻。初爻代表宅基好坏，为水井，下一代。二爻为宅为灶。二爻临孙衰为旧墙壁，临兄为旧门户；临官不聚气，易病；临父房破。越旺越好，二爻临财、孙，旺相有气，家富有财官。二爻官鬼带煞为大凶；临龙有官贵气；官鬼临玄武主男女淫乱，官为水爻，附近有池塘、沼泽，对家不利；火鬼主口舌。二爻鬼不宜动，动则有灾，家不安。二爻逢冲，夫妻不和，自作主张。

三爻为门，临兄：门破、墙破。三爻为神坛，临鬼青龙旺相，金鬼好。三、四爻都临兄，主破财。与日月相合，临财、孙爻大吉，说明门神能保家护院，人不易生病。三、四临蛇虎，女人神经衰弱，妇科病。三、四爻相冲必破财。四爻鬼临玄武，主男女有外情，可当桃花看。四临龙旺相，新建大门或院墙。临官鬼、蛇，出伤灾。

五爻：临鬼夫妻生死离别，或离婚。临孙、吉祥。忌发动克二爻，人不安宁，五爻为长子，鬼临蛇虎，长子有灾；虎动克五爻，重病在身；五爻孙动克父：不孝；五爻妻财持世，女当家；五爻临水附近有桥、河；与二爻生合，水环水抱有情；克二爻：无情水。五爻亥子兄：房内漏水，有水坑。五爻旺与二爻三爻相生合好。五爻财与世相生合，女助夫。若生合鬼爻，鬼休囚，女有外情，破家。阳宅：白虎五爻为路；蛇在三四爻也为路；申金在三四爻，逢冲也代表路。

六爻临世，离祖离家，白手起家之人。六爻逢冲破，祖先贫，六爻怕日月冲，人不长寿，临虎附近有桥，犯白虎煞。

第二节　六亲与六神

一、六亲

六亲全到为大吉，卦中缺父母或子孙，家中人散气泄，家中无主事人，烦恼、空虚。父空：家宅不安宁。测房父空，财气不聚、父不宜动，动则怪事多，烦恼事多，附近房屋有桥梁或坟，为还魂之地，得怪异之病；父空、动，不安宁。有父无孙，房多人少，泄气，有孙无父，其人孤独。

兄弟动，主再娶，兄在二爻，不宜动。鬼无制，阴盛阳衰；有鬼无财，灾气更大。有财无鬼，不聚财，化出孙无妨。鬼世财来生，此房大吉。财化孙大吉。世随鬼入墓，大凶。鬼世空与初爻合，下有坟地；兄克世，鬼克世，大凶宅。下卦艮坤为凶宅。孙财上卦旺相大吉，财动与外鬼合，婚破败，早婚。财动合鬼虎，女有杀夫心。财动临玄武，女有外情，远方之人，合日辰，能找到奸夫。财宜旺不宜动，孙旺最佳。财有库，能发家，六合房大吉，六冲相刑不吉。忌冲刑，家中有变。世应比和阳宅吉，世应相冲门上凶。六爻静聚气，乱动人不安宁。卦中无水人有病，卦中无金家不富，木水多女人能干，聪明漂亮贤内助。

父、孙临日月旺为大吉，兄动夫妻不团结，父动小孩伤，子动男有伤。初爻：左邻、后邻，四爻：右邻、前邻。

二、六神

青龙：在测房中为平整、漂亮、路基大。龙鬼动临世：有官职；龙财：贤内助；龙孙：贵子，宅气吉；龙动合爻：多贵人，喜事多；龙临下卦无财，先富后贫；龙上卦无财，先贫后富。

朱雀：临官兄，有官司口舌；雀空化绝，有官灾；雀旺三四爻，文上之喜，孩子考上大学；雀内动有口舌是非，在外动文书之喜。

玄武：玄在初爻，地基低洼；在二爻，为出水口有毛病，家人易出病灾；在三四爻与二爻生合，门前有水有情，发夫之相；在五六爻逢冲大凶，财临玄，女凶祸。玄武在内卦动有灾，在外卦动有祸。

勾陈：临财动，女人有灾；勾怕鬼，十见九有凶。在内卦三爻动，有灾；内动宅气不好，外动办事难成。勾陈在内卦动生合世爻大吉，主进房进财。

腾蛇：怪异之事，最凶。祸来不知，防不胜防。蛇动，伤死。

旺相持世，老谋深算，临鬼，病从血上来。鬼蛇冲三四爻，常遭盗贼。蛇兄在内卦兄弟不和，为财纠纷。蛇在外卦，官司缠身，受牵连，经济之事。最忌蛇鬼克世，必见凶灾，蛇临财女人病，蛇在二爻手术，蛇在五爻临兄鬼，主车祸；蛇动凶上加凶。相冲来得快。

蛇不宜动。逢冲，事来快解决快；相刑，事难了结，拖得时间长，叫蛇缠身。逢六合、更长，病难愈。蛇一旺就要倒霉。

白虎：在阳宅上是凶神，蛇最凶，虎受惊主凶，平稳时不凶。虎临初爻宅基有煞气，看卦宫：居离卦，主窑地、发电场；居震乾卦，公检司法、医院附近；居艮坤卦、大凶。虎临子水：三角地，易牢狱灾；虎临巳：冶炼、荒草坟地，后大前小棺材地，大凶。虎临寅申：两头窄，中间宽，葫芦地；左右有立交桥，发射塔等，为白虎煞，家中多病灾；酉金，四周高，中间低、阴气大。虎临丑：棺材地。虎临未：前方后弯（缺角）。虎临戌：三尖地。虎临辰土：前高后低，庙地。合者地成方，冲者地不成方，缺角。刑：地低洼不平，勾蛇相刑为土路；临虎：柏油大马路。三刑：三角地，初爻相克缺角。三合四方地。

六冲必有马路冲宅。二爻怕虎最怕冲，虎冲为白虎抬头，家里有血光灾。五爻虎：血光。三、四爻临虎：门前出棺。

第三节　阳宅的八卦定位

初爻基宅，不宜鬼动、土动，动者下有坟；阴爻年代远，阳爻年代近，主家中子女不利，伤病残，男主人有灾。初爻亥子水大吉。初爻为子孙申酉金大吉，为财爻寅卯大吉。初临玄武，二爻临蛇动，房下树根过墙，带来阴气。得肾病，糖尿病。初二不配，夫妻关系不好，初为阳爻与日月合，地基半圆，为阴旺相，方形。与日月合，合世、生世为大吉，有风水。日月冲初爻：三尖地，不成方。克五爻男有病，伤老公，旺相克二爻，母有病。

兄在二三爻相合，主灶房与大门相近。玄与水相合，家中厕所下水道错了；玄与鬼爻相合，便池安错了，得病。内卦两重财，有两个灶口（烟囱），外卦两重财，窗外有两个烟囱。主心脏病，血压高，皮肤病、神经衰弱，肝火旺。

世爻为父化父，有两处房。三爻子亥水与日月冲，房基下有古井、河流（子为河流，亥为井）。三爻指大厅，受冲克主男人生疮，女有妇科病。

二爻子孙受日冲，灶边不净，或有神位，主大凶。二爻子孙合日月，灶大吉。二爻空亡，灶有问题；二爻兄化兄，有两门出入；二爻财克世、妻欺婆。二财空，宅主出世没吃到母乳，二爻木化木，吉（木生火），灶房吉。二爻鬼化鬼，有大小二厅，鬼旺夫妻合，鬼衰不聚财；二爻财化父，厅堂漂亮聚气聚财。二爻位休囚，六神旺相，半吉半凶；六神亦休囚，为破财之宅。子女上学难成，漏气、窗多，对人体损害。二爻青龙：客厅长。蛇：大小房相连。玄：房无人住。朱雀：房间多。二爻休化旺，厅堂、主卧好，灶房有毛病。三爻冲二爻，灶门与厕门或主卧门相对，三爻合二爻，偏45°。三爻冲四爻：门门相对，一箭穿心，主心律不齐，心口闷，心脏病。

四爻兄旺相：出入两道门，玄武临三四爻：门有洞，主人消化系统不好，肠炎、胃炎。三四爻动，门向应改变，或换门。主卦兄空：右边破，变卦空：左边破。三四爻相冲临蛇，出门转弯，路不直。

三爻临龙大吉，三爻临玄邪气入门，或门前臭水池，厕所。卯木在三爻，神堂干净有灵性。子午卯酉为正方形，戌辰丑未为横，寅申巳亥为墙角。三爻为香火，四爻不宜土动。若四爻土，神位对门，主两口吵架，办事不利索，工作不顺。卦中两鬼：供的神像没开光，或方位错了，不灵验，卦无子孙不信佛。子孙旺，信佛；亥子水在三四爻旺，墙壁渗水，引发病症，三爻财旺动，主屋高大，漏财，旺而不动，聚财。三爻持世出门喜，进门愁，若临亥子水无人时偷偷把泪流，两口子不合。看阴宅三爻水持世，对儿女，老年后的身体不好，寿命不长。

宅基地以世兼初爻旺相，地基宽大，聚气，休囚不聚气，大地皮盖小屋，聚气，买小宅盖大屋，漏气。初阳爻，地基成方，乾震，地基高，艮主高低不平，坤坎兑，低洼湖泊之地。艮卦可能有坟地。乾主闹市，震主郊区。乾化离，房子朝阳漂亮，化离与日月冲，附近有窑场、电厂、高压线、发射塔。坤兑：主农村、郊外。兑，有池塘水沟；坤，坟地。初亥，地基弯曲不直，近有水沟。忌坎艮卦在下，有寅卯木，阴气重，伤人，家有凶灾。寅：松柏树，卯：棺木。初巳火，后房对已有影响，家有伤灾，车祸。午火：前尖后大。世空：别人家地皮；初世兄弟，自家产业。初世化鬼：绝户宅。初爻龙动，东高西低；虎动，西高东低。买地基：西高东低（初爻临虎动），北高南低为好。若东高西低，易肾上有病，南高北低，头上、心上病。

二爻克世，房不聚气，地皮小，狭长而房多。世克二爻，地基不成方，家出残疾，出黑道之人，克中逢合能解（有动爻合日月）。三、四爻克世，门前犯路冲，门前反弓路，都会有灾不安；五克世，路冲宅；六冲世、楼角煞或高架物射门。

宅以二爻为主，取父母为用，旺相吉，一父母，二子孙，旺子旺孙，聚财，人财旺不旺，厅堂亮不亮，都看二爻；家宅财运好坏，看大厅；厨房决定身体健康，大厅为明堂。饭厅为小明堂，明堂宽方正，旺为好，官鬼旺相，克兄为护财。

二爻为灶房，兄弟爻为门，玄武主厕所，与日月合，有两厕所。初二同动，家破财；宅不可动，宅动财必散，初二爻空必见大灾。（动者不为空这句话在此不对），动空为绝后。若临子孙旺相而动，大吉。初爻二爻，主卦水变火，旺相必发大财（不是水火相战），即冬季水旺，有寅卯动而生火，火也旺相；水旺坐震巽，为大吉之象。巽主文昌星。

周易·一卦多断点窍

怕二爻火见火，忌水见水，无金主贫寒。蛇鬼临初爻、二爻并化空，大难临头，人口必伤。虎临初爻二爻动，人死马倒，人丁衰败。二爻为父母化兄弟：厕所方位错了，在门两边。二爻鬼与初爻鬼库合，下有新坟。鬼化父：门前是非多，口舌多。二爻兄化兄：多婚。日月合宅（初二）大福大贵（刑合不算）。桃花合宅（一二爻）家出淫贱。白虎合子孙，家有坐牢人。龙合二爻世爻，家出贵人。披头煞临虎，家里头疼病（相刑为披头煞）。

六静卦逢日冲，盖房不顺利，亥子水与父合，盖房时下雨，为雨浇梁是好事，主财丁旺。六静卦，木旺金旺：官贵人家。乾圆坤方艮高，兑缺角，离中空，坎中高两边低，震长、巽直。

五六爻土鬼动，开门见坟，伤小口或车辆。临子、午，在房厅下；寅申巳亥，在四角。初爻二爻为鬼墓，房后坟多；三、四鬼库，房两边有坟。辰戌丑未房两边。

申酉金动：西方凶，不能做子孙卧室，东方、东南方大吉。北方凶，南方吉，西北孤寡。东北有病，西南有官司。

火动：东凶，巽吉，可住。坎吉，乾大凶。

土动：西凶、女寡、三代单传，震吉。

木动：震、乾、艮、大吉。震发财，乾进财官，艮发子孙。巽兑：孤寡，正西不能安床。

第四节 六十四卦大象断阳宅

六爻预测乃大宗之法，把六爻卦象与住宅风水有效地结合起来，准确度会更加高些。玄空风水能准确地点出方位上的吉凶，而六爻则会把本质上的东西会预测的更准一些。如若一个不懂六爻，便无法掌握趋吉避凶之法。

一、六十四卦的大象断阳宅风水

先看内卦（内三爻），内为宅，外卦（外三爻）为人。内外两卦均旺盛，人宅兴隆，休囚死绝，居住者无气多灾。家宅风水好要子孙、妻财、官鬼、父母、兄弟均上卦并临年月日为佳，否则会有破败之事。内卦克外卦为宅克人，主病连绵、口舌是非较多。外卦克内卦为人克宅，主房为新房或整旧更新的房子。内卦生外卦相生比和为大吉，主家中风水吉祥，外卦生内卦为人生宅，常有破耗之事，内卦旺盛家中房子面积大，外卦旺盛主家中住的人比较多，内外卦都旺盛主屋多人也多。

1. 乾宫

A. 乾为天——乾灶配乾门，二金比和，田产兴发、家富殷实，但二公同室，纯阳无阴、伤妻克子、妻妾重娶、长房子孙不和等。

B. 天风姤——乾灶配巽门，金木刑战、长妇产亡、家多疯症、投井自缢、两肋滞气、攻心、两腿疼痛、酸麻、咳嗽瘫痪、损人伤畜、妇女短寿等。

C. 天山遁——乾灶配艮门，土金相生、田产茂盛、功名显达、父慈子孝、小房兴旺。阳盛阴衰、妇女夭寿、久则乏嗣，如果人元能合向（寅与亥合）则更吉。

D. 天地否——乾灶配坤门，土金相生、阴阳正配、家庭间尊卑上下、仁义和顺、产业丰隆、人口兴旺、六畜兴旺、四五年即发，逢巳酉丑年会合金局，必主应瑞。

E. 风地观——巽灶配坤门，木克土，主伤老母、长妇难产、主瘟疫脾疾、腹胀黄肿、噎食、失血等症；亦主伤丁破财、邪魔入宅、官词口舌，大凶；秘本云："二逢四，咎当主母。"坤为老母如姑，巽为长女如妇，形来硬直如值失令，以巽木克坤土，故家有欺姑之妇也，如当元则减等。土主脾，土被木克，便会伤脾，官司口舌，大凶之卦。

F. 山地剥——艮灶配坤门，阳土阴土，积累成山，少男投老母之怀，子母有欢悦之象，家业兴隆、子女成行、礼佛好善，但年久脾虚不食、腹疼黄病，次吉。坤为寡，艮为阉寺，故出僧尼。

G. 火地晋——离灶配坤门，火炎土燥，母女同居，纯阴无阳，男丁寿短、小儿难养、心疼经滞、积块攻心、痨疫吐血、又主妇女夭亡、年久乏嗣。玄机赋云："火炎土躁，南离何益乎艮，坤"失令出愚人，或不生育，贫穷；得令合形局，反出秀才，旺丁。玄空秘旨云："阴神满地成群，红粉场中空快乐。"山本阴质，仍得阴星，水亦得阴神，虽多妻妾，只有空乐而无子。

H. 火天大有——离灶配乾门，火克金，先伤老公，次伤中女，主虚劳喘嗽、黄瘦、吐血瘫痪、自缢投井、火盗官非、邪魔作怪、眼疾恶疮、惧内败财、乏嗣等。玄空秘旨云："丁丙朝乾，贵客而有耄耋之寿。"金主肺，肺受伤，应该咳嗽吐血。玄空秘旨云："火烧天门而张牙相斗，家生骂父之儿。"

2. 坎宫

A. 坎为水——二水比和，钱财富厚、产业兴隆、初年顺利，但纯阳无阴，妇女寿短、久则丁稀、生水蛊肿胀、脱胎带白、遗精、崩漏等症。利中男，不利妻子、子孙。

B. 水泽节——坎灶配兑门，水泄金气，主伤中男、中女、少男、少女、子孙败绝、生产脱胎崩漏、蛊肿遗精、吐血之症。坎为中男，兑为少女，主男女多情，坎为水，为酒，兑为金，为娼，水性淫荡，值失元之时，故有贪花恋酒之应，兑为刑，坎为陷，主出门，旅游，移民。摇鞭赋云："水临白虎坠胎杀。"兑为酉，为白虎。节卦毒魔生，财散损人丁，后代出盗贼，男女邪淫。

C. 水雷屯——坎灶配震门，玄机赋云："木入坎宫，凤池身贵。"水生木主名气，富贵极品，初年主生三子、家庭和顺、福禄荣昌，但纯阳卦不利于阴，年久妇女短寿、人丁不旺。屯卦财兴定富，子孙俊秀夺魁。

D. 水火既济——坎灶配离门，阴阳正配，坎为北，离为南，本来南北相反，水火不容，不过，南离北坎，位极中央。阴阳正配，主富贵双全、人丁大旺。竹节赋云："中男合就离家火，夫妇先吉而后有伤。"一九合十，当先主吉，唯终是水火不容，终有伤损，年久中女寿短、心痛眼疾。火主智，主目，主心疼眼疾。

E. 雷火丰——震灶配离门，青龙入宅，木火通明，东厨司命，主妇人能作家、田产进益、人才清秀、连登及弟、富贵双全等，主八十年之富贵。有厅堂再焕之象，巽为喜笑，离为光明也。木火通明，乃文明之象，虽不当元，亦生聪敏之子。

F. 泽火革——兑灶配离门，火克金，先伤幼妇、次伤男、贼盗官非、子女艰难，头痛眼红、心不寐、痨嗽吐血、产难、绝嗣、破财、妇女作乱、家不安，容易火灾。玄空秘旨云："午酉逢而江湖花酒。"午酉虽属同元，而火能克金，虽无大碍，亦不免好花好酒之应。离为目，为心，为喜；兑为悦，为妾，为少女，防阴柔卦故，有柔媚之象。

G、地火明夷——坤宫配离门，火炎土燥、纯阴伤男、缺子损丁、中女血病、眼疾心疾、产痨经滞、老母疯狂、水蛊黄肿之灾、男女逃走，不吉。玄机赋云："火炎土燥，南离何益乎艮坤。"明夷家长不利，义子伤人命危，阴人宅内乱家财，地火凶星速败。

H、地水师——坤灶配坎门，土克水，主中男黄肿身死、老母疯狂亡、堕脱蛊胀、经滞肾虚、聋哑、男女凋零、小口难存、官司口舌、伤人损畜、三五年重重应凶。竹节赋云："坤艮动见坎，中男绝灭不还乡。"又云："坤艮四季伤仲子。"并主失水病、腹胀、水腹、贫血、糖尿病、败血病、腹部失血、盲肠炎、胃出血、脾出血、阳痿、克次男、少夫畏老妻。

3. 艮宫

A. 艮为山——艮灶配艮门，二土重叠，初年顺利，但纯阳多疾、小口难存、妇女寿短，年久主食疾膨闷、黄肿腹痛之病等。玄空秘旨云："家有少亡，只为冲残子息卦。"又云："艮伤残而筋枯臂折"玄空秘旨云；"离乡砂见艮位，定遭驿路之亡。"艮为山，为岩壁，倘此方有反背离乡砂，更遇失元，主流亡于外，或山脚驿路之旁。

B. 山火贲——艮灶配离门，火烈土燥，妇性刚暴、男人怯惧、先损少男、次伤中女、女人弄权、子孙逃淫、目盲耳聋、喑哑疯癫、残疾痨病、邪魔拐骗、横祸不祥、虽稍有家财亦败尽。

C. 山天大畜——艮灶配乾门，土金相生，家财大发、功名荣显、父慈子孝、小房兴旺、子贵孙贤，但阳盛阴衰、妇女夭寿、久则乏嗣。纯阳相配，鳏夫之象。并主神经硬化、脑硬化、肺石、胃下垂、老翁精神病、男童骨病等。

D. 山泽损——艮灶配兑门，土金相生，阴阳正配，家财大发、功名荣显、妇女贤良、定生四子、子贵孙贤，此少男配少女，大吉。玄髓经云："山泽通风，此少男之精结，少女之胎也。"又云："艮乏元神，无恩星，用兑金，为傍城借局，而玉蕴山辉。"

E. 火泽睽——离灶配兑门，烈火铄金，必伤幼妇少女、男人寿短、瘦瘠咳嗽、痰火血崩、面黄消渴、漏胎便血、邪鬼入侵、火盗官灾、田产退败、孀妇专权、伤丁缺嗣。

F. 天泽履——乾灶配兑门，二金比和，钱财进益、米谷丰盈、子孙聪慧、妇女美丽、重妻宠妾、子多庶出。玄机赋云："职掌兵权，武曲峰当庚兑。"

G. 风泽中孚——巽灶配兑门，金木相战，两女相交，同性相拒，相克不和之象。金木刑战，妇女必伤；阴盛阳衰，男人寿短、长门消散、筋骨疼痛疯狂产疾、聋瞽残疾、缺丁，不利；巽为长女，兑为少女，兑巽相克，故主闺帏不睦。

H. 风山渐——巽灶配艮门，木来克土，小房不利、长妇堕胎死、妇女持家；亦主疯狂、面黄肌瘦、腹疼壅塞、瘫痪痨疾、气蛊攻心、火盗官词、人财两绝、小儿难成，人口逃散等，不利。

4. 震宫

A. 震为雷——震灶配震门，二木并植，长男用事、财帛有功、得名利。天玉经云："卯山卯向卯源水，大富石崇比。"这是说当运主富，震为正东，东方甲卯乙三山，以卯为正东。但发长败少、妇女夭亡、小儿难养、出痴、聋、愚顽之子；初年大吉，久则纯阳乏嗣，女人常患病。

B. 雷地豫——震灶配坤门，木克土，先伤老母，次及长房，主多病、面黄体瘦、生腹疾、噎食、疯狂症、瘴疫、产伤、子母不和、官灾口舌、伤人损畜、退败田产。坤为脾胃，木克之，脾胃受伤，故食停。摇鞭赋云："人临龙位产劳伤。"竹节赋云："巽震配坤艮，少男老母在家丧。"木克土，劳伤损人口，坤主老母，震配坤，主老母有灾，甚至死亡。豫卦家财耗，阴人疾病狂，老母见阎王，骨肉仇敌见。

C. 雷水解——震灶配坎门，水木相生、家庭和顺、财产并茂、初年富贵，水生木而升官扬名。玄机赋云："木入坎宫，凤池身贵。"但纯阳不化，年久不利、子孙稀少、损妇女、初年大富大贵、东厨司命得位得生，故吉。不过，当失运时，是非官讼。玄机赋又云："震与坎为乍交。"因为皆阳性，坎为中男，震为长男，相交并非阴阳正配，同性相交，偶然而已。

D. 雷风恒——震灶配巽门，东厨得位，二木成林，功名利、田产兴、长男长女正配和顺、子贵孙贤、兄父分恭、富贵双全、科甲连绵。玄机赋云："双木成林，雷风相薄。"震为出，巽为入，出入不当，故因循误事。

E. 地风升——坤灶配巽门，木克土，伤老母，宅犯纯阴，母女不和、婆媳不和，但木克土，木胜土败，主老母不利、犯阴人、男寿短、婆媳不和、孤寡绝嗣、宅内淫乱无主，又主生气盅、噎食、黄肿腹胀之病；亦主官灾大火、人命横害，由东南而入，于公门中破财招祸等。秘本云："二逢四，咎当主母。"玄空秘旨云："风行地而硬直难当，室有欺姑之妇。"官事破财，连伤四五命，逢寅、午、戌年应灾。

F. 水风井——坎灶配巽门，水木相生，贪狼得位，五子争荣、田财丰盛、科甲联登、男聪女秀、子孝孙贤、六畜兴旺，大吉。玄机赋云："木入坎宫，凤池身贵。"说的就是水生木旺，身贵名扬。玄机赋云："名扬科第，贪狼星入巽宫。"又云："坎无生气，得巽木而附宠联欢。

G. 泽风大过——兑灶配巽门，金木刑战，刀伤之象，玄空秘旨云："雷风金伐，定被刀伤。"四为巽，为风。主咳嗽疯狂、腿疼心疾、自缢火盗、血光逃淫、纯阴乏嗣、损男伤妇等，巳酉丑年应凶。兑少女，四为巽长女，两女相交，同性相拒，纯阴不和。

H. 泽雷随——兑灶配震门，金来克木，先伤长子、次及少女、长女、人财两绝、冤气郁结、咽喉膨胀、心疼腰疼、自缢投井、跳河凶死、人命横事、倾家败产、孤儿寡母、妇女持家等。

5. 巽宫

A. 巽为风——巽灶配巽门，二木比和，妇人持家、立业，但纯阴不长，男人寿短，久则缺丁，亦主疯狂瘫痪、气塞喘嗽、寡居，不吉。并主妇女多淫乱或多自缢等。

B. 风天小畜——巽灶配乾门，金来克木，主伤长妇女、人财两败、瘫痪杂疾、筋骨疼痛、气壅产亡、官词贼盗、口眼歪斜等。六白金克四绿木。玄机赋云："木见戌朝，庄生难免鼓盆之叹"巽为长女，乾金克之，故主克妻。

C. 风火家人——巽灶配离门，风，巽木生旺离火，离，中女。巽木生离，木火通明，妇女聪明、善作家、真如女中丈夫、仁慈好善、财帛盈、五谷丰登、光显荣耀之象；但二女同室，木上火下，坏尽根芽，无生育之道，定主绝嗣，抱养过继。并主乳腺炎、胆管炎、气管炎、头部失血死、生鸡胸龟背人、妇女淫乱、少妇目疾，少女胆病等。

巽为风，风吹火熄，凶象。

D. 风雷益——巽灶配震门，二木成林，最为茂盛，主人财两发、富贵双全，六年内应吉，逢亥卯未年定生贵子、兰孙千祥云集，大吉。参考三四雷风恒，四为巽，为女；三为震，为男，男女相配有情。

E. 天雷无妄——乾灶配震门，金来克木，父子不和，定伤长子长孙、老公嗽死、子女不存、积块攻心、咽喉阻塞、筋骨疼痛、血光喘嗽、疮癫之疾、凶死人命、火盗官灾、损人损畜、邪魔入宅，四、五年内即应凶。飞星赋云："头向兮六三。"乾为首，震为声，雷性上腾，故头鸣，大抵肝阳上升等症。三为震，为长男，六白乾金克三碧木，伤子；竹节赋云："金伤雷府，易牙杀子媚君。"又云："鬼入雷门，惠王子丧于齐。"说的都是子亡；金克木，金是官鬼。木为筋骨，为足，遇金克，伤足。

F. 火雷噬嗑——离灶配震门，青龙入宅，木火通明，招财进宝、大富大贵、定出文人秀士、科甲联登、大吉。玄空秘旨云；"栋入南离，骤见厅堂再焕。"玄机赋云："震阳生火，雷奋而火尤明。"玄空秘旨云："木见火而生聪明奇士。"（原注：木火通明，乃文明之象，虽不当元，亦生聪敏之子）。

G. 山雷颐——艮灶配震门，木克土，主小口不利、脾虚胃寒等症，并主克妻伤子、堕脱，久则纯阳不生、乏嗣穷苦等。

H. 山风蛊——艮宫配巽门，土被木克，阴胜于阳，主伤夫克子、惊风、瘫痪、黄肿脾疾，并主寡妇持事、义子掌家，久则出寡、无嗣等。玄空秘旨云："山风值而泉石膏盲。"又云："山地被风，还生疯疾。"山风的组合（八四）为精神病之应。

6. 离宫

A. 离为火——离灶配离门，烈火燎空，家道炽盛，山得阳星，水亦得阳星，虽贵而不富。纯阴，男子天亡、妇女持家、主痰火、瘫痪、痨嗽、眼红、心疼、头疼、血光、阴病、渴疾、心焦等症，又主官词、

周易·一卦多断点窍

女多男少、小口不利等。玄空秘旨云："火曜连珠相值，青云路上自逍遥。"天玉经云："午山午向午来堂，大将值边疆。"飞星赋云："火暗而神志难清。"火为神，若离宫幽暗，主神昏。

B. 火山旅——离灶配艮门，火炎土燥，小口死亡、妇女性暴、壮男伤己、男人惧内、头昏瘫痪、眼疾、大便结燥、又主阴人搅家、经脉不调、痴聋喑哑等症。玄机赋云："火炎土燥，南离何益乎艮坤？"

C. 火风鼎——离灶配巽门，木火相生，妇女作家，田产丰厚，但纯阴不长，子孙稀少、家多好善、姑婶嫉妒、生疯痨杂疾、头疼眼目昏红，年久不利。木生火，玄空秘旨云："木见火而生聪明之士。"玄空秘旨云："丙临文曲，丁近伤官，人财因之耗乏。"丙离巳，巳为文曲，丁离未，以火生土为伤官，龙水有犯此者，人财有耗乏之应，龙离主丁，水离主财也。玄机赋云；"巽阴就离，风散则火易熄。"又云："离共巽而暂合。"皆得相生之义，惟非正配，偶然而已。

D. 火水未济——离灶配坎门，中男中女，夫妇正配、财帛丰、功名显、子孙满堂、但年久克妻、心疼眼疾等。天玉经云："坎离水火中天过，龙池移帝座。"玄空秘旨云："南离北坎，位极中央。""阴阳相见，遇冤仇而反无宽。"南北为中天立极之所，八卦之父母，其力最厚，能管诸方，故配合之道，以天地为定位也。离为南，坎为北，与先天乾南坤北同位，故此有说，坎离二卦，得乾坤之中气，合时者至贵。玄空秘旨云："离壬会子癸，喜产多男。"九为中女，一为中男，九一之配为阴阳正配，九为离，为喜，故此主多男。竹节赋云："中男合就离家火，夫妇先吉而后有伤。"摇鞭赋云："水火破财主眼疾。"火主眼，水破火为财，若失元，水破火当主破财兼眼疾。飞星赋云："火暗而神志难清。"

E. 山水蒙——艮灶配坎门，土去克水，主鬼怪入宅、伤中男、小口不利、短寿、子孙忤逆、人命官司、火灾贼盗、邪魔作乱，水主肾，主精，主耳，土克水，耳鸣，耳疾，甚至耳聋。并主鼻出血、克中男、失水病、贫血病、胃酸过少、坏血病、耳结石、尿道石、输卵管石、子宫石、肾脏结石、膀胱结石、少年精神病、兄弟不睦等。

F. 风水涣——巽灶配坎门，青龙入宅，子孙荣贵、丁财发达、妻贤子孝、家道和谐、荣华富贵、儿女满堂、五子登科、寿高期愿、大吉。玄机赋云："名扬科第，贪狼星在巽宫。"又云："木入坎宫，凤池身贵。""坎元生气，得巽木而附宠联欢。"人财两发，福寿双全。

G. 天水讼——乾灶配坎门，金生水旺，文章显达，升官扬名。玄机赋云："水冷金寒，坎癸不滋乎乾兑。"纯阳不化，老公妇女，寿短泄气、家财消散、中男不利、水蛊吐泻、女人气血崩漏、淫狂失经等症；又主损伤六畜、小儿难养，主凶。通八达。

H. 天火同人——乾灶配离门，火来克金，主惧内、老翁嗽死、中女产亡、长房子孙不利、虚劳瘫痪、血光气喘、眼疾、心疼、脓血等症，又主官词火盗、孤寡败绝、小儿损伤，主凶。玄空秘旨云："丁丙朝乾，贵客而有耄耋之寿。"离为南极，主寿。玄空秘旨云："火烧天而张相门，家生骂父之儿。"乾为天，为父，离火来克，其形如张相斗之状，必生骂父之逆子，失元者应。金主肺，被火克故吐血也。

7. 坤宫

A. 坤为地——坤灶配坤门，二土比和，财帛丰盈、富贵有余，玄机赋云："巨入艮坤，田连阡陌。"天玉经云："坤山坤向水流坤，富贵永无休。"但多阴缺阳，老母持家，一门寡妇、乏嗣。

B. 地雷复——坤灶配震门，木克土，相克相斗。震为木为长子，坤为土为老母，木克土，主伤老母、阴人作祟、小儿生疮、妇女黄病、长子逆母凌弟、赌博贪玩、破家败产、咽喉雍塞、气蛊冲心、肚腹膨胀、不思饮食、人死财散。

刑克、官非、口舌、绝丁、黑腿病、乌脚病、克母、妇女凶杀、青年多病、长男自缢等。

C. 地泽临——坤灶配兑门，巨门入宅，土金相生，财产进益、男女孝义，但母女同室，纯阴不生，妇女当家，主伤夫克子、幼年大发，久则不利。玄机赋云："若坤配兑女，庶妾难投寡母之欢心。"纯阴相配，不正桃花。

D. 地天泰——坤灶配乾门，土金相生，玄机赋云："地天为泰，老阴之土生老阳。"武曲得位，主父母俱庆、福寿康宁、财旺子秀、君子加官进禄、小人添丁进财，大吉。飞星赋云："交至乾坤，吝心不足。"天为金，坤为吝啬，故吝啬而无厌。地天泰土生金旺财但孤寒。天为神，坤为鬼，克则有鬼神指责。

E. 雷天大壮——震卦配乾门，金来克木，定伤长子长孙，及老公长妇；并主咽喉阻塞、哽噎咳嗽、筋骨疼痛、自缢刃伤、人命凶死、火盗官灾、祸患连连。三碧木主筋骨，主足，金克木，伤足。壮，大壮也，震为足，乾为行人，乾金克震木，故主跌仆。震为足，被金穿而不当令，故蹒跚之应。

F. 水天需——坎灶配乾门，金水相生，主文学艺术之扬名，是指在得运之时方有此应。若然失运，水星主好淫，金星主多滥，主有不正之桃花，会出淫乱之事，因为金水多情。摇鞭赋云："水淫天门内乱殃。"乾就是天门。主老公精竭而死、中子淫逃、妇女寿短、崩漏脱胎、水蛊浮肿、梦遗邪淫、内乱，主凶。失运时主孤单寂寞，清冷凄寒的感觉，同是摇鞭赋云："水冷金寒，坎癸不滋乎乾兑。"需卦主子孙忤逆难养，男妻早死、女夫早亡。

G. 泽天夬——兑灶配乾门，二金比和，家道和悦、人财两发、富贵双全，必出文人秀士，定生四子，但主宠妾当家、偏发少妇，次吉。

H. 水地比——坎灶配坤门，土克水，主伤中男、女欺男，妻欺夫，竹节赋云："坤艮动见坎，中男绝灭不还乡。"损男伤丁，流离绝灭，境况凄惨！此卦主腹疾，疯狂聋哑、黄肿水蛊、咽噎喉壅、滞经涩便、虚劳等症凶。此卦破财祸害不断。

8. 兑宫

A. 兑为泽——兑灶配兑门，二金比和，家道兴隆，但纯阴不生、子孙稀少、发小伤大、少妇专权、持家不宁、或生疾块、冲心胃疾、不食之病等。紫白诀云："破军赤名，肃杀剑锋之象。"玄空秘旨云："兑缺陷而唇亡齿寒"下元兑方缺陷，或水冲败，皆主缺唇音哑，口喉诸病。

B. 泽水困——兑灶配坎门，水泄金气，主伤少女中男、人口衰败、阴人作祟、脱胎崩漏、男人水蛊遗精、心疼、吐血之症，主凶。飞星赋云："破近文贪，秀丽乃温柔之本。"

C. 泽地萃——兑灶配坎门，土金相生，母女同室，老母当家、财产日盛、但子孙稀少、家多好善、又主宠婿。两阴相交，不正常的关系。

D. 泽山咸——兑灶配艮门，土金相生、阴阳正配、夫妇和顺、富贵双全、人财两旺，大吉。玄机赋云："泽山为咸，少男之情属少女。"竹节赋云："甘罗发早，爻逢艮而配兑延年。"玄机赋云："金居艮位，乌府求名。"艮为少男，五行属土，七赤金得八白土生，少年早发。

E. 水山蹇——坎灶配艮门，水土相克，中男病死、小儿受伤。竹节赋云："坤艮动见坎，中男绝灭不还乡。"并有兄弟夫妇离异、产危闭经、人命缢死、溺水、邪魔入侵、火盗官灾等。水主肾，主精，主耳，土克水，有耳鸣、耳疾，甚至耳聋。

F. 地山谦——坤灶配艮门，阳土阴土成叠，母见幼子欢喜之象，青龙入宅、积聚财宝、母慈子孝，玄机赋云："巨入艮坤，田连阡陌。"艮坤为土，故旺田园，但少盛中衰，久则黄肿、心腹疼痛。

G. 雷山小过——震灶配艮门，木克土，主伤少男、兄弟不和、生疥疾、面黄腹肿、气蛊、噎食症、疯狂痰痨、不思饮食、闭经难产而亡;亦主暗昧、丑声、逃淫、鬼怪伤人、损畜等。八年内定败家，多为盗贼作怪。

H. 雷泽归妹——震灶配兑门，金木刑战，定伤长子长孙、长妇长女、男人绝嗣、结塞咽喉、腰疼手足麻木、人财不利；亦主官非口舌、劫盗破财、绝丁、离职等。木为仁，金为义，金木相克，背信忘义，不仁不义。人畜不安，生离死别故乡。

二、爻位细论

1. 初爻

初爻为房基，为水井、下水道、自来水、儿女、保姆、服务员，初爻临妻财、子孙为吉，临官鬼则凶。

初爻临水，水质清盈；临土水质浑浊；临木水源旁树木；临火水会中断常会没水；临金水质清洁。初爻临金水，化回头克，水源常被中断。

初爻临辰戌丑未之土，被日月冲破者，住宅是旧的，不是新造的，必是破缺之宅基。

初爻临土金发动，或是土化金、金化土，定是新开之基，土化土宅基下有坟墓，土化旬空基为移高就低之基，宅基下面有洞或车库。

初爻临官鬼、父母、白虎发动者，宅基常伤子孙或保姆。

初爻临官鬼之墓库者，宅基下面原来有古墓。

初爻临亥子临白虎，宅基附近有桥梁，临财爻、子孙爻桥梁较好，逢冲克定是坏桥。

初爻临官鬼寅卯木，宅基里有树根穿破宅基。

初爻临子孙、妻财、父母则吉，临官鬼则凶，临兄弟宅基是别人的或公家的。

初爻临水加白虎，宅旁有桥，初爻临白虎，宅旁有沟壑，临腾蛇有树要穿破宅基，临青龙水质清香，临朱雀宅基干燥，临勾陈是填了沟壑而造之宅，临玄武宅基下有器皿埋在下面。

初爻旺盛，宅在乡村并且吉利。

2. 二爻

二爻为宅，为堂屋、客厅、厨、灶、妻子，临白虎、休囚死绝，此宅是年久建造之宅，并且破旧不整，化长生化生旺定是拆旧反新之宅。

二爻临兄弟是旧门户；临子孙是旧墙壁；临官鬼是宅已破损了；临父母堂屋或客厅、宅舍都是旧的；临妻财厨房、灶是旧的或宅地较低。总之二爻休囚死绝住宅破旧，生旺宅是新居。

二爻为父母持世，旺盛安静，家宅平安，休囚死绝克破，家宅破漏不堪。

二爻为官鬼寅卯木，厨、灶上有横梁，官鬼临已午加朱雀，有火灾或官非、口舌。

二爻临官鬼持世，宅不是祖产，逢休囚克破为破旧之屋，土化金、金化土是新造之房。

二爻临妻财、子孙旺盛，家宅安宁，财源丰硕。

二爻临寅卯木，被日月金刑冲克破者，家中锅是坏的，日月动爻会金局来克二爻，灶上定是破锅。

二爻临土或玄武，又被日月天克地冲者，灶前不干净，脏的很，并且是破灶。

二爻空亡，是荒闲废墟或逃亡死绝之屋，白虎临之主大凶之宅。

二爻临官鬼加青龙，不遭刑冲克冲，家中定有当官之人。

二爻临应爻主有外人一起同居或寄居，阳爻为男，阴爻为女。

二爻临桃花当防男女淫乱，二爻临财又临应，坐堂招夫，房子是妻子的。

二爻临官鬼加白虎，主有血光之灾；家中常有人生病。临腾蛇动，家中有精神病人。

二爻临水，堂屋或客厅是池塘、沼地填土而建成。

周易·一卦多断点窍

二爻临金发动主有官非，临木发动主风水恶，临土发动主瘟病，临水发动主宅旁有河流而不吉，临火发动主出门路途生灾，或有口舌，二爻不发动没灾。

二爻逢月破，或发动克世爻或卦身，灾难不断，必破家业。二爻临日辰发动生世爻或卦身，房是新进搬入的，世爻临日辰动来克二爻者，主破主不安宁之宅。

二爻临日辰持世，或官鬼居二爻，是他人之屋或租借之屋。二爻官鬼宁静不动则可住长久，临动则住不了多久。

二爻临妻财、官鬼加青龙贵人，旺盛，生合世爻，主门庭热闹。

二爻官鬼生世爻无卦身者，主家道兴隆。

二爻临子孙、妻财生合世爻者，主家道兴隆。

二爻被日月、动爻冲破者，夫妻没感情，各有各的主张。

二爻为宅，五爻为人，相生相合或比和吉利。

合二爻者为门，冲二爻者为路。

二爻旺盛，住宅环境较好。

3. 三爻

三爻为门、为床，为兄弟。临兄弟卯木，神堂前有床，或神堂楼上是睡房。

三爻临官鬼，家中有神堂，临金鬼，香炉破损，临水鬼加青龙，神位是新安置的。

三爻四爻临兄弟，是屋少门多，耗费钱财之宅；临空亡无门，并且家人常患腰病。

四爻克三爻，宅中门门相对，有穿心煞气。月日动爻冲克三爻，出入不走大门走边门。

三爻为大门，生合太岁、月、日，其门大吉，刑克冲破大门不吉。

三爻临妻财、子孙、青龙，门庭干净，人口安康。

三爻官鬼临白虎凶神发动者，多招口舌是非不顺之事。

三爻临兄弟发动者，主耗破、资产不聚之宅。

三爻临父母发动化父母者，家有两道门进出。

三爻临月日冲破者，为破损大门，临兄弟墙壁也是破堪败壁。

三爻旺盛，宅在城区。

4. 四爻

四爻为房门、临官鬼加玄武，房中之门定有破损，四爻临子孙、妻财则吉。

四爻与二爻相合相生，房门是新式的。

四爻临官鬼加朱雀，家中常有口舌官非。

四爻临兄弟、玄武或子水，家中常会遭受水淹。

四爻临螣蛇，家中常遭邻居坑厕煞气之冲。

四爻临空亡、月破，宅无房门，有也是破门。

四爻临青龙、临旺盛、为新建之房，休囚是旧门新修，临兄弟是新装的房门。

四爻临官鬼，家宅不宁，有官非口舌之事。加朱雀官司堵门。

四爻临蛇，家中常会有怪异之事发生。

三爻、四爻都为兄弟为盗贼堵门，又主房少门多，不聚财克家中女主人，有妻难留，妻喜欢在外玩不喜欢回家。

四爻旺盛，宅在大城市中。

5. 五爻

五爻为人、为道路，二爻与五爻相生相合为吉利之宅，五爻临子孙、妻财为吉，临官鬼、兄弟不吉。

五爻临子孙申金为楼房。

五爻临官鬼定主分离，五爻克二爻人口安宁，但不能动而克二爻，动克二爻为凶。

五爻临白虎，家中恐有难医的疾病之人。

五爻临子孙化父母，子孙不肖，叛逆心很强。

五爻临阴爻或妻财持世，家中女人掌权。

五爻临亥、子水，房子附近有水或河流。

五爻临水为宅近沟津之地，化进神，为池塘。

五爻临兄弟，墙壁内有坑，五爻与世爻相合，路曲有情。

五爻与世爻相冲，路直而长，有路煞。

五爻临妻财与卦中官鬼爻相合者，家中有贤妻良母。

五爻旺盛，住宅在京城之中。

6. 六爻

六爻为栋梁、墙壁、祖坟，六爻持世，必离祖成家，临酉金，被月、日冲破，家宅不宁。

六爻临妻财落空亡，妻子无能，再遇冲破则妻早亡。

六爻临父母亥、子水，临阳爻为桥，临阴爻为庭柱。

六爻为墙壁，旺盛加青龙，新修之宅，休囚死绝、临白虎是破旧之屋。

六爻得月、日来生，白虎加临是新建之宅。

六爻临官鬼动，祖坟有妨害，加朱雀家中女人有神经病。

六爻临兄弟，夫妻不团圆。父母在六爻临动，子孙有忧伤。

六爻临子孙主家中喜事连连。

六爻临妻财动，家中女主人作风不正派。

六爻旺盛，宅在山林之中。

三、世、应细论

父母爻临世爻主继承祖屋，父母爻持世化财爻，屋为妻家祖屋。

父母爻临应爻发动生卦身，或者说占卦人临应爻，主是私生或是借他人之手抚养长大。

兄弟临世应或兄弟化兄弟，或世应化兄弟，均主两道门。

官鬼临世家中女主人有病，或出蒙昧不明之事。官爻持世，他爻动来生之，此房吉利。

官鬼世爻临二爻，宅是公家之宅或租借他人之宅。

子孙、妻财持世吉利之宅。

世爻落空宅不吉利，世应宜相生相合，不宜相冲相克。

断住宅以世爻为坐宅，以相冲者为宅向。

测宅，卦中无水者，房屋四周沟流不通；卦中无土者，是平地上建起的高楼；卦中无火者，家中必无香火，受人冷落，六亲无靠，厨、灶破败，家中难得开火烧饭；卦中无金者，家资贫苦或宅长久无人居住；卦中无木者，床、桌子、椅子等早已破损。

六爻安静，卦逢六合，人宅均平安，遇八纯卦、游魂卦、主祸事连连，游魂卦住处不定，定得不舒服，老是搬家，游魂卦变为归魂卦，搬出又搬回。

四、六亲细论

父母爻为宅为堂，卦中父母爻旺盛，住宅财源兴隆，父母爻宜静不宜动，动则家中有烦恼之事，小儿多灾。

卦中父母爻空亡，无祖宅，住房之人不是经商之人。父母爻持世，住宅是祖宅。

卦中父母爻代表桥梁、道路、坟墓，它爻变出父母爻或卦中父母爻多重，两处住宅，卦中无父母爻，经商旅游。

父母爻在初爻，为平房或低楼房，父母爻在二三爻是二三层房，父母在四五爻，住宅是在楼层的偏上层，父母在六爻，楼层更高。

卦中有父母爻无子孙爻，住宅空虚，空房无人住。卦中有子孙爻而无父母爻，房子居住之人孤独。

卦中父母爻旺动必克财，父母爻空亡家必有灾；父母爻休囚家中有人要过世，宜搬迁。

父母爻旺而动必是重建之屋，华盖、文昌临父母家中定出高材生。

妻财爻主仓、灶、厨房。财爻发动父母有灾。

卦中妻财、子孙都上卦，财福两全大吉大利。

卦中财爻与官鬼相合，定主先同居而后结婚，或配婚不明。卦中财爻与官爻相冲，夫妻反目成仇。

财爻与世爻、应爻、动爻相冲，生离死别之夫妻，财爻落空亡，事事不得成。

卦中财爻宜静不宜动，动则有损耗，并且家中妻子多有灾难。

卦中财爻与应爻相合临玄武，妻子偷人，生应爻，妻子花钱勾引别人，应爻生妻爻，别人用钱勾引妻子。

财爻旺盛有生扶，是富家豪门之宅。但怕发动克父母，阳爻克父亲，阴爻克母亲。

卦中财化财两个灶台，财化父，宅居很小，财化兄破财之宅。

子孙爻为廊、厢房。子孙发动剥官职。

子孙为福神，卦中无子孙为财无源头，无子孙官鬼无制，灾事连连。平常住宅。

卦中子孙落空亡，宅中无子或子迟，后代不旺。

子孙临日辰发动克官鬼，剥官削职，宅中之人不利做官，利经商。

卦中子孙爻在五爻与父母爻相合，子孙继承祖产。与父母爻相刑，子孙不肖或无祖产继承。

子孙化子孙，宅中小房间多，子化兄住宅不安。

测宅，卦中无水者，房屋周围沟壑不通；卦中无土者，是平地建造的高楼；卦中无火者，来人冷落，家中香火很弱，厨灶早年破旧失修；卦中无金者，家宅贫苦或房子空关着，无人居住；卦中无木者，宅中床、椅子、桌子破损不堪。

卦中亥、子水旺盛为大水，休囚为下水道阴沟水或水管；出水口。亥水为西北方，子水为北方。亥水在二爻、三爻、四爻、五爻均为西北有坑或洗澡堂、洗脸间、下水道。

子水休囚在北方有下水道或阴沟，旺盛为河流。

子水在初爻是宅南有水。

移居外卦旺盛宜搬家，内卦旺盛外卦休囚不宜搬家，内外卦均旺盛宜搬家，搬入新居吉利。卦遇六冲宜搬家。五爻克二爻家要搬，二爻克五爻不可搬，世应生合比和，可搬可不搬，六爻乱动者不可搬家。

搬入的方位以世爻为主。

五、六神细论

六神在六爻断风水学上是这样来分配的，东青龙；西白虎；南朱雀；北玄武；勾陈螣蛇在中间。

青龙在风水上代表河、水、树等。宅建屈曲之地，四面靠树林，前面有山像卧牛，面对住宅的山靠近小桥。

青龙临贵人和官鬼临宅爻、世爻、卦身爻，宅中定居有官职之人。

青龙临水财宅是聚财之宅，贵人青龙临宅定大吉。

青龙临月建，宅中人定有怀孕之喜。

青龙发动宜搬迁，青龙临妻财、子孙为福禄之宅。

朱雀在风水上代表学校，宅旁有大路或临街道。朱雀临官鬼或官鬼克世爻为火形煞、火灾。

朱雀临官鬼发动，住宅内居住之人容易有官非口舌。

朱雀临月建或日建或临动爻，宅内必须防止火灾。

朱雀临妻财，宅内居住之人是靠口挣钱营生的，或家中女主人能说会道。

朱雀临兄弟，宅内容易有口舌是非，多有争执之事发生。

朱雀临子孙爻，宅内居住之人是念佛、诵经、唱戏、算命等九流之人。

勾陈在风水上代表中央，主田土、文章、契约之事。

勾陈玄武临妻财，宅中主女人多灾。勾陈临月建逢官鬼在内卦发动，主住宅不安，在外卦发动主宅中主人事业多折。

勾陈临月日，宅中之人田产或房地产很多。

勾陈临妻财，宅中之人因为房地产而赚钱，卦中世爻休因，宅中之人会因为女朋友而带来财源。

勾陈临子孙，宅中主人事业是靠技术、手艺挣钱。

螣蛇在风水上代表路，宅建于弯曲路边。也代表虚惊怪异之事，也代表蛇、绳索、软水管等。

螣蛇在四爻发动，宅中多出奇形怪状的事。

螣蛇临官鬼（阴鬼）多做怪梦，临阳鬼宅中孩子容易走失。螣蛇在外卦发动，防宅中遇盗窃。

螣蛇临月建，常有牵连之事，并且容易失眠。螣蛇临妻财，宅中之人做生意是靠投机、手段、心计取财。

螣蛇临子孙爻，宅中之人心眼多，狡猾虚夸不实，与人做事夸夸其谈。

白虎在风水上也代表路、孤山，流水向南，至宅前形如龙蛇。

白虎临三爻，宅中有人从事医、道、僧的职业。白虎临官鬼发动，宅中之人容易有血光、牢狱、死亡之灾。

白虎临父母爻，宅中定有孝服之事发生。白虎临四爻，宅中之人病伤缠身、灾难、血光、争夺战等灾难。

白虎临妻财，宅中之人是暴发户，得横财或继承长辈之人财产而发。

白虎临子孙爻，宅中之人子孙不听话，逆反心强或身体多不吉。

白虎临官鬼发动，宅中之人当防灾难。白虎临官鬼、兄弟，宅不吉是为凶宅。

白虎在上爻，不宜乱动迁居，宜静守旧房。

玄武在风水上代表水坑，近水、沼。玄武临桃花宅中定出风流好色之人，玄武临妻财，宅中之人靠女人发财。

玄武临世爻，宅中之人轻浮，说话华而不实，做事没信用，多暧昧、隐私之事。

玄武临四爻或兄弟爻，必有池塘来侵宅，迁居时必会遇小偷偷东西。

玄武临父母，宅中之人出生贫贱，临兄弟宅中之人会遇到欺骗、蒙蔽之事，赌博必输。

玄武临妻财，宅中之人从事的是赌博、贪污、受贿、小偷、预测师、娱乐场所、走私、贩毒、偷税漏税等非法的工作。

玄武临子孙，宅中之人有不正当性行为。

玄武临土，宅中之人不爱干净，居家必定很脏。

六、卦身看住宅环境卦身临巽宫，住宅为四周树木菜园之所。

卦身临乾宫，处高亢之处。

卦身临坎宫，近湖沼池塘。

卦身临艮宫，离山陵坟墓很近。

卦身临震宫，近闹市林木之地。

卦身临离宫，近窑场学校很近。

卦身临坤宫，近平郊、旷野坟墓很近。

卦身临兑宫，近池塘沼泽很近。

七、家宅爻相所论

宅基：以卦身为用。

水、下水道：以初爻、白虎、子孙申金为用。

住宅：以二爻或父母为用。

厨、灶：以二爻、妻财为用。

床：以三爻或动爻为用。

大门：以三爻阳爻为正门，四爻或兄、财为外大门。

厕所：以四爻、玄武、卦中子水为用。

道路：以五爻、螣蛇、子孙为用。

墙壁：以五爻、土兄为用。

窗户：以间爻为用。

仓库：财伏父下，财化财，财化父者。

邻居：以初爻、六爻为邻。

宅向：以世爻，卦主为用。

宅的新旧：以卦身旺衰或以父母旺衰而定。

八、天干的妙用

甲：树林或较大的树木。

乙：花草或矮树林。

丙：太阳、很亮的大灯，热度很高的火炉。

丁：微弱的灯或光。

戊：干燥宽广的空地、山或高大的建筑物。

己：较小的空地或路。

庚：高大的金属物。

辛：较小的金属物。

壬：大海、长江之水。

癸：自来水、泉水、下水道。

九、八卦地理广象

乾：西北方、名胜古迹、高亢之地、旷阔地、豪华大城市、办事室、会议室、宾馆、政府、金属加工厂、五金店、车站、学校、楼台、大厦、西北方的房子、邮政局。

坎：北方、江湖、大河、深渊、池塘、泉水、潮湿之地、桥梁、水阁、宫殿、向北的房子、房子的潮湿之处。

艮：东北方、山区、坟墓、河堤、高坡、森林、路径、洞穴、山城、近路、东北方之居、巷弄、门庭、亭台、仓库、停车场、山村、寺庙。

震：东方之地、山林之处、门庭楼台、窗户、台阶、繁华闹市、草木茂盛之处、宽大而平坦的大道。

巽：竹木园林、花园菜场、东南方、草木旺盛之地、寺院楼台、山林之居。

离：南方、高坡、洞口、小巷、风景区、烧铁之处、地面向阳的地方、学校、法院、书店、影院、文明单位、交通指挥亭、南居之宅、阳明之宅、空虚之宅。

坤：西南方向、平原、田埂、乡村、矮房子、土阶、仓库、邻国、角落、宅中阴气。

兑：沼泽、水池、湿地、洼地、泥沙、低谷、碱土、板结、影院、娱乐场所、酒家、咖啡馆、妓院、废品收购站、败墙绝壁之宅、近泽之所、向西之居宅。

十、六爻断风水化解的方式

对卦中空亡的爻位所代表的地方进行填实，对卦中月破的爻位所代表的地方进行设计装饰，对卦中逢冲、动爻的方位进行策划，对克伤的方位进行移动；住宅风水最重要的是门、灶、房。

注意官鬼爻所临的方位和伤克的地方，再看会应在何方何物何人身上，或将物移往子孙爻处，若是兄弟动克，可将物移向官鬼处，若是父母爻动克，可将物移向妻财处；宅中厨、厕可移向官鬼的墓库方，如若情况很严重，就要用化制官鬼的物品来化官鬼，宅中的色彩、数字都要吉祥与命局相符。

搬家迁居的日子取子孙旺盛的日子。

以上所说是简单的化解方式，如果效果不明显，便应该用传自于道家的独门绝学——108卦阵法进行化解。

八卦阵法系阴阳八卦的绝学范畴，是专门用来调理阴阳风水、化解病灾、伤灾、牢狱之灾、婚后不孕、疑难杂症；调解官运、财运、考工、升学、家庭婚姻和更改运气的阴阳秘法。又因为查灾靠八卦、解灾靠阵法，二者有机结合不可分割，所以称之为八卦阵法。对于八卦阵法目前尚无文字方面的明确记载，完全靠口传心授，心领神会而得之。我的八卦阵法，得自北京白云观掌门人震阳子老道长真传，堪称中国一绝。在国内及东南亚地区享有很高的声誉。

八卦阵法通称为 108 卦阵法，它是由阴阳八卦衍生的阳 64 卦与阴 64 卦所组成，原来共计 128 卦，因其中有 20 卦仅用于古代行军打仗，对现今生活已没有实际意义，故只流传 108 卦。八卦阵法的基本原理，就是根据卦象测出的吉凶病因之所在，把一些吉祥物按照一定程序开光，严格遵循阴阳平衡、五行生克的规则，进行易理组合，然后摆放在恰当的位置，使之形成一个强大的正气场，从而起到趋吉避凶的作用。小阵法所使用的吉祥物全为青铜所造，质地纯粹，工艺考究，造型精美，重的可达 4-5 公斤，轻的也要 0.5 公斤。大阵法根据需要可采用不锈钢、青砖水泥等各种建材依一定的数理和比例，建造各种不同的形状。因而，八卦阵法与过去那种只靠画一张符咒了事的做法，是不可同日而语的。

八卦阵法的化解调理作用是奇妙的。但由于它的组合方式的差异，摆放位置的不同，所起到的作用也不尽相同。八卦阵法的原理，不仅可以应用于一家一户的小型场合，还可以应用于厂矿、住宅小区，甚至于整个城市。

第五节　从六爻卦中提取住宅信息

由于现代卦是识别居住环境的信息载体，那么，我们可以从现代卦中提取相对应的住宅信息之象。这个信息之象包括三个方面：人、宅、环境。提取信息之象主要有两个原则：一是以意推象，一是以位推象。以意推象，就是根据日常生活中的常理来推象。我常说，一个人如果不能以常理看事的话，做事总是不合常理，那么我就说这个人不能学断卦。以位推象即根据六爻爻位来推象，通过爻位来看阳宅和周围环境的关系。那么每个爻、每种六亲究竟代表什么？总之，从目前市面书上的论述来看，确实说得很乱，但有一条却是清楚的，即众书是从不同角度来论述爻位和爻象的。然而不管怎么说，是通过这两种推象方法来达到预测目的的。

预测目的，其核心是解决以下三个问题：

第一个问题是：大环境对阳宅的影响，在六爻卦上主要解决这个宅能否纳财进气。即阳宅能否从大环境中纳财进气的问题。在目前所出版的书里，还没有发现真正指导人们从六爻上看阳宅纳财进气的论述。

第二个问题是小环境即具体住宅对居住人的影响，这里面主要解决的问题就是人的平安。

第三个问题是大环境对居住人的影响。因为居住环境是以居住人为轴的，人是根本点，看阳宅不能离开。从卦上看就是世爻，一般情况是户主起卦。有时也由别人代户主起卦。主卦、互卦、六亲等就构成了周围的环境，周围的环境是煞气，还是好的财气，能否纳气，可以通过月日旺衰来源推。

总之，这三个方面是打开阳宅风水的钥匙。第一个问题解决大环境和小环境的关系，第二个问题解决小环境和居住人的关系，第三个是解决大环境和居住人的关系。三个问题都落在居住人上。

如何从现代卦中提取这三方面的信息之象呢？

第一、看爻位。

从爻位上看最主要的是二爻和五爻。六个爻从底往高看正好是屋子，地面是初爻有的书上说初爻代表井、地面。二爻代表灶，那是过去的叫法。三爻代表门，四爻代表外门，五爻是路，六爻指远方。但

周易·一卦多断点窍

五爻若是一静爻就好。要是动爻，就是忌神把房制住了，那不制坏了吗？所以要看其轻重程度。五爻生二爻是人生宅，是泄气。如果二爻发动，就变成盗泄了。那就不光是累人．还耗气，耗损，人的耗损不单指元气，还指财气。一个是身体耗损，一个是财上耗损。二爻为宅，指的是整体上的宅，因为二爻起了承上启下的作用。下面是地，然后是门，上面是天棚，二爻要是拿下了．这房就没有了。而其他要是拿掉，还可将就。故二爻在这个地方最好别发动，发动就不太好。五爻代表这个具体住宅里所有的人。

对爻位最主要的是要理解其信息之象，否则一涉及到代表房的父母爻、二爻和代表人的世爻、五爻，就搞不清楚了，两者实际上是从不同角度根据意象和位象去看的，古人们没有特意说明这一点。

父母爻取的是什么象呢？是生我、养我、庇护我的象，而房也是生我、庇护我、保护我的，我在此地此房生养生息．如果父母爻成为忌神，那就没有这个意义了。二爻没有克你，可卦出来后，父母爻是忌神克你，那就表明这个房不再保护称了，由于世爻即求卦人，即户主，那么对户主不利，也就是说对全家人不利。但也有房对其中某个人没有利，或者对父母，或者对子女，或者对世爻，而对其他人有利的情况。

因为忌神是相对的，可能是世爻的忌神，但不是父母爻的忌神。每个家庭里的人，不可能一窝蜂都好，也不可能一窝蜂都坏，这里便体现了辩证法思想。将辩证法运用到卦上，就应学会活看，测的事有多大，卦就有多大，这可是断卦的精髓，要理解这句话的真正意义。

举一例：测一阳宅，从室内看。大到什么程度？初爻为地之表面，六爻为棚。从室外看，初爻为地基，六爻为瓦。角度不同，屋里外高度也不同，如果是柜子，初爻为足，六爻为柜顶。这就叫测的事有多大，这个卦就有多大，卦无限大，亦无限小，看的角度不一样，卦的表述也不一样。若不理解这些，卦就无法断。

第二、占阳宅要全卦通断，即从不同角度来看卦，看是否风藏气聚，看卦中财和气的关系。

在六爻中风藏气聚是合。合有六合，有六合卦，合就表现出风藏气聚。给别人看阳宅，若起的卦是六合卦，要看合是否有破六合卦或有爻合，主此宅家人和睦团结，事业有成。风水上有一句话叫山环水抱必有气，六爻上的合就是一种抱。山环水抱，风藏气聚，风和气从何而来？在六爻上有二个爻：子孙爻、财爻，财爻便是藏气的地方，子孙爻是聚气的地方、聚气有收集之意。子孙爻能生出气来，财爻则能把这个气合住‘藏有留住之意。所以看风水关键是看气有无来源，来了之后能不能存住、抱住、留住。如果测宅的风水卦中子孙爻旺相可以产气，财爻也可以留住气，受生，那就是说这是个好宅，但这里也有些辨证须注意。如果卦中子孙爻成了忌神那就不是产气，而财爻是忌神克人时，也变成了煞气。财爻只有在生人时，人才能得气，得阳宅中的财气。宅中的财气不可单单看二爻，二爻可能对人有害，但宅的财气也可能对人有利。不管从哪个角度看，最终是要得这个气。因为要解决财运和平安问题需要纳气。如果财爻被克，就破了气，被克说明忌神是兄弟爻和父母爻，父母爻克子孙爻. 专杀气口，兄弟爻破坏气。如三爻是门。兄弟爻居三爻发动，兄弟爻是财的忌神，在门口守住,气到门口便被制住,财哪里进的来？

第三、六神的具体运用。

通常住宅周围的位置以六神来表示:宅前面是朱雀，后面是玄武，左边是青龙，右边是白虎，勾陈和腾蛇主中间，阴宅也一样。通过这六神可以了解住宅的周围环境，如玄武临空，后面必是空地或很广阔或有天井。

下面给大家讲讲六神在煞气和聚气方面的作用与具体运用。

青龙为左方，它是吉神，要说不吉时主要是指享乐什么过度了，酒色过度之类，但在通常意义上是福德之神。若青龙临子孙爻，说明屋宅的左边必有产气聚气之处，这对家宅有好处。五爻临青龙为子孙爻，五爻为路，这路是产气的，但要看它能否与世爻发生联系，假如它是世爻的忌神那就不行了。青龙临子孙爻发动，必主财源丰厚；青龙临官旺动生合世爻，这就不是鬼而是官了，有升迁之喜，但世爻要旺，弱不受生不行；青龙临官，必是神位，如化出财，这种位就起作用了。

朱雀主前，就宅内来说，前面是客厅或大厅；就宅院而言，前面是四合院。如朱雀临兄弟爻在四爻的话，即表示这个宅院的大门是个泄气之门；在三爻，屋里的门是个泄气之门；在二爻呢，二爻又主明堂、客厅，也就是说，这客厅是个散气的地方。朱雀临兄弟，不但主所在之处泄气、散气，还主破财或官司口舌。

勾陈为中宫之地，又代表拐弯抹角。临财爻。可以说是从道路上来的或拐弯来的财气，为宅吉；勾陈若临兄弟爻，就是说拐弯来的气被兄弟爻破了；勾陈临父母动，主家口有伤残或损伤，尤其对小孩不利；勾陈临鬼，亦不吉。鬼是盗泄财的，如财在年、月、日上旺相，就不怕盗泄，但鬼爻不能是忌神，不能对世爻有害。

腾蛇也是中宫，它主要代表居住人的心术，有暧昧、见不得人之意。若临鬼动，家人必有惊吓、心惊、梦多等情况。

白虎临财是住宅右方有路纳气，或有水纳进的财气。宅周围大环境对住宅的影响除了熬气外，还有煞气的对立面财气，财气可从几方面来。路上、水上、操场或大的广场等都可以来气。依六神为方位可判断财来自何方，如白虎为右，右边有路，那就是说这财气是从右边的路上来的。白虎又主疾病血光，是忌神、煞星，白虎临鬼动，就是两个煞神连在一起了，主病痛、血光。血光不是说非得见血封喉才是，病伤即属这方面的灾。白虎若临五爻，对居住人，尤其是长子、长女不利，容易有凶伤之事。

玄武主淫乱，又主盗贼、抢劫。玄武临鬼动有抢劫、诈骗之象。

第四、看应爻。

应爻为宅的对面，如果应爻冲宅的话，对面即为宅的煞，那就要化解。应爻临朱雀，就是对面的前面；应爻临白虎，是宅对面的右边；临青龙为左边，临玄武为后面；应爻临财而空，对面必是空旷之地、田地。这是从应爻的位置看。

应爻忌带煞，煞有三个：官鬼、白虎、忌神。应爻发动带煞冲入世爻，是屋宅四周朝向之处（而不是一个方向的朝向）有煞气冲入宅内，不发动不算。如应爻为兄弟发动克住财，则损财气，也不好。这里告诉大家的是大环境和小环境的关系。

第五、看世爻。

世爻的意义是相对的，世爻代表求测人，求测人是求测这个住宅的，所以世爻也是这个住宅。倘若不明白这个道理，那世爻代表宅，二爻也是宅，父母爻还是宅，就没法看卦了。如把其中的脉络搞清楚，那就设问题了。

二爻是人住的地方，克世，即整个房对人不利，克何爻就对该爻代表的六亲不利。如果生合世爻，则有利。

二爻静时不发动没关系，父母爻不发动也没关系，如果发动必然和二爻有关系，有一个落脚点，最后要落在世爻上，世爻既是宅的主人，又是这个宅，角度不一样。以看风水这个角度而言，世爻为房；而以整个环境而言，二爻为房；以能保护我、庇护我的意义上看，父母爻是房。这些大家所看的书上没有这样明确地讲过，我理解你们在家自学的难处，所以讲课毫无隐瞒，将我知道的全部讲出来，除非是我们大家都没有想到的。

如果是兄弟持世，兄弟爻为耗气、耗财之神，所住的地方便也为耗财之地。官鬼爻持世，首先就是身不安，三心二意，盗泄财气，所以不管官鬼临世爻，还是应爻，都是宅内忌神，但如果是静爻，则问题不大。父母爻冲财爻，父母为忌神，就表明房有克人之象，有宅凶和搬迁之意。

白虎官鬼持世，家中多疾病；朱雀兄弟持世，家中多争吵；白虎父母持世，小儿多病。

第六、三爻的用法。

三爻临青龙，必然是从左边进屋的，临白虎从右边进去。青龙临财爻，气是从左边进去的，也表明左边是生财纳气的地方；如果青龙临兄弟爻．那就是劫财的地方；三爻临玄武，玄武为后边，比如说这个房临大道，那这个门就从后面开或者是后面有门。临勾陈，则说明门两旁有转弯，至少有一个弯，因为勾陈代表转弯和拐角。

第七、风水卦中四爻的用法，这与三爻的用法一样。

三爻、四爻皆为兄弟爻，必是内门、外门、窗户成一条线，或是三个门，最次是二个门加一个窗户。

这里需要提醒的是：看宅的环境，六神代表方位，四爻临白虎，从右边进宅。如四爻是兄弟爻，那财气就很难入宅，发动，更是耗财泄气之宅，会越住越贫，伴随口舌，家人不宁。有一种情况可以进财气，即兄弟爻发动后变成与财爻合，这种象为环抱之象，为合象，这一合就把财气合进了，但前提是兄弟爻不能是忌神，若是忌神，财气就不会进来。

第八、看卦中的冲合以及财爻和子孙爻的状态。

人们居住的屋宅，其内外环境虽然千变万化，错综复杂，但从风水学角度讲都离不开一个字——气。不管风水学的哪个流派皆讲究风藏气聚，无论是朱门豪宅，还是陋室蜗居，竹篱茅舍，都要风藏气聚。六合卦便是风藏气聚的一个最典型的表现形式，看宅之风水，若得了六合卦，就表明这个阳宅风藏气聚。但有一点，务必要看世爻，世爻须旺相；如世爻休囚或受克或空亡，那就跟四柱上说的穷人富屋一样，屋子好，有气，风藏气聚，但这个人没有福分和能力享受。说六合是山水朝聚，与风藏气聚是一个意思，属于不同的表述方式。

在风水学上，高一寸是山，低一寸是水。说看风水，不是看那个山，看那个水龙头，水塔什么的，而是看人的居住环境，看宅，看这个宅适不适合人居住，住得是否舒适。

若起得六冲卦，则表明此阳宅破气不聚。从冲字上讲，有冲则有泄，这个泄多半表现为人泄气耗力，按奇门遁甲的说法是石飞砂走，在六爻上就是说破气不聚，也就是说有煞气冲来。这样的宅有冲有泄，气也就散了，那么，此宅对居住人就不利。

六合卦则不同于六冲，不但能风藏气聚，而且居住的人能互相和合，宅能聚气，财自然就来，因为环境给居住人增加了元气。这个气要变换成其他表现形式，其他物质，那就是财。合和也叫和气生财，合主成，那就表明成事多，办事多有成就。六冲卦呢？不但是气放风散，砂飞水走，而且人心离散，各不相向，求事多不成。如果冲中逢合，则人事状态具有由坏变好，将来可以求得发展的趋势。如果是合中逢冲，这个宅就住不长远了。

总之：

六合卦，主风藏气聚、家庭合和、和气生财、求事多成；

六冲卦，主风散气散、人心离散、财易破散、求事少成。

除了六合卦和六冲卦之外，卦中没有六冲或六合时，就看财爻与世爻旺不旺，有没有伤；如不是六冲卦或六合卦，看其他冲和合对世爻是否有利，对财爻是否有利。

从爻象上看以财爻为气，以子孙爻为气源，以兄弟爻为破气之神。很多书上都提到：财爻主气，子孙爻是福，但没有提到为什么这样说。原因是这样的：在测阳宅当中，子孙爻发动旺相是吉相，因它能制官鬼，使家庭安顺无灾，子孙爻发动又能生财，主此屋宅财运好。

在阳宅卦中，官鬼爻生世爻时是好事，因为它是原神。平常官鬼爻代表忧虑、忧愁等，说白了，是祸害人的，它盗泄财气。如果父母爻持世，官鬼爻发动生世，对世爻还可以，但官鬼爻一定要克兄弟爻，这就有不顾之处。而父母持世主辛劳、辛苦，又克财源，所以官父发动，主辛苦、劳累、奔波。

一个好的屋宅，子孙爻与财爻都不能受克，受克即风水中的气受伤，气伤就不利家庭财运，财爻更不能受冲，财爻受冲克或空绝，无解救者，主破财耗损或妻妾伤病离散；如果子孙爻受冲克或空绝，而卦中无救助，就是有财也是昙花一现，且子女小孩有损伤残之象或家里没有男孩。这几种象，肯定要有一种，但不能绝对说是哪一种。

以上种种我总结成一句话，大家就清楚了：看风水就是看六合、六冲，看财爻、子孙爻。这些反映了屋宅的环境，通过它们可以看屋宅是否风藏气聚，有没有气，气就是财，财也就是气。

第九、看爻位与六亲或六神结合所表现出来的其他信息之象。

二爻如为巳午火，必是堂上有香火，因为二爻就是供奉之位，即神位，或者是供奉祖先之类的地方。这个火要是衰，说明宅家不常点香；如果火旺，则是天天点。

三爻临财，主此宅房门纳气进财；三爻临兄弟则是泄财破财。若兄弟安静，不发动就没有事，就怕兄弟发动，一发动这忌神就起作用了。前面我曾提过，如果三、四爻都是兄弟爻，主房屋内门、外门和窗户一条线，或者是三个门成一条线，这叫穿心煞，是室内的穿心煞，这是很凶的，逢到这样的情况就得化解一下。

五爻为宅主就是户主，但也主长女、长子，若五爻临父母还主父母，这就要灵活地去看。若五爻临白虎，对宅主不利，多病多疾。

如果五爻空绝无助也是一样。凡是临白虎的爻有两方面的事：它要是忌神的话。克到谁就轮到谁了；如果它自己本身休囚的话，就落到自己身上，它就像自己背了一个大母虫。这还得看的所临之爻是何五行。因为白虎主金，如果所临之爻是木爻，又休囚，那肯定就是病灾临身了。

六爻为远地，世爻在六爻，即六爻持世，主宅主常出门，常到外边去。

第十、看宅有灾无灾。

一般情况下，逢灾离不开煞星发动。煞星就是官鬼、白虎和忌神。

如果朱雀临官鬼午火发动，多半是与火有关的灾。断这个时要灵活点，像电线、电饭锅坏了，液化气罐漏气等，都属于这个范围。断卦要结合现实实际，拥有多方面的学识和经验，就会断得好一些。

玄武临水鬼发动是水灾。这个水灾也应活看，像住房水管坏了、跑水等都在这之类。

白虎临金官鬼发动，是刀兵之灾，家里人跟人吵架、打架等口舌是非都属于这个范围。家里有人开刀、生病住院也属于此。

勾陈临辰戌丑未官鬼发动，主要之像是得流行病，如流行性感冒、流行性痢疾、流行性甲肝等。

白虎临木官鬼发动，是棍棒之灾，它不发动不克世没有事、发动但不克世，有惊无险。

以上都是将五行、六亲、六神结合在一起看，只要发动就没什么好。

总而言之，我们总结出的这十点。都是我们在实际当中能用得着的，都是从卦的不同角度上看的。大家一定要学会从不同角度结合实际去提取风水卦中显示的住宅信息之象，要在这上面下功夫，这才是最关键的。

第六节　八卦断阳宅实例

例1：财伏孙空化归魂　绝户宅需改门向

一天上午，我在办公室里正冥思着公司的发展规划，如何将公司越办越好这个问题，突然电话铃响起，我拿起电话，对方刘先生叙述着："李计忠先生，我买了一块地皮，心中已经决定好宅座方向，但不知何日动土？现在想请您测一测，按我的想法计划盖房此房是否吉利？顺便给择个日子动土。……"

我说："你报两个数过来吧，"刘先生兴奋地答道："我在这边已经摇好一卦，测阳宅建造是否吉利？"

	丁卯月	丁丑日	（申酉空）
	《天泽履》	《雷泽归妹》	六神
	兄弟戌土○	兄弟戌土、、应	青龙
妻财子水	子孙申金○世	子孙申金、、	玄武
	父母午火、	父母午火、	白虎
	兄弟丑土、、	兄弟丑土、、世	腾蛇
	官鬼卯木、应	官鬼卯木、	勾陈
	父母巳火、	父母巳火、	朱雀

推断1：你的房地基较低，周围的环境也不高。

反馈：是的。

解析：内卦为地基及周围的环境。内卦初爻、二爻代表地基宅子，在兑宫里，兑为泽为水，说明地基较低，周围的环境也不高。

推断2：宅基周围有浊水沟。特别是东北方向的水沟浊气大。地基是低四处垫起来的。地基不是在闹市区而是在菜园，农田一类或开发新区。

反馈：是的，我的宅基在郊区。地基是由低凹处垫高起来的。周围有浊水沟。

解析：内三爻代表地基的环境，丑、卯、巳持蛇、勾、朱在兑卦都代表水沟，也就是说宅的东北方、东方、东南方皆有水沟，其中丑为东北方，临兄弟，浊气大。初爻父化父，巳化巳为阳爻，在兑宫时，说明地基是低凹处垫起来的。内卦兑卦化兑卦，兑主喜悦热闹，说明宅基不是在闹市区，因为有丑土化丑土，官鬼化官鬼，所以是郊区。

推断3：你的宅基地是在城市的东南方位买下的。

反馈：对！

解析：看宅基地在城市的哪个方位，首取初爻与二爻，因为初爻为地基，二爻为宅。此卦初爻父母为巳火，代表东南方，二爻官鬼卯木代表东方，综合父母代表房宅临着初爻巳火，参断，则表明宅基地在城市的东南方位。

推断4：你计划决定家宅的坐向为坐北向南，但坐得不是正北方向，稍偏西北15°。但门口开的是正南。

反馈：正是这样，坐北朝南啊。

解析：看阳宅，一般说世为坐，应为向，但具体还参看卦中组合。世爻兄弟申金临玄武主坐山，此处旬空，才爻子水伏在世下，不现，说明坐山为北，由于不上卦，断其未坐正北，再看初爻父母巳火临朱雀为向，巳火向，就应设坐亥水，所以说坐山不是正北，是偏西北15°。大的方向就是坐亥向巳，由于三爻、四爻为门，四爻午火近着巳火，午火为门，说明大门是向着正南方的。故说坐不是正北，但门口向着正南。

推断5：你所要开的午火正门，大凶，开错了。门前有大的煞气冲着你的门。比如是高大电线杆、高压线、大烟囱、桥或有部队、武警、公检司法、政府机构等与你大门相对，大凶。较易发生意外伤灾、

周易·一卦多断点窍

车祸、突发灾祸等，对孩子最不吉，特别是长子。

反馈：是的，门前远处有大桥，近处有一户人家门与我相对，门前有两根大圆柱，是不锈钢做的，门面前全是玻璃，不锈钢一类的材料装修的。

解析：卦中四爻父母午火为大门，午火临月生旺持白虎，紧贴着五爻子孙申金相克。卦中五爻子孙申金持玄武发动，四爻父母午火持白虎旺也为动，这些都是大的煞气，玄武动，突来神不知鬼不觉，应突发灾祸最多，白虎旺临门，为伤灾信息，所以说煞气冲门，大凶之象，父母火克子孙申金，对孩子最不吉，特别是长子。午火代表圆柱形的煞气，申金代表金属类的煞气。所以是卦上说的不锈钢圆柱及玻璃反光等煞气。

推断6：你的大门调改成申方，即西南方向，大吉。如果门向南则为绝户宅，大凶。

反馈：感谢李计忠先生的菩萨心肠，我一定按照李计忠先生您说的去调改。

解析：因为午火为大门，门对面有大的煞气，必须得乞讨。为什么要改成大门朝申方西南方向呢？五爻申金临子孙，逢旬空，空为朝向。申金下还伏藏着才爻子水，福与财同爻，相互生合为大吉之门。主卦化变卦为归魂卦，常言道：卦打归魂为绝户，是否绝户宅看子孙爻，子孙爻受制入墓，皆为绝户，宅子大凶。故门口绝对不能向南，应该调改为向西南。

推断7：你宅基东北角的那条浊水沟，煞气挺大，对子孙后代不利。子孙随时都有入医院入墓的可能，容易发生突然凶死。东北方位水是往东南流的，是外流水，大凶。此宅为漏气宅。

反馈：宅基的东北角的确是有那么一条浊水沟。

解析：三爻丑土在兑宫，为水，丑土临螣蛇为水沟，小河流。丑土代表浊气，丑土东北方位。说明东北角有浊水沟，此沟为何对子孙不利泥？主卦外卦乾化震，震为东方，卦中申金为子孙，丑在东北，为子孙申金之库，称为子孙山。丑土临死伤子孙，有水沟是泄子孙金之气。申金化申金，空化空，丑土临日建旺，为暗动，子孙申金明动，随时都有可能入丑土之库。浊水泄子孙，意味子孙灾气大，气驳杂，易走歪门邪道，不务正业，进医院、进法院或进坟墓的机会都大。申金在五爻为道路为玄武水为子孙不走正道，总想歪道。家宅只要建成入住进去，子孙后代肯定会应险大凶之灾。东北方位水是往东南流的是外流水，东南（巳火）为向，是吉水。所以说是漏气宅。

推断 8：你宅基的正西方有路。东边有沟，像蛇一样。

反馈：对！

解析：卦中二爻卯木为宅，冲二爻者为路。酉冲卯，酉为正西方，所以说正西方有路。二爻卯木持勾陈也代表有沟，二爻卯木与六爻戌土相合，卯临月建旺，此水沟像蛇一样，很长。

推断 9：你门前（东南方）也有河流，河上有大桥。门前有大桥，犯白虎大煞。凶。

反馈：完全正确。

解析：初爻父母巳火坐兑宫，兑为泽为水，水在低处流，初爻父母巳火与四爻父母午火为架在河上的大桥。外卦乾化震，代表桥梁的高与大。父母代表房子，代表建筑物一类，故说门前有一条河流，河上有大桥。因为四爻父母午火持白虎，初爻父母巳火为向，四爻为大门，门外，所以说犯白虎大煞，凶。

推断 10：你宅基地三面有坟地，阴气太重。东、东南、西北这三个方向都曾是一片大坟地。

反馈：我们在垫高地基时都已清理过地基了。李计忠先生说得对，宅基外那三面地曾是坟地，听说都已清理。或许有清理不净的吧，周围的环境也会影响宅基。

周易·一卦多断点窍

解析：宅基净不净，先看初爻，二爻。初爻父化父，二爻鬼化鬼，六爻戌动合二爻卯木官鬼，合入库也为阴气。戌土代表西北方，卯木代表东方，巳火代表东南方，所以说宅基地三面有坟地。

推断11：此宅基地总结起来几点不利：①四周有坟地。②丑土临蛇伤子孙。③门对面那家有不锈柱子和玻璃墙等，对宅基极为不利。④门前右边方向即东南方向有河有大桥，犯白虎煞凶。⑤宅基有路冲，不吉，此卦子孙入丑库加归魂为绝户宅，特别对子孙不利。最好能搬迁，实在没办法，只能调改大门加屋内调理了。因为周围的环境太差了。

反馈：晚辈谨遵李计忠先生的指点啊！

解析：前面已经将各个不利因素都还一分析清楚，此处不再重述。

推断12：宅基唯一稍好的是，来气还行。也就是纳气口还行。

反馈：是啊。但凶多吉少，我还是考虑调改门向了。有经济条件，能换个地基就更好。

解析：八卦是六爻为风水口，为纳气之口，六爻坐乾宫化出震宫，持青龙，为吉利风水口啊。

第三章　阴宅概述

第一节　关于点穴

　　这两天讲的是八卦断阳宅，阴宅与阳宅是两码事，看阴宅伤自己，看不好伤别人，首先要使用罗盘，阳宅讲放水，阴宅讲收水。分72地，360分野，24向。阴宅坐山立向，根据地形而立。点穴最主要，看龙脉。主山是指最高山，山上不葬坟、不聚气；山坳聚气不聚水。山是有势的山，树木茂盛为好。石山不能葬。吸日月之精华，天地之灵气，要有气，山在转弯处可点穴位，直线不结穴，有山河湖泊周围可以结穴。葬阳不葬阴，山南为阳，北为阴。山子母相抱，内怀有情，聚气藏风。下有小山，怀抱有情。葬坟四周不能有烟囱，冶炼厂，不能有山峰、山路、山沟对着穴。

　　点穴要点在开平之处。寻龙不点穴，点穴不寻龙，这是两个的工作。下棺要讲究分金调向，一线都不能差。点穴讲的是头枕高山，脚蹬山川。脚朝着的山（叫朝山），要有势，两边要平，不能一边高一边低，否则后人出残疾。后要高，前要平。明堂要平，五米内叫小明堂，五米外叫大明堂。大要圆，小要方，明堂越大，气场越大，能容千军万马，发后代。贵不贵看明堂，人口旺不旺看靠山。大明堂要平整，要有水，向口上要有水，才能有财气。

　　看坟，靠山要有势、清秀，左右平整，大明堂要亮，小明堂要方，明堂不能点在山坡上，不聚水（不聚财）。长辈坟在最后，左边长子，右次子。坐山有真假。明堂主女儿。大明堂可见水，小明堂不可见水。坟前不能高，陡峭。水往回流为反弓水，为黄泉大煞。坟前高，伤男丁，不长寿，低了家生女孩，男留不住。右有山沟路冲坟，有煞

周易·一卦多断点窍

173

气（急流瀑布），伤男丁（患脑出血、心脏病之类）。坟地的土质以松软为大吉，挖到底，有石不能葬，石头接不到地气。黄泥块、黑泥块不能葬坟，蚂蚁穴的不能葬。好地的土重、差的土轻。穴前有陡坡，可5米为一个阶、五个阶25米、取五子登科之意，5米内的叫小明堂，以外的叫大明堂，边上栽树，这样是能聚住水（水主财）。靠山主人丁，向主财。

左青龙、右白虎，前朱雀、后玄武。左边的山要有势而高，右要有山，要有左右护卫（小山）更好。龙高出文，虎高出武，龙男丁旺，虎女丁旺。龙高发长房，虎高发长女。前朱雀，案山要高、尖。山下有水环绕为好。后玄武为靠山，高大为好。坟地的水不能急，反弓水。水打转穴，先狭后宽处，由快到慢打转处有穴位。水弯之处为穴地，"鱼出于湾，鳖出于滩"。

点穴，石头、泥块之地不能点，松软之地为好。头枕高地足蹬平阳，左水到右为好。根据四周地型而改变。为了便于引水，可修小水槽。

巽山乾向，（也叫乾山巽回龙向）为头东南（巽）脚西北（乾）。收东南，东北来水从西北出水。为正法之水，旺财旺丁。

第二节　八大水法

八大水法是根据不同的座山立向，来确定收水和出水的方向的，收水和出水的来去状态，带动地理磁场发生一定的变化，影响着风水的吉凶。

一、坎山离向

收正西先天水，西南后天水，先天水从明堂前过，旺财旺官，旺人丁。收西方，坤方水，巽方出，若为河流更好，长年有福，财不干。人的财全在水法。阳讲气，阴讲水。若反向水，叫黄泉大煞，家死人。东南来水叫天堑水，损丁、伤子、败家。水从西方（兑）出，破先天水伤儿郎，男孩养不活，有凶灾。先天水，主人口旺，后天水主财官。若水从西南出，主破财。在坤位加土垫高，人工攻造，只能进，不能出。家庭阳宅也如此。子午卯酉不能做出水口。若巽方来水怎么办？可将坟四周拉一道八十厘米高的拱墙挡灾。

坟地改造：明堂平整，棺材一定要平稳，棺平家平安。点穴方向，要是平稳之地。打造台阶，十米宽就行。里小暗沟，前树成行。

二、离山坎向

收震东先天水，乾后天水。忌东北水。若离来水，出疯魔、高血压；正南、东北艮来水，死人。东北，正南不能栽树，否则大凶。出水：坤。如若水流西北为大凶。

阳宅：东北方有路，也是如此，家有凶灾。若正东和西北有路，大吉。道路也为水。改造：西北要垫高，改造不了，拉院墙，可避灾。

三、艮山坤向（正向）

收水：乾为先天水，震后天水，出水：坤，副出水口：离。若收巽、坎水，财气减退，河流、小路都算。水口是理气，聚气。水法不对，伤人口。巽坎方不能栽树。若阳宅，出水口，可从兑坤出，离方不能有路到门口，震坤方不能有路、高压线、铁架、庙。

四、坤山艮向

山最高的，最弯的，树多的，平坦的，可寻龙点穴，有山找山，无山找河湾，在河湾内侧，山水环抱处。

收水：坎（先天水）巽（后天水）会于明堂。阳宅为路。出水：艮方。

忌：艮不能来水，若艮方来水为黄泉水，伤人大凶。若巽方出水：

妇科病,难产血崩之病。坎方出水,为桃花水,主淫败。若乾方来水(路)朝震方出,旺女儿,败男丁。阳宅正水有路有河为吉,应在巽方加高,震兑方不能种树,有树人遭灾。

五、震山兑向（甲卯乙山，庚酉辛向）

收水：艮（先天）路、河。离（后天）

出水：兑,出水口有湖、池塘、河流,一样发福发贵。乾、坤不能有树,离只能收水,不能出水,大凶。

六、兑山（庚酉辛）震向（甲卯乙）

收水：巽：东南水进堂,必然发儿郎,先天之水。坎：北方水,后天。

出水：震（甲卯乙）甲乙最好;副水口：艮,不能水冲卯木,叫桃花水,主女淫乱,男肺结核。震水西流：游魂桃花水,主女孩淫乱成性,与外人私奔,败家。巽方和艮方不能栽树和竹,不能有大路。

阳宅,出水口往东北（艮）出水,偏东南一点最好,阳宅开巽门,主房朝东,院门朝东,开巽门大吉;不利开艮门。收南方的来水,旺女婴,发小财,最忌东边有路冲,须改造：即将坟地圈起来,阳宅门前修影壁墙。

七、巽山乾向（乾山巽的回龙向）（寒向）

一般都葬艮山坤向或乾山巽向,寒向找对了应期快家出文人,当官提拔的快。

收水：坤（先天）兑（后天）。出水：艮。

忌:乾,坎来水,二水为桃花水,坎子水伤人口,血液病。改造：水北边垫高,正北、西北不宜栽树。

阳宅：艮、壬癸方出水有路大吉,不宜开北门,门开正西方为大吉。

八、乾山巽向

收水：离：先天水，艮后天水

出水：巽，水法好，财兴旺，财丁贵三倍，天门地户，发丁发财旺而快。

忌：坤出水，反弓水，坤位要么就是大水库、湖泊，水大才能反照过来。无大水有小溪，不吉为凶，有路也为凶，有大水则吉。

第三节　六爻测阴宅

一、用六爻选坟地

用八卦六爻选坟地时，初爻不能为官鬼。临孙、财爻为大吉，主所点之穴位无坟干净；若初爻鬼，地底下是坟。以世爻为穴，应爻为向口。世应中间为明堂，世应相生合明堂大，世应相冲克明堂小。世爻卦宫为座山，应爻卦宫为朝山。座山：乾震为大吉，地有势。应爻向口以兑坎巽为吉。乾为龙马奔腾有气势，震如龙蛇；坎兑为有情水，说明有龙脉；巽有风，地灵人杰，好地。世爻旺地穴土厚有情；世衰土质不好。初二世逢寅申巳亥，穴位点对了，能发丁，大旺之地。初世、二世最佳风水宝地，临子午卯酉，说明坟地地脉好，三四爻持世差一些。一世二世出大官，三世四世出豪强，五世六世可经商。

青龙临世，座山清秀龙脉正。左青龙要旺，右虎前雀后玄均旺为好。内卦为穴，外为碑为墓。内外卦宫生合为贵。座山立向立的好，以金水持世大吉，最忌辰戌丑未持世。

以内卦为坟地，外卦为人口，看坟与人的关系：内外卦都旺为佳，地灵人杰；休囚无地气，对人有伤害。内克外对家人损伤；外旺内衰，吉祥；内生外，子孙满堂出官贵；外生内泄气，后代平常不成才。

周易·一卦多断点窍

内为乾坤大吉；外为震巽，发长房。外为坎离发老二，艮兑发老三，哪受克，哪受损伤。

阴宅快慢，一坎二坤三震四巽（在内卦慢,在外卦快），巽六、艮七、乾八、离九，旺相带合，减掉一半。大象休囚逢合不可以，需旺相。主要取二、五爻。二爻为地，五爻为人，二旺大吉之地，五旺人丁盛，二休囚地不发展，若二克五，逢空衰，坟地对家不利，地克人，重新葬；二五比和或相生合为大吉。

世应中间为明堂，富贵看明堂，官位看靠山，贴近世爻的叫内明堂，近应爻的为外明堂。间爻旺相，明堂宽阔，间爻相生合，人生富贵，明堂越旺越富贵。间爻为水旺相，叫水系腰带（腰缠万贯）；若再坐青龙生世，官贵两旺，生合世爻，叫四水归堂。穴好不如靠山好，靠山好不如明堂好。

水口：六爻为风水口;阳宅为宗庙,阴宅为水口。六爻生合世爻，说明水口有情，以旺相为佳，冲克世爻，无情有灾气，人易火攻心、脑出血。水口不能结穴，犯黄泉大煞。上六爻蛇临孙动，坟上有路，蛇为路。东南方有路大凶，蛇在何爻动，以十二地支算。

二、八卦坟墓定位

初爻：小辈夭折坟，子孙坟

二爻：母亲、大娘、婶婶

三爻：兄弟坟、叔叔、伯父坟

四爻：妻位，妻子坟

五爻：父亲坟

六爻：爷爷坟，祖坟

三、断风水要点

生合世爻主有情，地理有风水；克害刑冲主无情。相生旺相，龙虎主高大，衰弱低小。卦中无水，无风水之地。内为坟，外为人，以内生外为大吉，内克外为凶。三合化六合，聚气藏风之地。六冲，飞沙走石不聚气，六合化六冲，穴位入败地，应迁坟。六冲化六合，穴地即将发达。世术水动：不吉。应休囚空亡，主业难收。应冲世，明堂不聚气。

内高外低，出水，内低外高：收水。

阴宅的坐山立向是根据水法来决定的。天盘看山，中盘收气，地盘看水。棺绳不能断，必有二棺现。棺大头为山，小头为向。坟地不能避开，可移碑，就是改向，分极立向。阳宅六爻看座山立向。

四、常用的化煞品及其功能：

名称：貔貅

简介：貔貅（音：pí xiū）也叫避邪，是一种凶猛瑞兽，雄性名为"貔"，雌性名为"貅"。

在古时这种瑞兽是分为一角或两角的，一角称为"天禄"，两角称为"避邪"。在南方，一般人是喜欢称这种瑞兽为"貔貅"，而在北方则依然称为"避邪"。民间也称之为独角兽。

貔貅是一种神兽，向来都喜欢金钱之味，在家宅或工作地点的适当位置放置貔貅，可收旺财之效。相传貔貅为讨主人开心，会咬过路人的钱，故有言此乃招财之物。

貔貅在风水上的作用，可分以下几点说明：

1. 有镇宅避邪的作用，将已开光的貔貅安放在家中，可令家中的运转好，好运加强，赶走邪气，有镇宅之功效，成为家中的守护神，保合家的平安。

貔貅

2. 有趋财旺财的作用，民间盛传尤对偏行、收入浮动者有奇效，例如销售、经商、外汇、股票、金融、彩马、期货、赌场等等。其实貔貅除助偏财之外，对正财也是有帮助，所以貔貅适合任何人摆放。

貔貅避邪，在家里避邪作用，凶猛的吉祥之兽。一公一母为一对，头上一支角，招财的；红眼睛两角的避邪。广东潮汕地区喜欢貔貅：只进不出，聚财用的。在北方山东河北、江苏用来避邪，有的称为独角兽、神兽、天虫。放在旺财之方、与财神放在一起，认主人。谈判之方，可放，吉祥的招财；放在凶方，会使人招灾，也叫天狗。有镇宅避邪的功能，避小人赶走邪气。成为家里的护法神。搞金融用之大吉，但一定要开光。家人摸不忌，认主人，不怕摸、越摸财越旺，适合发偏财。

名称：金蟾

简介:旺财之上佳用品，三只脚，背上北斗七星，嘴衔两串铜钱，头顶太极两仪,长 30 厘米以上的大金蟾脚踏元宝山、写有"招财进宝、一本万利、二人同心、三元及第、四季平安、五谷丰登、六合同春、七子团圆、八仙上寿、九世同居、十全富贵、乾隆通宝、宣统通宝"等等的铜钱。

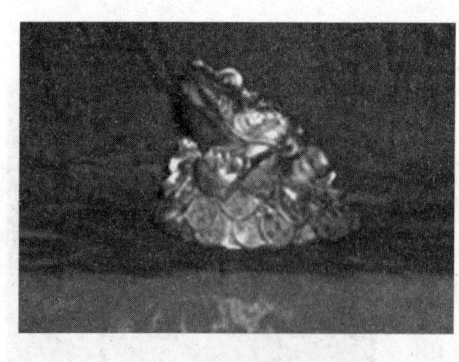

金蟾

金蟾三只脚，云南人最信的，三只脚的蛤蟆，嘴里衔钱，上通天，下通阴，心非常善良，西天如来佛祖放生的大蟾，与禅相通。禅就是佛。金蟾头上有太极两仪，背上有北斗七星，三只脚，含天地人、年月日之精华，吸地之精气，造福人类。

名称：麒麟

简介：是古代的仁兽，集龙头、鹿角、狮眼、虎背、熊腰、蛇鳞、马蹄、猪尾于一身，乃吉祥之宝，从古到今都是公堂上的装饰，以振官威之用，也是权贵的象征。能够消灾解难，驱除邪魔，镇宅避煞，催财增贵。麒麟非常适合工作性质稳定的人摆放，特别适合在政府机关、公检法、行政机关工作的公职人员使用。

麒麟

摆放方法：催财可放置一对在财方；化解三煞时可放一对铜麒麟在三煞方，放时头向门外或窗外；催官放在驿马方，是最强的增福增贵的物品；化直冲煞时可与一个八卦凸镜一起正对煞方摆放化煞。

名称：马上封侯

简介：摧官摧贵的上佳风水用具，图案为一匹骏马上骑着一只猴。"猴"与"侯"两字谐音，寓比立即升腾之意。布此风水用具可摧官贵，令事业吉祥如意，可在个人本命或流年驿马位摆放，可促进早日获得驿马星动。摆放位置要配合本人之驿马位或太岁驿马位始能见效。

送官麒麟嘴含如意；送宝麒麟背有金砖。送书麒麟嘴里有书，利考学。闹鬼的房子，

马上封侯

用之在床,避火煞(烟囱、电视塔等)。开门见坟,放麒麟。政府部门、医院、学校,放在催财方,一双。催财方:摇卦上卦官为用,不上卦看五行。放对门,对煞物、头朝门外。催官放马星位。不能与12属相冲克。

化解直角煞、箭煞、铁塔等,在两个麒麟中间放凹八卦镜好,马上封侯、催官贵:放马星方位,门内放一个,头朝外。

名称:龙

简介:在现代风水学上,龙是用来除小人,生旺化煞,吸财气的。宅的"青龙"方放一条龙便能够起到除小人免是非的作用;如果家宅的白虎方位煞气太重,亦适宜在青龙方位摆放瑞龙,以化解白虎伤人之害。宅的"青龙"方是指宅的左手方。一般说房宅的前后左右是指:左青龙、右白虎、前朱雀、后玄武。也就是说,一套房宅定下坐向后,向方为前方,也就是朱雀方,那么左边为青龙方,右边为白虎方。

龙

而龙要朝向有水或能进气、空旷、宽阔的方向,所以可以摆放在客厅的左边(从向上看,人站在中宫面朝向方的左手边),龙头朝向阳台即可。如果宅外见明水,则将龙头朝向明水方。八字马星位,可放化煞龙,放在门内,头对外,球朝外,避小人。放在门左为上山龙,可埋在坟的靠山。下山龙可埋坟的向位。要埋一米以上,主子孙发达。

名称:龙龟

简介:龙龟就是传说中龙的第九子,它有龙头龟身的外形,风水学上有四灵祥瑞,这四灵祥瑞指的是:龙、凤、麒麟、龟,而龙龟是龙和龟的结合物,因此更具有灵瑞之气。龙可以化小人、增加贵人

运与人缘，龟代表长寿与
健康，还可化阴煞、斗三
煞，最重要的还可增加财
气。

龙龟

其使用方法，一般放
在老人的卧室和办公室的
写字台上，特别是在工
作中如果不顺，受到小人
排挤或上司不喜欢的情况
下，择其时日，在办公桌上放一只龙龟，则会得到贵人相帮和上司
的赏识，工作上会很顺利，除了在公司摆放之外，同时在家里客厅
里也摆放一只，可以相得益彰，发挥更大的作用。

名称：文财神

文财神

简介：文财神又名
财帛星君，他是一个面带
白、须黑而长之神，身穿
锦衣玉带，号称金神，是
天上的太白星君，专职掌
管天下之财，若能安装得
益，求财者自能得财。摆
放时必须面对自己屋内，
方能财源广进。文财神，不能面朝门，放在客厅里，面朝内，后不
能有窗。财神有 72 个，常用的比干、文财神，武财神，赵公明，刘
海戏金蟾等。

名称：武财神

简介：关公被民间尊为武财神，原名关云长，是三国时代之武将，与刘备及张飞结义兄弟，形象威武，正忠义胆，可镇宅避邪、护佑平安、招财进宝、财源广进。摆放必须面对大门屋外。

武财神—九龙关公

名称：铜雄狮

简介：狮子有镇宅化煞的作用是人人都知道的。它可挡任何煞气，而且它还能带给人名誉、地位和权力。狮子的避邪和化煞趋吉的作用相当强大，不同于一般的灵兽，因此，摆放此物一定要注意摆放的位置，方位和朝向。

铜雄狮

名称：铜大象

简介：大象善于吸水，水为财，凡家居大窗见海或水池，均称之为"明堂聚水"，若摆放一只铜大象在家中，则大财小财均为己所纳。象之禀性驯良，放在家中吉祥如意，

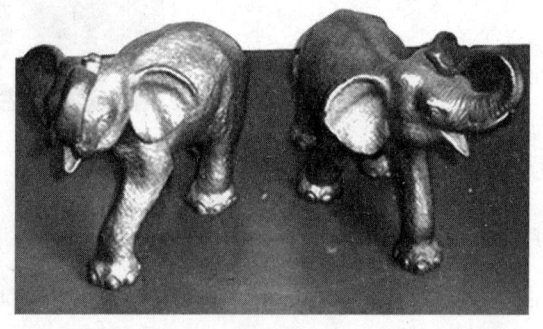

铜大象

如将之放在室内财最盛的地方，则全家人受惠。大象吸水、水是财、化煞有力度，住宅、饭店、工厂、机关的门口放之大吉。窗外池塘、大河、明堂聚水，放客厅书房大吉。大型煞气，立交桥、轻轨下放两个大象才能镇住煞气。

名称：铜招财羊

铜招财羊

简介：招财羊，其性质为祛病减灾及增加偏财，因羊取"赢"之意，有利赌运。此外家中有长期病患者或旧患绵缠不去者，可将此物摆放在床头，左右各一只。此物还可化解工作不如意，减除小人口舌。羊属和平之物，摆在工作台上效应甚强。

名称：五帝铜钱

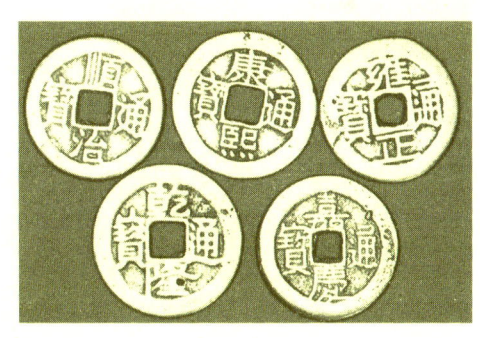

五帝铜钱

简介：五帝铜钱，是指清朝顺治、康熙、雍正、乾隆、嘉庆五个皇帝的铜钱，可挡煞、避邪。把五帝钱放在门槛内，可挡尖角冲射、飞刃煞、枪煞、反弓煞、开口煞；放在身上可以避邪，不被邪灵骚扰，或用利是封包装着，或用绳穿着挂在颈上，可增加自己的运气，颜色可用喜用神的颜色。五帝铜钱可避邪气，有贵人助，放钱包里最好。

名称：梅花钱

简介：梅花钱，其作用为升官及化小人，用法有二，一是放在写字楼座椅背后或背靠之墙壁上，防止小人背后中伤；二是放在自

梅花钱

己经常开关之抽屉内，尤其是经常取用之重要文件或正在进行之计划的文件柜内，有利于事业之发展。高级行政人员非常合用。

名称：文昌塔

简介： 文昌塔，提起文昌塔，大家可能都不陌生。文昌的作用，顾名思义，就是旺文启智利学业。古人非常重视文昌，稍稍留意的朋友，就会发现，在我国有很多城市都能看到文昌塔。凡是有文昌塔的城市，在过去都是出过很多文人墨客的。一般文昌塔，有七层的，有九层的，最大有十三层的，层数越多，高度越高，摧文摧贵的威力更大。将文昌塔摆放在文昌位，则可立即令人头脑敏捷，思维发达。特别是文职工作人员，用此物，工作速度快，效率高，尤宜于小孩子学习。

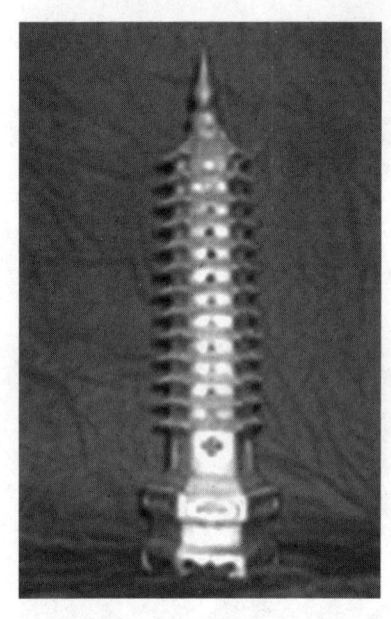

文昌塔

此法物为最常用之法器，利于读书、功名及事业。小孩可将文昌塔放于床头，成人则可将之放在书桌上，学者将它放在书柜中。将塔放在人丁当旺之星可生贵子、旺贵气，尤利文职。文昌塔青铜的最好，放在文昌位。

文昌位的算法：1艮、2震、3巽、4离、5坤、6兑、7坤、8兑、9乾、0坎。

以生之年份的个位数计算。

名称：铜葫芦

简介：葫芦又称蒲芦，谐音福禄，草本植物。其枝茎称为蔓带，谐音万代，故蒲芦蔓带谐音为福禄万代，是吉祥的象征，葫芦与它的茎叶一起被称为子孙万代。葫芦果实里面有很多种子，所以中国人把葫芦作为繁育生育、多子多孙的吉祥物。在中华民族的历史中，葫芦被很多民族认为是人类的始祖而崇拜。在

铜葫芦

神话和故事里，葫芦始终与神仙和英雄为伴，被认为是给人类带来福禄、驱魔辟邪的灵物。很多神仙、神医也都身背葫芦或腰悬葫芦，如八仙中的铁拐李，寿星南极翁，济公和尚等。所以葫芦自古以来就是福禄吉祥的象征，也是保宅护家的良品。葫芦还用作除病之用，只需挂在病者的睡床尾或摆放在病者的睡侧。就可以吸取病人身上的病气，使其快速地好起来。如果是健康人，则可以吸取人身上的晦气，提升运势。葫芦挂在大门外，则有保屋内人平安的作用。总之，葫芦已成为观赏、收藏、实用的上好佳品，是中华吉祥文化的代表象征。铜葫芦聚气，增加夫妻感情。

名称：八卦凹镜

简介：八卦凹镜，专用化煞避煞的风水用具。镜的周围由二十四山向、先天八卦、河洛九星、二十四节气组成，正对形煞悬挂，可化解直冲煞、枪煞、角煞、尖角煞、廉贞煞等，也可化解直冲大门的下行楼梯。

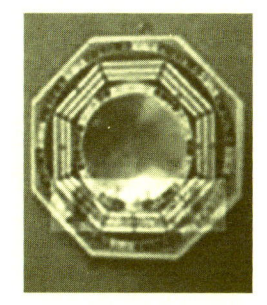

八卦凹镜

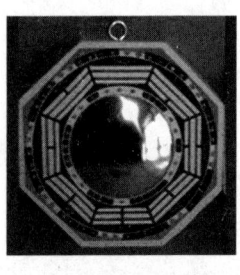

八卦凸镜

名称：八卦凸镜

简介：八卦凸镜，专用挡煞避煞的上佳风水用具。镜的周围由二十四山向、先天八卦、河洛九星、二十四节气组成，正对形煞悬挂，可化解直冲煞、枪煞、角煞、尖角煞、廉贞煞等，也可化解直冲大门的上行楼梯。

名称：水晶

白水晶：供佛、灵佛、百福千祥

黄水晶：财富、事业、根壮苗长

绿水晶：丰盛、富足、美好、欣欣向荣

茶水晶：沉着、稳健、持盈保泰

紫水晶：粉晶：爱情、婚姻、美满如意

紫黄晶：健康、智慧、出类拔萃

金发晶：吉利、吉祥、事事圆满

黄发晶：如意、如愿、心想事成

墨发晶：消灾、解厄、无忧无虑

红发晶：青春、欢喜、活力充沛

绿发晶：幸福、好运、双星报喜

绿幽灵：招财、聚财、财源滚滚

白幽灵：身强、体健、精光闪闪

水晶洞：修炼、养生、气宇不凡

千层叠水晶：稳重、刚毅、步步高

金字塔水晶：人富、人贵、世代荣华

水晶球

水晶球能够将能量扩大，所以在家中吉位内摆放水晶球，便有催吉的含意，但在凶位摆放水晶球，便出现了催灾的情况，所以对水晶球的使用要了解，才能在风水上发挥催吉效果。水晶球与佛有关，能聚财、克邪、消灾免祸。对着门放，不能放在财位。

第四节　八卦断阴宅实例

例1：是否葬准龙脉地　墓穴深浅有讲究

2006 年在面授课堂上，一位学员当场摇了一卦。

丙戌年　癸巳月　癸卯日　（辰巳空）

《水泽节》	六神
兄弟子水、、	白虎
官鬼戌土、	螣蛇
父母申金、、应	勾陈
官鬼丑土、、	朱雀
子孙卯木、	青龙
妻财巳火、　世	玄武

推断 1：你的坟地地势较低，坟地葬得不高，地脉龙气，点穴出现点问题，青龙二爻临日地脉可以。

反馈：是这样的。

解析：卦中上坎下兑，大卦象为坎宫，下卦兑也当作水看。水在低处流，坎兑组成节卦，主低，所以说坟地地势较低。初爻为地脉才爻巳火持玄武在兑卦，所以说地脉一般。

推断 2：坐山立向：此坟为壬山丙向，壬丙一线，是回龙向。

反馈：是的，此坟我曾用打过罗盘确定坐向。

解析：八卦阴宅风水看坐向，一般是世为穴为坐，应为碑为向。此例卦中，世爻巳火逢空，所以它是回龙向。巳中藏丙火，申中藏壬水，为壬丙一线，具体的应该是壬山丙向。世巳火属丙火为立穴点。若壬山要取应爻取父母爻，在坎卦为壬丙向，壬山丙向，兑卦代表地基，低洼之地。

推断 3：坟的东北角有一条小河沟，对男丁不佳。特别是对小儿子不好，本来很聪明，但上学就是上不出来，文化不高。家族女孩好，有文化，聪明。

反馈：我的小儿子目前很难管教，不听话，原来是与阴宅风水有关。

解析：三爻丑土与六爻兄弟子水合，丑为水沟，丑在艮宫为东北方位，丑临官鬼持朱雀，为小河沟，六爻子水在坎宫主男丁，被合土合入库不吉，丑土在兑宫主少年，丑临官鬼，说明这条小河沟不利男丁，而且是最不利小儿子。兄弟子水主男丁，主聪明灵活，但被合入丑库，就发挥不出来聪明才智。二爻孙卯临龙坐兑卦，女孩有出息，有钱。

推断 4：你有两个妈妈。前妈贫穷，后妈富。后妈是当时地主大家族，是当地当时最有钱的人家。

反馈：是的，我有两个妈妈。

解析：生我者为父母，二爻子孙卯木坐大坎卦是得坐，临日建，为阳爻，持青龙，断为父亲。父克者为母亲，三爻官鬼丑土及五爻官鬼戌土皆为父亲之妻。三爻官鬼丑土为前妈，五爻官鬼为后妈，所以说有两个妈妈。前妈丑土占三爻，后妈戌土占五爻，与日月生合，为君位，所以说后妈是当时地主大家族，是当地最有钱的人家。

推断 5：你家阴宅中有夭折坟，那是你前妈的，死的时候应该不超过 30 岁。

反馈：是的。我前妈是 28 岁那年夭折的。

解析：卦中官鬼丑土为夭折坟，为前妈之坟。丑土在兑宫为年龄小，为折损。故说坟当中有夭折坟在里头。

推断 6：你前妈坟下葬得不够深度，为浮尸，接不到地气，不吉利。如果再往下多深挖，50 厘米至 80 厘米就好了，就为点正青龙穴位，为大吉了。

反馈：是的，以前下葬时也没有深挖，因为也不懂风水。

解析：官鬼丑土持朱雀，说明穴不但小，而且不够深，二爻持青龙，为真正的地气地脉，青龙之正穴，但官鬼丑土在二爻孙卯木之上，为浮尸，没有接到地气龙脉。三爻官鬼丑土，土数为5.0，取5数，为50厘米，二爻子孙卯木；木数为3.8，取8数，为80厘米。所以说如果再住下多深挖50厘米至80厘米就为点正青龙穴位了。能接到地气龙脉那当然为大吉了。

推断7：前妈的坟不但要深挖50厘米—80厘米为点正龙脉，如果还往后（即往北）移6米至8米，就更加锦上添花了，为青龙得水上阿。原来下葬位置（坟穴）偏南了，而且点在了明堂上，说明穴位打错了。坟打错了一点也不行，你回去后重新调理后，一定是最佳风水。

反馈：回去后我会谨遵李计忠先生您的指点调过，我们家子子孙孙都会感谢您！

解析：挖正了龙脉，还得有水才行，世应之间为明堂，三爻官丑为坟穴，在明堂之间，所以坟穴点到了明堂上，为穴位打错了位，官鬼丑土在应爻父母申金的前面，父母申金应该为座，在前面就意味穴位点了明堂中，数穴位应该往应爻父母申金之后（后为北边）移6米（上卦为坎，主6）或8米（下卦兑2加上卦坎6）。六爻兄弟为子水，往后退6米至8米，为兄弟爻子水位置上，如此才能青龙得水。调改过后一定为好风水，为最佳风水。坟的毛病：一个是水，在东北有水沟对小孩不利，二是母坟葬的浅了，因官鬼在三爻上，再往下一点就到二爻龙穴了。再往北六米处是个好穴。官丑在三爻为明堂之地，放在五爻位最佳，五爻官戌在坎卦里，坎为6，兑为2，往后6-8米最好。

推断8：坟前右边西南方向有一条小斜路；不吉，对坟里阴魂不利，不安宁。

反馈：关于这点不吉利，还得烦请李计忠先生您课后给指点指点，该如何调啊？

解析：卦中世爻巳火为坟前，与应爻父母申金，应墓刑合，为路，是不直的路，也不是环抱的路，是斜路，无情水之路。父母申金入丑之金库，丑为墓坟，金在丑库内，金刑动，则为阴魂不宁。调过以后就好了。

推断9：此坟地里有两座坟为主坟，为双头坟，你爷爷奶奶合葬一座坟，你父亲与母亲合葬一座坟，父母那座坟带夭折的，另外还有一座为单头坟。

反馈：是的。

解析：卦中五爻官鬼戌土临月生日合，为旺，为双头坟，是爷爷奶奶的坟。三爻官鬼丑土也是临着月生，又日克，也是双头坟，但逢日克，说明内有夭折之人，丑为阴，在兑宫，表明是女性的，亥为他前妈，另外，应爻父母申金为鬼魂，持勾陈也代表坟墓，申金临月克日耗衰弱，所以断为单头坟。

推断10：此阴宅能出有钱人，利求财，能出文化人。对女人有利，特别是小的，你小女儿文化肯定高，对，男人特别是排行小的不利，你小儿子肯定难管教。

反馈：正是这样，女儿是大学生，小儿子不听话。

解析：卦中初爻临妻财，临月建旺日生扶，财为女人，对女人好。巳火在兑宫，小女儿好。巳火在巽宫，为文昌主文化高，所以小女儿可以考上大学。六爻兄弟子水在坎宫，代表男人，子丑相合，兄弟子水给合绊住了，子水在坎宫，坎为水，子也为水，水主聪明，但给丑土合绊住了，不善于发挥聪明才智。子丑合，丑在兑宫，主小，所以说男人特别是排行小的，不利，子水在坎宫，个性非常活跃，难管教。

推断11：你有3个孩子，2男1女，大儿子还行，事业财运稳定。而小儿子难管教不听话，让你操心费神。2001年小儿子还惹祸临身，使你破了财。

女儿为最小的，还挺有出息的，文化程度高，工作稳定，收入好。

反馈：完全正确，我有2个儿子，1个女儿。大儿子现在是有事业单位之人，有一点小小官职，他懂得为人处事，人像女子，办事有主见，财运收入还不错，就是文凭不高，二儿子，也就是小儿子，真不成器，工作不好好做，总想着换工作，为人不稳重，虽然聪明，但总爱往外跑，不顾家。2001年他与朋友一起喝酒，酒后打架，被关押了100天，我花了5万元保释他出来，真伤透脑筋，他已成家但仍然像小孩子似的整天不着家。小女儿比两个哥哥都好，不但大学毕业，取得高文凭，而且也有了一份理想的工作，财运事业都稳定舒心。

解析：我生者为子孙，世爻火生土，卦中五爻官鬼戌土为长子，五爻官鬼戌土逢月生日合，人缘好，办事有主见。月建巳火财旺，戌土官也旺，大儿子仁义敦厚，吉利。身旺财官同旺。是有事业之人。取二爻官鬼丑土代表二儿子（小儿子），持朱雀，能说会道，丑土与外卦子水合，与月建巳火半合，外卦及月令为家外环境，表示他常常往外跑，不着家。2001年巳火流年，才爻火旺生官鬼，鬼旺逢刑则是非多。太岁巳火妻财去生官鬼丑土，为是非花钱，有刑必有伤或牢狱，断2001年巳火妻财花在丑土身上，多少钱？丑土主5、0，按一般常理，化解牢狱之灾，得以万计算，故说花了5万元，你小儿子出来。取二爻卯木为小女儿，因卯戌相合为手足，卯木子孙也为孩子，子孙卯木在兑卦，兑为少女，所以子孙卯木为小女儿，二爻卯木临日建持青龙，其个性干脆利落，像男子性格一样直爽，做事有魄力，很能干。卯木临青龙真龙，是聪明能干大事之人，当然文凭也高。

推断12：你的身体健康方面还行，除了血脂高，其他没大病，但你妻的身体体质较柔弱，主要是颈椎病及偏头痛。2005年妻子为治病花钱了。夫妻恩爱。

反馈：对！

解析：卦中初爻持世，巳火临日建旺，二爻木临日建紧贴世爻巳火相生，世爻火很旺，火旺则生土，土在卦中临宫鬼为病，土旺相刑，火土同旺，血脂高之病症。

卦中应爻申金为妻宫，二爻子孙木代表妻子，应爻申金逢月克日耗处休囚，是妻子的动态，即为身体柔弱，体质差。五爻临日合暗动，克制六爻兄弟子水，四爻父申代表颈椎骨，有五爻戌与日合，四爻申金与月建巳火刑合，也为暗动，五爻官鬼戌为阻隔堵塞，使四爻申金与六爻子水无法流通相生，四爻申金被月令刑克，是为颈椎病，六爻兄弟子水为头，持白虎，白虎代表右边，主卦也代表右边，白虎还代表痛症，说明妻子常常患有偏头痛，是右边痛得厉害。根源在于五爻官鬼戌土堵塞，使血脉不通而致偏头痛。说明颈椎有钙化的趋势。四爻、五爻都在变动，说明颈椎的骨质疏松之兆。2005年酉金为太岁，冲克卦中巳酉丑合金局，旺并且冲克二爻妻子卯木，卯木被冲动合入戌库，成为医院。所以该年妻子住院治病花钱了，初爻巳火持世与二爻卯木妻子为相生关系旺，所以和睦相处，恩爱有加。

推断 13：你目前孙辈已有 4 人，其中你的大儿子生 2 个男孩，你的二儿子生了 1 个男孩 1 个女孩。你的女儿还没有孩子。

反馈："一点儿都不错，真准！"学员竖起大拇指兴奋地夸奖着。

解析：卦中五爻官鬼戌土为大儿子，则二爻子孙卯木就为他的妻子，二爻卯木本身就临着子孙，持青龙临日令旺，坐在兑宫，兑主 2 数，为 2 条龙，即 2 个儿子。三爻官鬼丑土为小儿子，则四爻父母申金就为儿媳妇（小儿子之妻）。我生者为子孙，申金生子水，故说子水代表小儿子的孩子，子水与申金同性，申金为女性，所以有 1 个女儿，子水中藏癸水，癸水与丑土为同性，丑土为小儿子男性，故还有 1 个男孩，也就是说小儿子生了 1 个男孩 1 个女孩。二爻子孙卯木代表女儿，妻财巳火为木所生，故为女儿的孩子，目前逢旬空，虽不为真空，但毕竟有种空象，可视为还没结婚生孩子。

推断 14：此坟旺财不旺官，女的比男的会更有发展前途。发女不发男。因为坟的西南方是长流水，不干涸的水。西北方有出水口，目前没有，但雨季时节还是水打坟前经过，流向出水口的。将来以后对男丁不利。

反馈：既然如此，我会尽快作调理。

解析：卦中妻财火旺，为旺女人，旺财源。官是土爻逢刑，兄弟子水休囚，为不利男人发展的信号，有官不大，或有官也不长久，抑或有官易招灾引祸。西南方是长流水，因为四爻父母申金是六爻兄弟子的源头，申为西南方位，所以西南有长流水，即坟前右边是长流水。西北方有出水口，也就是说坟的后面靠右边是出水口，卦中应为后为坐，五爻戌土就是出水口，目前临月建生旺，看不出来，但戌土毕竟是坐在坎宫低处，雨季来临时，还是有水打坟前经过，流向出水口的，卦中卯戌相合，卯在二爻内卦为坟前面，水打坟前经过，官戌坐坎卦，聚水，申金与子水半合水局，此时的戌土为湿土，暂时无法克制水，所以戌土西北方是出水口。按风水中的水法，壬山丙向应该收正西，西南两方来水大吉，此坟只收得西南一方的来水，为后天水，缺先天来水，美中不足。应该为东南去水大吉，但此坟为西北去水，所以水法不正，风水不为最美，有所欠缺。西北不应去水，有则对男丁不利。

推断 15：不论阴宅，阳宅，财源还是能聚的。不过，如果能调改为乾山巽向更好。

反馈："我就按李计忠先生您的建议去调改！"学员异常兴奋地说。

解析：因为按卦中信息，调为乾山巽向，即应五爻官鬼戌土，向二爻子孙卯木，乾主权主武，巽主文，为双龙腾飞之象，五爻持螣蛇，二爻持青龙。卯戌相合，为阴阳合璧，真乃难得的好风水。

例2：下葬错位　八卦明示

2006 年 5 月份公司举办六爻八卦面授班及六爻风水面授班，其中讲六爻风水课断测阴宅吉凶的内容时，为了让学员更好的掌握运用断卦技巧及定义，我让一位学员当场摇上一卦，测其阴宅吉凶。

	丙戌年	癸巳月	癸卯日	（辰巳空）
	《水山蹇》	《雷风恒》		六神
	子孙子水、、	父母戌土、、应		白虎
	父母戌土○	兄弟申金、、		腾蛇
	兄弟申金×　世	官鬼午火、		勾陈
	兄弟申金、	兄弟酉金、　世		朱雀
妻财卯木	官鬼午火×	子孙亥水、		青龙
	父母辰土、、应	父母丑土、、		玄武

推断 1：你家阴宅地气不吉。

反馈：以前请过地师看，也是这么说的。

解析：看坟，即阴宅，重点看内三爻，也就是内卦。初爻父辰逢空，空则为暗，为阴，初爻临父母爻和临四库土，皆为阴气重之信号。不吉。

推断 2：阴宅的地势不高，西高北洼，西南高，东北低洼，北南边有坑。

反馈：地势确实像您说的那样，西南较高，而东北趋于低洼。

解析：主卦外坎内艮，地势不平。五爻戌土在坎宫，主北边低洼，发动冲初爻辰，辰土在艮宫主东南偏南方位高辰为暗动，化出丑土持玄武水神，水在低处，也说明丑土东北方向低洼。总的趋势看来就是西南高，东北低。

推断 3：你家阴宅为艮山坤向。

反馈：是的。

解析：按常理，阴宅的坐向定义为：世代表墓穴，应代表向口，但在这里要具体看卦中组合及神参断初爻父辰临应持玄武，在艮宫，玄武主后面，艮为高，说明应爻父辰坐山为艮；再看三爻、四爻为明堂为向口，三爻兄申持朱雀为前面，世爻兄申居四爻上，也为明堂为向口，说明阴宅向口为申金的方向，申在坤宫。总的看来，此阴宅为坐艮向坤。

推断4：你母亲是近几年刚下葬的，具体的应该说是2001年下葬的。从下葬后她的灵魂得不到安宁。

反馈：我母亲是2001年下半年去世的。

解析：取二爻官鬼午火为母坟，在二爻临日月生旺，发动，动则有不安宁之象。二爻官鬼午火在卦中很旺，化子孙亥水回头克是吉利的，但2001年流年为巳火冲去子孙亥水，二爻官鬼午火无制，而命归黄泉。

推断5：母亲下葬时，是先把父亲坟劈开后，再让母亲与父亲合葬在一起。葬好多年的坟是不宜再行劈开的，你们子孙后代犯了大错。

反馈：是这样。我们那边的地方风俗都时兴夫妻合葬。不知道这也犯忌讳啊。

解析：伏神财爻卯木代表棺材，官鬼午火中藏着丁火，阴阳之火代表双坟之意，官鬼午火发动，财爻卯木伏神临日建卯木旺也为动，说明下葬母亲棺材时动过父亲坟墓了。父亲的坟是先葬下去，劈开就动了原有的吉利气场，阴阳就会失衡而影响后代，所以是犯忌讳的。

推断6：你母亲的坟葬在左边，如果葬在父亲坟墓的右边就对位了。

反馈：我母亲的棺材确是葬在父亲坟墓的左边，在当地风俗上还没注意到这点。

推断7：你家阴宅明堂不平，整个明堂的地势低凹不吉利，不利财运。

反馈：坟前地势是一边稍高，一边稍低。自母亲下葬后，几年来，财运一直不好。

解析：取三爻、四爻为明堂，三、四爻临兄弟申金，兄弟爻为不漂亮，不高，三爻临朱雀，四爻临勾陈，朱雀指明堂小，勾陈代表有坑凹，地势不平之象。官鬼爻发动克三、四爻兄弟申金临日月休囚，为不得气，以遭克论，受克则明堂地形不成方正之地。常言道：山管人丁，水管财，向为水为财，明堂为向代表是否聚财，此卦中显示明堂低凹不平，不利财运了，聚不了财。

推断8：此阴宅最不利的是向口，对子孙不利。日后难出读书人。小孩学习不好，宜改向。

反馈：好，我回去后就按您的指点调改坟向。

解析：二爻官鬼午火临日、月很旺，再行发动，冲克六爻子孙子水，六爻子孙子水化出父母戌土回头克制，多方面受冲受克制，所以很不利子孙的前途发展。再说二爻官鬼午火回头克，说明向口立得不对，宜改向口。

推断9：你家的祖坟地有3块墓碑。一块是爷爷的，一块是太爷的，一块是父母的，这3个坟皆为双头坟，也就是夫妻合葬的坟。

反馈：正如李计忠先生您所测的一样，完全正确。

解析：申金代表石头，墓碑。此主卦、变卦中出现3个申金，视为3块墓碑。取变卦中六爻父戌为太爷的坟，取主卦五爻父母戌土为爷爷的坟；取主卦二爻官鬼午火及伏神财爻卯戌土与午火皆为旺相，所以说3个坟皆为双头坟，即为夫妻合葬之坟。

推断10：这3个坟墓当中数太爷葬的最好，其他不太好。

反馈：以前的地师也曾说过太爷的阴宅风水好。这回听李计忠先生您准确断测，我更信了。

解析：变卦六爻父母戌土为太爷坟，临日合月生旺相，为吉。

主卦父母戌土发动，说明在以前就动调过此坟，坟动则气散，化出兄弟申金临日、月休囚，不得气，不吉。

主卦二爻官鬼午火也发动，临日、月旺相，说明为近年下葬的新坟，刚动过，坟明动则气散，化出子孙亥水临月破，临日泄，日月皆不得气，休囚处死地不吉，所以说太爷之坟风水较好，其他两个坟的风水不太好。

推断 11：你母亲去世时是戴着金银首饰下葬的。

反馈：是的。

解析：卦中酉金代表首饰。酉金在变卦坐巽宫，巽为木代表棺材。二爻官鬼午火代表母亲，发动克酉金，为戴着金银首饰物，酉金入到初爻父母丑土金库里，在初爻也代表入土之象。即为母亲戴着金银首饰一起下葬了。

推断 12：你家阴宅的南边有河，水较大，由西南向东流去；北边也有一条河，水流较小。南边河大，北边河小。

反馈：没错，是两条河流，流的方向正像李计忠先生您所说的那样。北边那条较小的河是前几年才修好的。

解析：取二爻所在的主卦与变卦代表南边那条河，因为南边地势较高，二爻持青龙，变卦子孙亥水在巽宫，巽代表东南方向，为水之源头从东南方起，源头水大，高水为大水，流向东北方，主卦二爻官鬼午火在艮宫，艮代表东北方，源头虽然水大，但流到东北方向水流有所减弱。

取五爻所在的主卦与变卦代表北边的那条河，因为北边地势较低，五爻持腾蛇，变卦五爻申在震宫，震为东边，为水之源头，从东边起源，主卦五爻戌土占在坎宫，坎为水，即北边，河流流向北边。

南边的河持青龙，水大，北边的河持腾蛇，水小。北边的河低洼，戌与日建卯合动，所以说是近几年才修造起来的。

推断 13：你父辈有三个兄弟，其中有夭折的。此阴宅对老大最不利，难有后代子孙。老三最好。父辈里有拿枪的。

反馈：我父辈有三个兄弟。我大爷10多岁时，为了救我叔叔（老三），给牛车轧死的，听说，我大爷在村里是有威信、有权的人，也拿过枪。

解析：看父辈兄弟几个，看卦中的父母爻。变卦六爻父戌在震宫为老大，持白虎，为有威信有权的霸气之人，拿过枪。变卦上震下巽，约在15岁时夭折了，当然也就不会有子孙后代。五爻父戌在坎宫为中男，是卦主之父亲，初爻父辰代表的是他叔叔（老三）。五爻、六爻的戌土为火库，说明目前都已不在人世间了。初爻父辰化父丑，皆湿土，有水份是有生命的，所以父母辰土是三叔，还健在。

推断14：你原来有一个大姐，夭折了，现在剩一个弟弟一个妹妹。

反馈：没错。

解析：五爻父戌发动化出申金在震宫，震主4数，所以是4兄弟姐妹。月令巳火克合申金巳与申为异性，所以是大姐夭折，对老大不吉。

推断15：你三叔的情况最好。他命硬命大，要不是小时候大爷救他，他就完了。他目前有7个孩子，多子多孙，福气啊，再说他日后必是长寿之人。

反馈：我三叔是生了7个孩子。村里人都说命硬，克性大。三叔能长寿，那是值得我们庆幸的啊！

解析：初爻父辰为三叔，辰土安静不动，是为吉。辰土为水库，水在卦中代表子孙，辰为子孙之库，父母辰土坐在艮宫，艮主7数，并且发动，所以三叔多儿多女，生了7个孩子。代表三叔的父母爻辰土紧贴着二爻官鬼午火临日，月建旺，来生扶用神父母辰土，所以断三叔日后将是一位高寿之人。

推断16：从风水的水法上说，你们家阴宅没有风水，特别影响子孙后代，难出读书人。别说做官，就算做官也易因官致祸。

反馈：感情需要尽快调理了。到时还少不了麻烦李计忠先生您呐。

解析：看阴宅，回头克这是先天水，有似无。注重水法。此卦中有水似没有。六爻子孙子水化父母戌土在巳月，二爻官鬼午火动化子孙亥水，在巳月份，变卦亥水 月破，亥水为子孙，与月令巳火官鬼相冲破了，这是后天水，破了，凶。卦中虽看似先天、后天之水皆拥有，但这两个水法，不是休囚了，就是破了，不能为用。所以说从风水的水法上说，此阴宅没有风水。阴宅坐艮向坤，地势为西南高，东北低，为前高后低，不吉，违反了后枕高山脚蹬川的基本风水法则。人常言：山管人丁水管财，此阴宅山水皆不得气势，故说没有风水，特别影响子孙，不利子孙学习、事业及求财，不利仕途官职等。

推断17：你家的坟地之所以没有风水的另一个原因是：这块地是许多年许多代的老坟场地。没有龙脉，没有地气。

反馈：是的，这块坟地不知经过了多少年代了，年代非常久远了。

解析：看主卦，上坎下离，水不得利，一片干硬燥土质之象，没有地气及龙脉，也就没有风水。卦中库多土旺，为老坟地，所以说是经历许多年代的老坟场。

推断18：坟地的地势收不住水，不协调不恰当，难为好的风水啊！好的风水宝地得地势要平坦。

反馈：我觉得奇怪。表面看去，似乎平坦，但雨季就可一目了然看出哪儿有积水，哪儿较高了。

解析：看坟地不能不看地势，此坟地是南高北低，西高东低，前高后低，水收不住。艮山坤向，按水法，出水口应该往西南流，大吉。但此坟西南较高，水流不出去，所以说此地势收不住水，不为好风水。

推断19：自你出生以来，你家的坟地曾多次动过，至少两次或两次以上，其中1958年、1966年、2001年都有明显动过坟的迹象。

反馈：是的。我有印象的是：1958 年动过一次，是奶奶死后与爷爷合葬，动过坟。1966 年动过一次，是当地一位年轻女子死后，为了给大爷配阴婚，将大爷坟从外地迁回来，将此年轻女子之棺与大爷合葬。2001 年是母亲死后，与父亲合葬也动过父亲的坟。

解析：卦中多爻动。二爻、四爻、五爻皆可看作为坟墓被动过的信息。58 年戌土为太岁，在五爻动，说明 1958 年动过坟；1966 年午火为太岁，持勾陈，四爻兄弟申金发动化官鬼午火，官鬼午火为母亲之坟，在下葬之时，太岁冲克官午火动化出的子孙亥水，巳火与午火为阴阳两性，为父母亲合葬之象。

推断20：你本身有三妻之命。多子多孙之象。孙子目前共有 5 个。

反馈：我有 3 个女人，也可以算是有 3 个妻子，这 3 个妻子一共生了 5 个孩子，3 男 2 女。

解析：卦中妻财不上卦，财爻卯木伏藏在二爻下，二爻为家庭，为妻子，妻财卯木，木主 3 数，所以也可以说有三妻之命。卦中水为子孙，有申子辰合水局；子孙旺，为多子多孙之象。六爻子孙水，因有三合水局，水主 1.6，取 6 数，但六爻子孙子水化父母戌土旺而回头克，水也为 1 数，则 6-1=5，实为 5 个孩子。另外一种看法，应爻父母辰土为妻宫，辰土妻子的话，其逢空，化出父母丑土不空，主卦五爻与变卦六爻皆有戌土，共计 3 个妻宫，即三妻之命。各个妻在宫位不同，个性一定也不一样。

推断21：你目前从事的主要职业为火类性质。不是最理想的。应该以金水类职业为主大吉。流动性大或与水类有关的职业最适合你。比如记者、水产品、酒吧、茶艺等等行业。

反馈：我目前主要职业是摄影工作。拍外景较为辛苦。因为一直做此项工作，换工作之事暂时还没想。今天听李计忠先生您这么一说，我决定要改行了。

解析：卦中世爻临月克日耗，处休因，此刻又发动化出官鬼午火临月建日生，官鬼旺回头克制世爻兄弟申金，一方面为卦主工作压力特别大，官鬼也代表工作、行业、职业，另一方面，世爻衰弱，化出官鬼午火旺回头克制为不吉，为职业选不对路，所以最好改换职业。卦中子孙爻为水，世爻为金衰弱，故应该改换为金水之职业大吉大利。对求财、工作事业皆大利。

推断22：你家住宅风水也不行，挣钱不够花销，无法聚财。住宅是门与门相对，窗与门相对，门窗较多，散气之宅。大门破旧，应换了。

反馈：正是这样。

解析：主卦、变卦中，三爻、四爻为厅堂，为门，兄弟爻重重。为不聚财之象。兄弟爻也代表门与窗，说明宅屋门与窗多漏气。兄弟申金本为休囚，再遇官鬼午火回头克制，为旧门，破败之门，应改换较宜。

推断23：你家的厨房与卫生间都设在东北方位上。其中厨房在左边，东北偏东方位。厕所在右边，东北偏北的方位。

反馈：正是这样。

解析：卦中伏在二爻下的财爻卯木为厨房，财爻主食物，二爻为灶厨，在艮宫，为东北方位，二爻持青龙，财为卯木，卯为东方，所以厨房在左边，东北房东方位。变卦初爻丑土代表卫生间，临着玄武水，玄武主北边，此宅屋北边为右，所以厕所卫生间在右边，为东北偏北的方位。

例3：好运佳景即将来　勿忘调理阴阳宅

在八卦六爻面授班上，我常常采取让学员当场摇卦，当场解卦的授课方法，这样更能培养学员的实战能力，更能锻炼学员的断易思维逻辑。解卦过程中学员可以随意发问，可以从不同角度提出课题，使一卦多断的方法得以充分发挥和表现。因此，课堂上的每一个卦例，都是一个活生生的故事，一位学员摇出一个《离》之《鼎》卦，我就通过这个卦诠释了他饱历沧桑，不屈不挠，苦苦求索，终成大器的一生。

乙酉年　　癸未月　　辛酉日　　（子丑空）

《离为火》	《火风鼎》	六神
兄弟巳火、世	兄弟巳火、	腾蛇
子孙未土、、	子孙未土、、应	勾陈
妻财酉金、	妻财酉金、	朱雀
官鬼亥水、应	妻财酉金、	青龙
子孙丑土 ×	官鬼亥水、 世	玄武
父母卯木○	子孙丑土、、	白虎

推断1：你是属蛇的，今年41岁了。你妻子是属鸡的，今年27岁了。你们在2004年离婚了。

反馈：是的，我属蛇，她属鸡。

解析：主卦中兄弟爻巳火持世，安静不动，巳为蛇，生肖应该属蛇。应爻官鬼亥水化妻财酉金，化出之酉金代表妻子。酉为鸡，所以说妻子是属鸡的。

《离》卦中兄弟巳火持世，身太旺，必克妻。从妻子角度来讲，离卦中之酉金太受压抑，逢生旺之年，必起抗争之意。2004年之所以离婚，是因为太岁为申金，申金一方合住巳火，另一方面生应爻亥水，亥水变旺相，而且2004年大、小限皆行走在三爻官鬼亥水上，亥水为应代表妻子，冲克世爻巳火。主卦为六冲，本主婚姻感情不利，又逢不利之年，所以离婚了。

推断2：你的命运坎坷曲折，历经磨难，尝尽艰辛。但你最大的安慰是，研易用易其乐无穷。你学易有成之象。今后3年有小成，5年有大成，8年为鼎盛期，可名扬天下。经过火的煎熬，才能炼出真金来。你是学易的好人才。

反馈：是吗？！谢谢老师的鼓励，既然老师已对我道破天机，那么我明年就开始独立门户了。我该如何选店铺呢？

解析：卦主摇得《离为火》之六冲卦，这种卦象就主一生波动大，经历坎坷，艰辛曲折。离为火，火为文化、文明的象征，起得《离》卦，是非常有利学易的卦象，所以说他学易有成之象。卦中父母代表学习，父母为卯木发动，生助世爻巳火，巳火于卦中逢生助，后劲足。今年开始大限行在三爻官鬼亥水上，接着行财爻酉金，对事业名利皆非常有益，所以说卦主最大的安慰是学易有成，其乐融融。而且今后3年有小成，5年有大成，8年为鼎盛期，名气会很大。世爻兄弟巳火，兄弟持世之人都能脚踏实地，吃苦耐劳。世爻巳火位居离宫，离宫之火永不熄天，智慧源泉永不枯竭，可谓地灵人杰，所以说卦主是学易的好人才。

推断3：你搞周易开店铺，最宜在城市的北面，门向朝东或朝北都好，这样会非常有利于名气的宣扬。

反馈：谢谢老师的指引。选店铺时我会谨记老师嘱咐的。

解析：主卦中官鬼为亥水，又为应爻，父母为卯木，搞学术的生意注重官与父。因为官鬼代表名气，亥水主西北偏北的方向，卯木代表东方，应爻为风水口，主门向，所以说卦主搞周易业务开店铺，最宜在城市的北面，而且店铺的门向朝西北偏北或朝东都好。

推断4：你本人2001、2002这两年财运很好。2003年有破财之灾，还有车祸伤灾、口舌官非之事。

反馈：我2001年、2002年的财运确实好，有些偏财。2003年发生撞车事故，我受伤了，而且破了财，还因保险理赔金的事情打了官司。

解析：世爻巳火在月日不旺，身弱之时难胜财。遇2001年、2002年巳、午火流年帮身，身强能担财，所以2001年、2002年财运很好。

2003年未土流年入卦中五爻未土，临月建持勾陈，子孙很旺，泄世爻巳火之气。巳火更弱，身弱财旺，故易有破财之事。卦中初爻卯木父母发动化丑土与太岁未土犯冲，持白虎，白虎主血光，主伤病、车祸、官司等。二爻丑土持玄武也发动，冲太岁未土，玄武主突发的、意想不到的祸事。太岁临五爻道路逢白虎、玄武动来冲击，所以会发生车祸、伤灾之事了。因子孙太旺，子孙是制官的，官爻代表执法部门，子孙爻与官鬼爻相冲突，就会有官司、口舌之争，所以还因保险金的事打了官司。

推断5：你是2004年离婚的，该年你心情很糟糕，曾经去过寺庙，要出家当和尚，但结果未遂心愿，因为你尘缘未了，六根未断，无缘出家。

反馈：老师，连我去寺庙要出家之事都看出来了，您真神了！我那年真是感到心灰意冷，毫无生趣，好想出家当和尚，但寺庙方丈不收留我，说我应是红尘中人。

解析：2004年甲申流年逢大、小限亥水冲击命主巳火，亥水为华盖，为天门，也代表寺庙，冲则为动之象，故卦主萌生要出家当和尚的念头，但流年太岁申金又与巳火相合，此为刑合的关系，刑者，伤也。该年卦主很伤心，心情不好，既逢冲又遇合，矛盾心理尤其明显。华盖亥水化出酉金为妻财，为女人，为桃花，表明卦主六根不净，尘缘未了，无缘出家，最终还是给太岁老爷合住了，最终还是未遂心愿。

推断6：2005年，你较为平安顺利，没啥大事。

反馈：今年到现在为止，确实如您所说，平安顺利。

解析：2005年乙酉，太岁入四爻妻财酉金，且大限行走在三爻官鬼亥水上，小限行走在四爻妻财酉金上，财官相生，主卦初爻卯木发动，金水木火连续相生有情，所以确实工作顺利，财运亦佳。

推断7：明年——2006年直到往后的年份中，佳运渐开，可独当一面。搞周易研究，好运逢佳年，名利皆可图，好好把握。

反馈：就凭李计忠先生您这一番话，就值得我去努力啊。既然天赐良机，我一定好好把握啊。

解析：卦中看卦主行大限为三、四、五爻，皆为连续相生的子孙、妻财、官爻，五行流通有情，所以说名利皆可图啊。因三爻持朱雀，四、五爻在离宫，皆主文明、文化的象征，所以说佳运渐开，搞周易学术研究再适当不过了。

推断8：不过，以前的你历尽坎坷，多灾多难。常有伤病灾。你小时候发高烧很严重，差点丧命。也有过水灾。虽然灾难多，但你为人倒是很聪明的。

反馈：确实如此。记得的车祸伤灾就有四次了，手和腿都断过。听母亲说我小时候有一次发高烧很严重，差点送了命。水淹过一次，也是差点丧命。所以我妈说我的命硬，大难不死。

解析：世爻巳火在离宫，巳为火，离也为火，巳火在八卦里也有手术刀的含义，所以巳火代表多灾多难，代表火灾、水灾、伤灾（血光）。巳火有杀伤力，而且巳火持世。主卦为六冲之卦，难得安宁。十二生肖中蛇最易得灵气，善解人意和一些虚惊怪异之事，最聪明。所以逢巳火持世之人，头脑都很聪明。

推断9：按理，你应该是兄弟姐妹三个。但看你此刻摇出之卦，依照世爻旺衰，目前你只有两个兄弟姐妹，有一个应该是夭折或短寿。

反馈：对！我母亲生我和两个姐姐，兄弟姐妹共三个。不幸的是我有一个姐姐1993年因病去世了。

解析：世爻在离宫，离宫数主3，世爻为巳火，火之数主2、7，因巳火在卦中临年、月、日休囚不旺，且卦中有巳酉丑三合金局入丑之金库，故说其中有一个是短寿或夭折的。为何去世在1993年？流年为酉之年也。最终判断卦主兄弟姐妹为两个。

推断 10：你母亲目前的身体不好。父亲早在 2000 年就离开人世了，可能是因心脑血管疾病而终。你父亲家的兄弟少，仅兄弟两个。

反馈：是的。我父亲就兄弟俩人。父亲早在 2000 年就因高血压去世了。母亲一直身体不好，现在在敬老院里。

解析：卦中取初爻父母卯木为父亲，取二爻子孙丑土为母亲。

初爻父卯临岁，日破，发动入月未土之墓，入月墓，在日代表近期，在月代表有几年了，在年代表时间更长，说明去世有好几年了。父卯持白虎发动化出孙丑也为墓，白虎主血光，主丧事，卯木主狭长，代表脑神经、脑血管，在离宫，离主火，主红，主血，所以判断父亲由于脑血管疾病去世的。为何在 2000 年庚辰呢？因为辰为万物之库，也为木之库。

初爻父卯休囚逢破，当然兄弟就少。卯为木，木之数为 3、8，在卦中动化丑，丑之序数为 2，基于卯在卦中处衰地位，所以判断为 2 个。

二爻子孙丑土为母亲，发动化出官鬼亥水，持玄武，说明母亲身体不好，水旺为阴气重。丑在艮宫，为寺庙，也可看作养老院。所以说母亲现在在养老院里。

推断 11：你母亲明年即 2006 年丙戌有病痛折磨，右腿血脉不通。常受疼痛折磨。

反馈：谢谢老师提醒！我会多注意母亲的身体，照顾好她老人家。

解析：为何说 2006 年丙戌有病痛折磨呢？2006 年小限行走在五爻子孙未土上，二爻子孙丑土为母亲，遇逢流年戌土，组合成丑未戌三刑，土发动，土旺相，二爻丑土化出官亥水，土旺则克水，水主血、血脉，所以该年多数因血液的问题受病痛折磨。亥水在变卦，变卦为右边，所以母亲右腿血脉不通。

推断 12：你母亲出身为地主大户人家。家中兄弟姐妹多，至少有 8 个。

反馈：是的，我母亲为地主出身，家族也大，读书人多。母亲实际兄弟姐妹 8 个，其中姐妹 5 个，兄弟 3 个。目前还有 6 个兄弟姐妹。

解析：母亲之位为二爻子孙丑土，与卦中五爻未土相冲，五爻可视为掌门人，为父母木之库，未库门开，丑未冲可视为出生于五爻未土尊位、尊贵之家。未在离宫，离宫为火，为灯火通明之象，所以说母亲家庭出身为地主大户人家。

推断 13：你们家的阴宅祖坟葬得不好。坟前低洼，后山不高，所以发财不长久，无靠山难有做官之人。

反馈：以前曾经有风水先生看过，也说不好。因为家庭困难，都没往心上去。待我经济好转，一定重修祖坟。

解析：世爻在六爻上，是风水不好之象。世为坐山，应为向口，世居六爻，说明坟后没有靠山。应为向口临亥水，水主低，说明坟前低洼。世在外三爻皆为无法藏风聚气之墓穴，为凶穴。常言道，山管人丁，水管财。此墓穴前低洼后无靠山，说明后代发财不长久，不聚财，无靠山，不出当官之人，不旺人丁。所以卦主及卦主的父亲兄弟均少。

推断 14：以此类推，你目前的住宅也有问题。要想名利双收，人财两旺，还是要尽早调理下才好。

反馈：谢谢李计忠先生指点。我会首先考虑调理阳宅，有一定经济能力时再调理一下阴宅。虽说阴宅比阳宅更重要，但毕竟调阴宅不是一朝一夕的事，还有经济因素得考虑吧。调阳宅会见效更快，更直接一些吧。

解析：看阳宅与阴宅大同小异。从断阴、阳宅角度看，此卦组合确实太差，表明阳、阴之宅不藏风不聚气。特别是阴宅不利。初、二爻代表地爻，代表地基及坟墓，临白虎、玄武发动，化出之爻亥、丑冲五、六爻，六爻为天，为气场，天地犯冲，所以气场不吉。

第四章　城市、工厂、小区的风水调理案例

　　国内著名的风水老师很多，风水调理，各有所长，方法不一。唯八卦阵法独门绝技，鲜为人知。

　　八卦阵法通称为 108 卦阵法，它的化解调理作用是奇妙的。但由于它的组合方式的差异，摆放位置的不同，所起到的作用也不尽相同。八卦阵法的原理，不仅可以应用于一家一户的小型场合，还可以应用于厂矿、住宅小区，甚至于整个城市。

一、给山西某市进行的城市风水调理

　　某市是山西省著名的煤城，地势西北高东南低，2004、2005年连续发生了几起煤矿瓦斯爆炸，死亡人数第一次 10 多人，第二次 36 人，最严重的一次达 72 人，惊动了中央领导，中央电视台的著名主持人亲到现场采访报道，曾经轰动一时。连续的事故使当地领导万分焦急，当他们得知我的 108 卦阵法能够破解之后，市长亲自出马前来邀请，当时我已外出给人调理风水，他们从海南追到浙江，又从浙江一直追赶到天津，终于找到了我。

　　我仔细勘察了本市的地形，看到这里地势西高东低，三面环山，正西方为制高点，又名为虎头山，此为煞气之源。自虎头山下进市区的一段必经之路，为两山夹一沟的葫芦口，在半山腰打通了隧道，冲开一条高速公路，这条路冲下来一直到市内，直冲市政府办公楼前的开阔地——市政府广场。西北也有一条同样由涵洞凿开的山路冲下来，这两条山路就像两只老虎张开血盆大口对着这个城市，所以不可避免会有凶险之事发生。高速公路自虎头下直冲市区，又与市区主干道相通，使煞气居高临下，势不可挡，则市区，特别是东部区域的居民、企业就会有血光之灾。

　　2005 酉年太岁在西方，二黑在东，就形成了太岁冲二黑之势，

西方本来就是白虎之位，又有一虎头山在西，市区在东，虎头山在上，市区在下，更加大了这种冲势。虎头山下的大隧道又像老虎之口，加大了西方的煞气。西方为西，白虎为西，太岁又为酉，而今年二月月令为卯，卯酉相冲，岂能不引发血光之灾？待到秋酉月，煞气又会大增，三酉冲卯，则东方必再见更大血光。太岁冲二黑，风水上讲要发生大灾祸。实际上两条路当年发生过七次车祸。

再看市政府的风水。政府办公楼前有个大广场，广场上对着办公楼的大门有个喷水池，里面有三根旗杆插在水池中间，这是风水上的一忌，因为旗杆代表城市领导，在水池中意味着坐水牢。水池前是大道，大道前是广场，广场上修了17米高的火炬，据说是代表煤城和燃烧。这在风水上又犯了一忌，因为这也代表着火光冲天（瓦斯爆炸），尤其是安放在与办公楼大门相对的正中子午线上，更容易发生爆炸事件。因为这火炬，看似象征光明，为市民指引方向，但对政府大楼来说，却是一个火煞，火炬为红色，一旦成煞，就不再象征光明，而是血的颜色。且火炬头呈尖刀形，又成为冲天煞，最为凶险，火炬的一前一后两个大水池，为两水夹一火，且为火在上，水在下，不但不成水火既济，反成水火相战，又主血光之灾。

根据这种情况，我立即着手进行了调理。调理的方式是：拔掉广场上水池中央的旗杆，把旗杆改放在广场西北方，两边修了半椭圆形的柱，像北京金水桥那样的形状。拆除火炬，在那个位置上立起一个直径14米、高27米的不锈钢乾坤球；高于办公楼，用来化煞；在办公楼上也放上一只小一些的钢球，遥相呼应。把喷水池移到广场东南方向，水池中再加九个青石龙头，通过龙口向外喷水，喷出的水为阴阳八卦图的形状，用来化煞，确保交通不出事故；在广场南面建三座八卦亭；在城西大隧道的入口处塑两座青石大象；再在100米处对着虎头山立一个直径20米、高50

211

米的日月星火球，加配灯光，做到夜间可以星光灿烂，白天看是太阳，晚上看是星星和月亮，用来镇住这只老虎。再在葫芦口处的石桥上安放两只石狮子，这些用来镇住路口下冲的煞气。在西南方城市干道的入口处的路中央，也要立一个直径9米、高19米的不锈钢乾坤球；在东南方位主干道的路中央立一座37米高的青砖文昌塔；在城市南门的左边雕塑一幅汉白玉八骏图，右边雕塑一幅汉白玉七星阵图。

整个城市每个路口都做了规划。在城市四周，修了一条9米宽、6米深的环境护城河，9为乾金，为九重天，6代表水。环城河全部人工注水，河两岸三排杨柳，每6米一个石凳。这些设施的改造，都是按照河洛数理和108卦阵法的原理进行的。

经全面整合，在路与路的交接处，在东南、西北大做文章。真正起到了外镇煞，内理气的作用。调理后，我向市领导保证三年内不再发生一次瓦斯爆炸。经实践证明，迄今为止，已有两年过去了，目前没有发生一起类似的事故。

二、河南省××起重设备有限公司的风水调理

河南省××起重设备有限公司属股份制工业企业，主要从事某名牌单梁起重机、双梁起重机、门式起重机、电动葫芦、防爆系列起重机的制造与销售。

公司地处河南省××市起重工业园区，占地15.6万平方米，现有员工700余人，拥有固定资产5600余万元，60余家销售网络辐射国内外，拥有各类加工设备286台（套），能独立完成车、铣、刨、磨、拉、镗、滚、钻、冲压、切割、折弯、卷板、铆焊、化验及热处理等全部工艺流程。技术力量雄厚，拥有中、高级工程技术人员60余人，担负全部产品的设计、开发并在制造检验过程中发挥主要作用。公司已通过埃尔维质量体系认证，拥有完善的质量保证，严格的

管理制度，强大的生产能力和先进的检测手段，主要产品属省重点保护产品，公司多次荣获部、省、市全面质量管理达标企业，重合同守信用企业，质量信得过单位，科技先进单位等称号，是市纳税文明单位。

可是近年来，该公司每年工伤连续不断，经常出现各种各样的事故，搞得人心惶惶，公司领导也被弄得焦头烂额，生产上不去，经济效益大幅下降。为此，领导专程来海南邀请我前去调理一下。

调理大型风水必须要对周围的环境做以充分地了解，必须要把握路、向、门这三要素。来到公司后，我绕着厂区在外面走了三圈，对各种相关的情况有了充分的了解。

经观察发现，公司的厂房和大门在风水方面都有问题。大门开在西面，西北有条路向外拐出又回进，冲着大门，这在风水学上叫白虎探爪；大门向外伸着头，为白虎抬头。这些都有肃杀之气，易生伤灾。在门上有个厂标压在门头，这些都是风水上的大忌，象征着公司领导心头压着沉重的负担。所以首先要把这些问题立即改正过来。把门缩回来，改造成收缩推拉门。

厂区的围墙不能露气，所以在正对大门的路尾处东墙前设立9.9米广告牌，上面画黄果树瀑布、山水画，化解西方金剑煞；牌上边是两条龙，二龙戏珠的造型。门缩收是以软破硬，路为龙，直冲过来也是剑煞，用画挡住剑煞，可以起到聚气的作用；在对着大门的车间两边放了两只大象，用来化解煞气。（见图1、图2、图3、图4）

另外，在厂区的西北角修建了一个圆形喷水池，让龙入水口；喷泉后建座假山，分三级流水。从乾位来龙为正宗金龙，所以在大门的西北乾位修了19.9米高的铁架，上有不锈钢球，上为圆为天，下面三脚架，为方为地，中为女人细腰形状为财。在球架东北方对着办公楼的地方放了一头牛，东南方建文昌亭，东北方开一个假门，内侧修五

图1　正对大门的东围墙图

图2　东围墙图设立9.9米高的山水画牌

图3　车间对着大门左边的大象

图4　车间对着大门右边的大象

个台阶，放了三个缸，代表三江之水，两边圆球。在西南位上挖了圆水池，里面养了很多小鱼，旁边做了高大雕塑：五羊护财。这些都起到了催财招财作用。（见图5、图6）

办公楼坐北朝南，在办公楼的大门两边放了两个麒麟，起到催财催贵、化煞解灾的作用。在公司领导办公室的旁边设立了佛堂，亲摆设了108卦阵法。（见图7、图8、图9）

经过调理，我向公司领导承诺：五年内该公司厂区不再发生严重的工伤事故。今年春节，接到该公司老总打来的拜年电话，告诉我说，自从调理到现在，已达预期，再也没有发生过重大工伤事故，经济效益越来越好，去年盈利了两千多万，今年比去年

图5 喷水池

图6 不锈钢球架、水池、斗牛

图7 公司办公楼

图8 办公楼前麒麟图

图9 办公楼前麒麟

还好，盈利接近三千万。

三、海口某小区调理案例

海口某置业有限公司的老总是位潮汕人，命局中以火土两五行为喜用，在企业管理方面经验丰富，在大陆从事房地产开发，屡屡得手，几个项目做下来便成为一大房地产巨人。

2004 年，海南房地产业终于走出泡沫经济所造成的困境，迅速崛起，许多烂尾楼被盘活，许多新楼盘也相继高高耸起。海口的西海岸，特别是市区的滨海地带，原本是一片荒甸，现在已是高楼林立，豪华住宅小区摩肩接踵，已成为一片成熟的富人社区。在这一开发热点上，Z 老总当然不会"风流肯落他人后"，也适时地购置了一块北临大海的 280 亩的地产，计划分三期开发。一期工程为六栋 21 层的住宅楼、地上立体停车场和地下车库，建筑面积 71000 平方米。2004 年末即开盘预售，至 2005 年夏全面竣工，交付使用。

该小区按欧洲风格设计，又结合印尼巴厘岛的风情，园内花草树木纵横交错，奇石叠萃，小径通幽，海景、沙滩、泳地、叠瀑、温泉、凉亭，热带绿草植被，棕榈树，大王椰，灌木丛，戏水池，木棚长廊，一应俱全，错落有致，诱人视觉，美轮美奂，酒店式的休闲气氛十分怡人。

Z 老总对自己的这一杰作十分得意，但随着时间的推移，脸上的笑容却逐渐消失。正式开盘典礼后，每天前来看楼者真可谓车水马龙，络绎不绝，接待的礼仪不可谓不高，售楼小姐的魅力不可谓不大，其本人的演讲不可谓不动人，但就是一单生意也没能成交。好不容易招来了几个大陆旅游团，也确实可达成几十套房的合同意向，但每到签合同的关键时刻，就会传来吵架声，是那些预售期间已购或定购房屋的业主，纷纷要求退房退款。面对这种不可思议的现实，好不愁煞人也。但房产大鳄毕竟是大腕，很有临危不乱、处变不惊的大家风范，他虽然找不到解除困境的方法，但他知道应该去找有办法的人。

当年 10 月份，Z 总把我邀到文华大酒店，待以上宾之礼，频频进酒，不谈他的困惑，只让我给他预测。当我点到他"虽然几年来在财上春风得意，但如在海南投资的话，则会因产品的质量问题而遭遇困顿，造成资金积压，目前有一大笔财不能回笼进账"时，Z 总立刻肃然起敬，亲自斟酒，躬身相敬："在下正有这方面的问题，想要求教于李计忠先生。"

话题很快进入小区，我随机起了一卦，便断言是风水方面出了问题，Z 总再次起立："在下也正是要讨教风水方面的问题。"

对于住宅风水，我把它称为生态环境学，所有的此道中人都对风水的神秘效应具有深刻的体会；一些虽不懂风水，但却相信命运的人，也都深信风水具有神秘的力量；只有那些愚昧无知的科盲科痞才会把风水学看作是封建迷信。

Z 老总并不懂风水学，但他很相信风水在建筑方面的吉凶效应，故欲不惜一切代价调理好小区的风水，不仅仅是为了促销，更是为了入住小区的人都能吉祥如意、安居乐业。所以没等酒店把菜上齐，就拉起我直奔玉园小区。

车在小区的正门停下，下车后，首先感到格外刺目的就是正门两侧临街道口上一边一尊的西洋武士雕像，使我又不得不下车伊始便说："立刻把这两座雕像搬走，搬得越远越好。"

没想到我的造次和激言反倒使 Z 总顿开茅塞："说的是，说的是，怪不得人们都不愿意入内，老师真是切中要害，请继续多加指点……"

在 Z 老总的亲自陪同下，我差不多在小区内外转了两圈，在几个关键点上，我都按人间的八卦五行、阴阳平衡作了指点。Z 老总也毫不走样的一一落实照做了。现将我的调理方案介绍如下：

各调理点详见小区平面布置图如下：

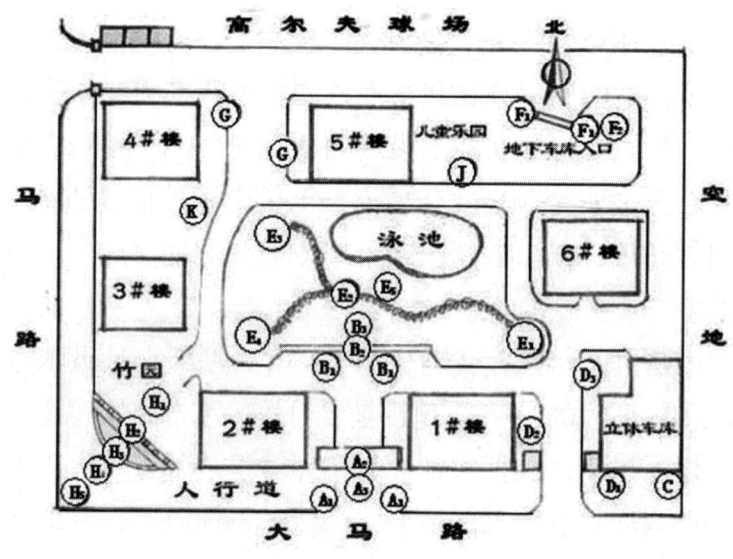

某小区平面布置图

图中的 A 点是小区的正门，在这一点上我做了四处调整。

A1 处原是左右对称的两个西洋武士的雕像，在原位置换成两个左右对称的青石斗牛（见图片A1），一则可化解对面高建筑群所形成的煞气；二则斗牛必有观众，可引旺人气；三则可招进财气。

A2 处是大门主体，原来的大门柱和门楣都是欧式风格，令其改为拱形门楣，将欧式图案改为左右飞天仙女，中间为五只蝙蝠，引吉祥如意之气和五福临门。（见

图片 A2）

原来的大门 A2 是凸出在外的，不藏风，不聚气，不纳财。调整后挪到围墙线之内，稍凹进一些。

此小区在正离位开正门并不是很好，大有进水口与出水口短路之嫌，故又在 A3 处增设了一道坎，此坎不高，与限制车速的那种路坎相似，但此坎并不是为了限制车速而设，因此门并不通车，而是为了存水存财之用。有了这道坎，凡在小区内居住的业主或物管，无论怎样挥霍，都会得益于此坎而有所积蓄。（见图片 A3）

从 A 门进入小区后，路向左右分开，但大门和主干道却直冲园中的龙脉，故令其在 B 处建一道风水屏风，由 B1、B2、B3 所构成。

B1 是左右对称的两尊石象。

B2 是一堵一米高的石砌矮墙，矮墙上雕刻吉祥图案和小区的名称，顺布九个小狮子头喷水，墙头上布置七只射灯，墙前是一带状喷水池。

在矮墙后的 B3 处种植五棵铁树，一字排开。通过上述布局，既吸纳了冲进来的煞气，护住了中庭的藏风聚气之处，又把财福吉祥之气疏导得满庭皆芳。（见图片 B1、B2、B3）

对住宅而言，最佳门位应开

在巽方，小区亦然。此小区将门开在正离方不甚理想，但已成定局，只好另辟门路。幸好在巽方有一汽车通道，是一处很理想的进水口，且小区的巽方不远处是个大转盘，是门前大马路与另一条南北向的大马路的交叉口，正是来水的方向，我便令其在 D 点上大做文章。将其建成正式大门和入园的主干道，并采取了几点调整措施。

在 D1 处安放一多子大石象，用以招引人、财、福气；又在 D2、D3 两处设置了三只仙鹿，名为仙人指路。D2 为前身朝向大门的一只回头鹿，引人、财两气继续前行入园。D3 处为双鹿，一只鹿迎接财福之气，另一只鹿，鹿头指向 E1 处，将入园的人、财、福气引入庭中的龙脉，连成一气。（见图片 D、D1、D2、D3）。

此小区还有一大缺陷，东南角是一座五层立体车库，虽如住宅楼一样设置采光窗，却不装玻璃，实是一座外强中空的建筑物，成为小区的一大薄弱点，而小区的巽方又是正是东西、南北两条马路

D

D

D1

D2

D3

相交的十字路口，和路口斜对方一些高大的建筑群，煞气也将在巽方长驱直入。故今其在 C 点上设置了一个不锈钢制的乾坤球，用以化煞引财。（见图片 C）

从 D 门进入中庭，首先最能吸引眼球的是 E1（见图 E1）处的景观。此处原为一大喷水池，池中是一座假山，山上卧着一头栩栩如生的狮子，看似威武，此乃困兽也，根本起不到看宅护院的作用，其散发的场气却对猪、马、牛、羊、鸡、猴、狗、兔等属相的人和小孩极为不利。

一般说来宅区之内是不能放置狮子的，只有那些门槛较高的王府、衙门的门前才可安放狮子，用以造成一种高贵、威武、肃静之

C

E1

气。一般的民宅、商场、酒店、宾馆、寺庙、公园等场所，除需化解来自大门对面的强大煞气之外，一般不要安放狮子。即使为了化煞，也多用那种被东方人祥和化了的卷毛狮子，多用那种带着一只小狮子，脚下在玩着一只绣球的那种嬉戏狮子。现今有些银行和大酒店等，喜欢安放那种张牙舞爪、虎视眈眈的仿真狮子，是一种不安全感的过度反应，虽可化煞，但不旺人气，不利于进出之人，经济效益肯定要差一些。

此小区原来的构想真是不伦不类。我令其搬走石狮，去掉假山，在池中用青石片砌成一个龙头，将庭中的小溪用青石片和卵石砌成龙身形状，并在 E2 处将龙尾一分为二，各建一龙尾池，使龙财之气遍布整个小区，楼楼得气，家家得气。

又在 E2 处旁边的 E5 处安放了一个汉白玉石风水球，用以招财旺财，处在庭院的最中心位置，是整个小区的聚财中心，为大家所共有，人人皆得财气。（见图片 E5）

此小区将地下车库的出入口设置在东北方的 F 处，在此处设地下车库门，朝向大海，为引财入库，寓意不错，但也同时犯了一个"陷"字之忌，加大了"坎"方的负面因素。故令其在库门两旁的 F1 处，矗立左右对称的两根盘龙石柱，一意为二柱擎天，二意为龙在山上。同时在 F2 处放一石龟，龟性属火，以求此方的阴阳平衡，水火既济，

E2

E3

E5

F1

F2

同时招财得寿。(见图片F1、F2)

小区在西北方又开一乾门，作为汽车的出入口，在风水上也正可以作为另一入水口，而小区在乾方的实际出入口在G点，而G点又北朝大海，一片空旷之地，故在G点上设置两座九叠龟塔，一为招引财福之气，二与F点的寓意相同。(见图片G)

G

G

小区的西南角原规划是一片竹园，就自然景观来讲，确实很有诗意，但从风水学上来讲，就犯了大忌。此角为坤位，坤本主阴主静，建成竹园后，草木旺盛，却人迹罕至，使该角成为一个死角，阴气郁结，在另外空间中，就易成孤魂野鬼的憩息之地。正因为人迹罕至，为安全计，就又采用了砖砌实体的高围墙，且成直角布置，又成一大忌点。因小区在乾方的乾门，也是一个入水口，要想使此门能财源广进，就必须把来水从南面的大马路顺利地分流到西面的马路上，此墙角恰恰是一种阻碍。故对小区的西南角须做更大的调理。

首先拆掉墙角，改成H2处所示的一道斜墙。斜墙两面均作装饰：园内一面贴成巨幅石板壁画，画面为天地人神的舞蹈和劳作场景；临街一面，镌刻成小区的铭牌，墙上设七盏射灯，名为"七星弼月"，使此角夜月如昼。

墙外的 H3 处建一半月形喷水池；在 H4 处的地面砖中砌一太极图案；再在宽大的人行道转角 H5 处，错落有致地栽种七棵古树；又在园内的 H1 处按五行矗立五根石柱，令天地通气，使高墙内外都充满了生机，成为人气、神气、龙气、财气、名气、福气、灵气、生气的聚集之地，使邪莫敢侵，祟莫敢入。

至此，整个小区的风水调理应该说是已经天衣无缝，基本完成。但我仍觉不足，便又点了两处锦上添花之笔：一是中国人的子嗣观念非常重，光有福禄寿禧是不够的，还必须要子孙旺盛，成龙成凤，故在儿童乐园的 J 处，又安置了一个多子石象。（见图片 J）二是考虑到人不光需要财福和寿命，智者会更想往才华与智慧，故又在小区和申位安放一头犀牛，名为"犀牛望月"。犀牛头向庭中，虚拟一轮明月，悬于庭园之中，使小区中的每幢楼

H1

H2

H3

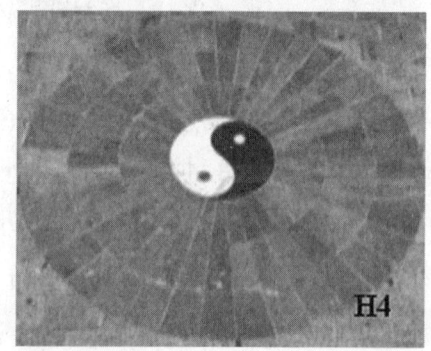

H4

都成为"近水楼台先得月"之得月楼，使居此园中的每个人都能具有"心有灵犀一点通"的高智商，和懂得风花雪月的诗情雅兴。（见图片K）

对上述调理方案，Z老总毫不走样地加以贯彻落实，并昼夜施工，抓紧实施。还没等全部调理完毕，就开始有客户抢盘。此后每天都有生意做，有时一天能卖出十几套房子，至2005年末，已基本售罄。而且，再没发生吵架争执之事，入住业主一派安居乐业的景象，且业主、物业和房产开发商之间相处得十分和谐。在业主和物管纷纷走上法庭的当今社会情势中，这个小区中却是一片祥和之气，被海口市评为文明生态小区。这就是风水学的神奇效应的真实展现。

四、温州××××大酒店风水调理

浙江温州××××大酒店是当地比较有名的餐饮企业，位于市区的繁华地段，面积5000多平方米，员工有500多人。刚开张的时候，由于设计的不够理想，在风水上存在着很大的问题，致使营业中经常发生打架斗殴事件，而且人才留不住，经济效益可想而知，只开了三个月就面临着倒闭。

正巧此时我正在浙江为一家房地产企业调理风水，温州××××大酒店的老板闻讯后立即把我请了过去，对酒店的整个环

周易·一卦多断点窍

境进行了比较彻底的大调整。

调整方案如下：

1. 在一层大厅的北面建有一长方形的花园，透过玻璃窗由大厅可望到花园的风景。在花园的西北面种满花草，正北面建一椭圆形喷水池，东西长 11 米，南北宽 2.6 米。内养金鱼，在喷水池的北面坎位立一座人造石山，上面养只乌龟，用来压制煞气。喷水池里的金鱼，后面的假山和各种花草，给人一种清新亮丽、心旷神怡的感觉。水和鱼都起到聚财旺财的作用。

2. 在花园的南边，也就是整个大厅的东北角，建一座大型佛堂，佛堂的正中供奉一尊金碧辉煌的大肚弥勒佛，长 1.3 米，宽 1.7米，高 1.7 米，大肚佛笑脸迎人．大肚能容，以化解各种煞气和邪气。在大肚佛的东面，又供奉西方三圣，在如来佛相前设在香案和功德箱，整个佛堂高出地面五个台阶，调理后香火很旺，每天来上香的人络绎不绝，也就带旺了酒店的生意。

3. 玻璃窗靠大厅的一面是大厅的明堂，在玻璃下有一幅巨大的迎客松图画，在这幅画的下面设有来宾休息的沙发，起到聚集人气，招徕生意，聚气招财的作用。

4. 大门开在东北方，门前有两座麒麟，起到招财化煞的作用。酒店的铭牌过去是横放的大门上的，调理后，把"酒店的名字"制成巨幅牌匾竖着挂在五层楼高的位置上，牌子的背景，用霓虹灯绘出海上波浪及八仙过海的景观，十分醒目，寓意深刻。

5. 进入大厅的明堂，在佛堂对面的地方，原来是老板的办公室，现改为接待室，门前有一对小麒麟把门，室内布有山水画，接待室外面是一个大型的风水墙，墙上有八仙过海的巨幅山水画，佛堂的一侧挂了一幅巨大的迎客松。这里有仙有佛，这样一来，就把原来经常出恶性事故的地方，改造成为一片祥和之地。

6. 迎客松对面横穿大明堂的是电梯，电梯背后挂了一幅牡丹花开富贵图，电梯四周种植了各种各样的花草，电梯的对面是中部的收银台，电梯和收银台之间开成了一个小明堂。收银台上放上财神爷的铜像，前面放了一对貔貅，两旁摆放几盆开运竹，起到了化煞招财和作用。

7. 最南面的位置是演艺厅，在500多名员工中挑选出20名貌美出众的服务员组成一个演出队，为顾客表演各种文艺节目。

8. 对老板办公室的位置进行了比较大的改动，由原来设在西南方坤位搬到了西北方乾位，一改原来头重脚轻的格局，使老板坐在办公室里就能总揽全局，又能观赏到外面的风景，这对企业的发展前景十分有利，拓展了事业空间。

9. 在老板办公室里的财位上，摆放了108卦阵法的铜器吉祥物，从而确保大酒店起死回生、扭亏为盈。

经过这次调整后，很快就取得了可喜的效果。当晚上座率就明显增加，到了第三天晚上，达到爆满，服务小姐都不够用，人人穿着溜冰鞋上菜，忙得不可开交，日营业额有时能达到一百多万元。自此以后，生意越做越红火，现在已开了三家连锁店，七家分店，成了温州名副其实的同行业龙头老大。附图：

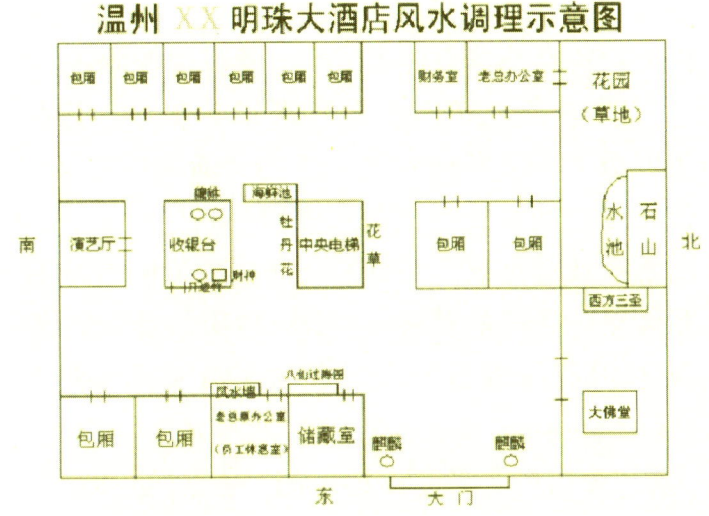

温州 XX 明珠大酒店风水调理示意图

周易·一卦多断点窍

五、江苏×××酒店家具制造基地新址风水布局

江苏×××酒店家具制造基地坐落在风景秀丽的江南历史名城——它是×××家具（国际）集团的一个分支机构。其总部设在深圳。

深圳×××家具（国际）集团公司位于美丽的南国海滨——梧桐山下大鹏湾畔的龙岗同乐工业区。集团前身，×××家具有限公司于20世纪90年代与意大利家具制造商（HKT）联合创办。历经艰辛创业，现已凤舞九天，成为拥有四个大型制造加工基地、一个产品研发设计中心、两个海外贸易公司、两个大型自营专卖商场的初具规模的集团型企业。

多年来，公司以振兴民族家具业为己任，以跻身中国最优秀的家具企业行列为目标，以产品创新为基础，以品牌和销售通路建设为核心，稳健经营、高速成长，产销规模持续扩大，经营效益稳步攀升，现今已驶入良性发展的快车道。

公司从制造、销售单一的高档欧式古典家具起步，起步伊始就紧紧把握市场消费潮流变化，以超前思维不失时机地将古典家具细分为别墅经典家具、居室套房家具、宾馆酒店家具三个系列，形成"菲妮斯"、"巴洛克"、"CHF"三个品牌，游刃有余地满足不同特点的消费需求，为企业赢得源源不断的订单。有专家点评：此企业是中国生产欧洲家具最早、产品档次最高、产销规模最大的家具企业之一。力倡新古典主义家具风格的同时，公司在中国家具界首创"现代经典"概念，2003年春向市场推出了"赛恩世家"品牌系列家具，2004年又向市场推出了"麦克贝恩"品牌系列家具。赛恩世家、麦克贝恩的面世，将给中国家具消费注入新理念，推动中国家具消费上一个新台阶。

截至目前，公司在全国主要大中城市建立了近200个分销点，

承接了 300 余家高星级宾馆、高档物业会所、私家别墅工程家具项目。产品已经出口美国、加拿大、澳大利亚、中东、东南亚、俄罗斯、中亚诸国和台湾、香港等 20 余个国家和地区。

公司的老板是福建人，对祖国的风水文化有着深刻的认识，曾多次聘请我为他旗下的分公司调理风水，均起到了立竿见影的成效，对我深信不疑。此次在江苏省××市，他们购置了面积约为 1600 亩的土地，取得了为期六十年的使用权，兴建了一处规模宏大的酒店家具制造基地工业园区。为此，又专程请我担纲工业园区整体风水设计之重任。

经全面规划，反复测评，结合周围的山川地理形势，按照现代风水理念，我为金凤凰集团打造出了一个既有现代浪漫主义风格，又有古典主义特色，中西合璧，异彩纷呈的新型工业园区。

园区东临国道，其他三面有小河环绕；从这个地理环境出发，我为园区内外精心做了如下风水布局：

园区主大门朝东，紧临南北走向的国道，大门宽 120 米，门前两侧设两座石狮子，以挡住南北方向来的煞气；两边设有门岗，有四个门卫昼夜轮流值班。门岗外侧有行人出入的步行门，内侧有小车出入之门，中间是大货车的进出门。各行其路，各得其所。

门内设一座大型的喷水池，后边建一座假山，假山高 3.3 米，宽 3.9 米，正面对立着大门的是金字雕刻的公司名称，背面刻有公司历史简介。

假山后是小型花园，种植了各种花草，花园的后面就是九层楼高的公司办公大楼。在办公大楼的门前两侧摆放了两座化煞迎财的石雕麒麟，大楼的四周种植了象征不断进取的翠竹。楼前与花园相隔的中间是比较大的地下停车场，停车场的入口处也安放了两只稍小一点的石麒麟，也是起到化煞聚财的作用。

办公楼后是一条园区内东西走向的主路，主路的最西端有一个大型风水牌，高 3.9 米，长 6.7 米，牌子上沿是公司名称的彩灯装饰字体，两端分别有两条龙环抱着风水牌，龙头对着彩灯，龙尾顺牌而下，寓意龙凤呈祥，吉祥喜庆。风水牌上面绘有巨幅山水画，有山有水有帆船，帆船上有渔翁撒网打鱼，岸边有游人坐在石磴上休息的画面，寓意着公司财源广进，客户众多，员工尽心尽责，公司凝聚力、向心力强，能给员工带来丰厚的生活保障，也能给社会送去好的产品和服务。这块巨型的风水牌也给办公大楼起到了靠山的作用，仿佛一条龙，从牌子下面的这条主路下来，冲向办公大楼。

在这条主路的东端，也就是办公大楼的后门前面，有一条南北走向的辅路，在主路和辅路的交叉处，设立了七个太极球，球与球之间立着石柱，柱子上各有一盏彩灯，中间立有一根较高有石柱，上面顶着一只金凤凰。整体上看，呈现出金龙戏珠，龙凤呈祥的造型。

整个园区被水环绕，大门内的喷水池的来水，是由南北两面的人工河源源不断地供给的。人工河宽 7 米，从南北两面把办公大楼环抱，曲折有情，对着大门前两边的人行路入口处，修了两座汉白玉拱桥，桥栏杆是龙的形状，桥头各放两只迎客石狮，两座桥的整体造型就像两条龙的龙头，汇集在喷水池中央，远处一看，又是一个二龙戏珠的壮观景象，水池内装有彩灯和音乐喷泉，每逢节假日或重大的喜庆日子，华灯齐放，色彩斑斓，生机勃勃，充满活力。

在园区内主路与南北人工河之间，有纵横交错的小路相连，两旁是商铺，把园区分成了九宫八卦形的图案，路与河的交叉处有桥连接，使整个园区形成一个路通、水通、气通，从而达到人气旺，财气更旺的风水有情流转的最佳景观。

另外，在园区的东南西北四个角落，也都做了精心的设计：

在西北乾方，建起了一座 79 米高的灯塔。西北为天门，天门宜高，此处的高大建筑，是企业实力的象征，预示着企业可以做大做强，对企业的招商引资和外向型发展，起到标志性作用。

在东南巽方，修建了一座八角形的凉亭，东南为地户，地户宜平。八角亭象征八卦，称为文昌亭。此处建文昌亭，可促进企业的名气声望大幅度提高，对吸引科技人才，提高产品质量，起着潜移默化的影响。

在东北艮方，修建了一对子母象。大象是招财化煞的吉祥物，艮方为九运的生气之方，又代表员工。此处的子母象，象征着企业的员工与管理者精诚团结，亲密无间，齐心协力，共同为企业创造财富。

在西南坤方，修建了一座 26 平方米的椭圆形的养鱼池。坤方为聚财之地，此处养鱼，预示着企业的资金周转快，经济效益蒸蒸日上。

在整个园区的四正方，我的设计理念是：

大门开在正东方，既是由地理位置决定的，又因为正东为震，震方开门，代表企业威武雄壮，名声远扬，威震四方。与震相对应的西方，不能开门，开门就易泄漏财气，所以就设了一个大型风水牌，作为企业的靠山，可使企业稳步向前发展。

在南北两个方向，分别开设了两座大门。北方为纳气之门，所以开设了 27 米宽的向园区里凹进的伸缩门，广纳乾、坎、艮三方的生财之气。南方为向阳门，所以开设了 19 米宽的向外凸出的自动门，象征着不断探索，积极进取的企业精神。

经过我全面设计规划，一座充满古典韵味的现代化工业园区，屹立在世人面前。

规划调理以后，江苏×××酒店家具制造基地正式投入运营，公司内部治理以人为本，用人政策广纳贤才，企业管理求精求严求到位，并以严格严密的管理，通过了欧洲 EQA — ISO9001（2000）国际质量认证。近年来，公司以上乘的产品质量、优异的售后服务赢得了广大客户和消费者的交口赞誉，相继获得 " 质量信得过产品 "、"

中国名优产品"、"中外名牌产品"等荣誉称号。2006 年 7 月，金凤凰再获殊荣，成为中国奥委会唯一专用家具产品。

目前，×××家具（国际）集团公司已经跻身于中国 500 强企业之列，他们满怀着信心和希望，向世界 500 强的目标奋进，让×××飞得更高更远。附图：

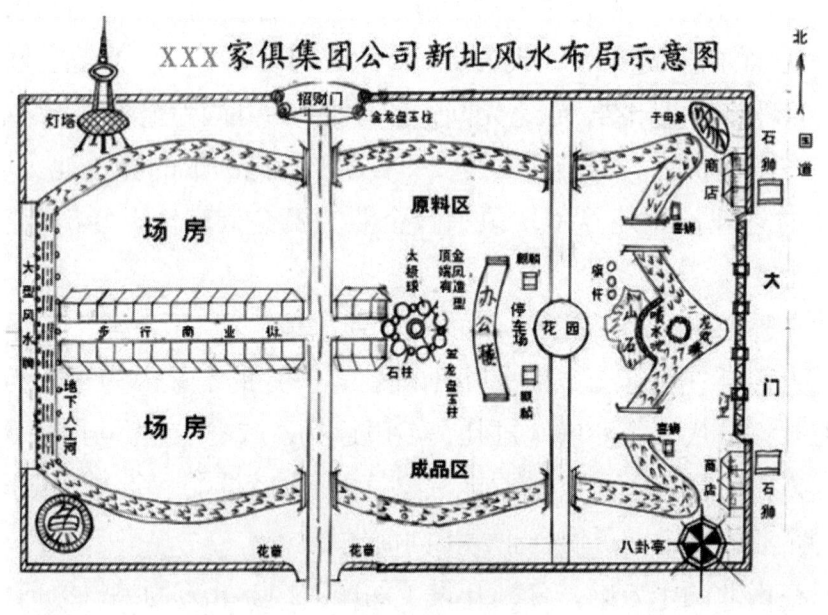

六、浙江××集团新购地产风水调理

××国际是在香港上市的一家主要从事家具皮革、软体家具和汽车皮革研究、生产与销售的大型企业集团。

××国际的独资子公司——浙江××实业股份有限公司位于中国浙江省海宁市，地处上海、杭州两大都市中间，距上海浦东机场 1.5 小时，距杭州萧山机场 1 小时。

浙江××实业股份有限公司始创于 1988 年，2001 年剥离非主营业务资产，整体变更为股份公司。公司现有员工 5000 多人，专业从事牛皮装潢革及其制品的研发、生产和销售，下辖 5 家控股子公司，分别从事高档沙发革、汽车坐垫革、沙发套、成品沙发的生产和出口。

经过多年的努力，××集团已成为国内制革行业的领头雁，拥有国内一流的皮革生产技术和大规模高效率生产的能力。主导产品沙发用牛皮装潢革为国家级新产品，并有多个新产品分别被认定为省高新技术产品和省重点科研产品。现有年产1亿平方英尺沙发用和汽车用牛皮装潢革、150万座沙发套、120万座成品沙发的生产能力，产品以出口美国和西欧市场为主。

目前，××集团是国家火炬计划重点高新技术企业、浙江省高新技术企业、浙江省五个一工程重点骨干企业，近日又被认定为中国首批12家"生态皮革"企业之一。是中国国内上述行业的无可争议的领先者。根据中国国家统计局、中国皮革协会及中国家具协会的统计数据，××国际目前是中国最大的皮革产品生产商和中国最大的软体家具制造商。公司正在加快符合国际先进水平的汽车坐垫革的生产，争取在未来的5年内走出一条中国皮革企业国际化、跨越式发展的道路，成为在全球家具革和汽车革行业中，具有领导地位的、全球化、可持续发展的最大、最强的企业之一。

为了实现这个目标，加快企业的发展步伐，在扩大生产规模的同时，××集团不断向其他领域扩张，把触角也伸向了房地产业。

2005年秋，××集团通过竞标的方式，以3000多万元的价格，拍得了位于浙江海宁市工业开发区的一块土地。这是一块商业小区，该地产项目的原老板经营不善，在澳门参与赌博，赔了精光。××集团接手后，立即着手对这块商业小区进行风水改造。

他们先从北京聘请了一位很有名气的风水老师，投入了100多万元，进行了风水调理。按照这位的指导，他们在小区的东面，顺着国道的走向，修建一条300多米长的"长城"，用的全部都是仿制的青砖青瓦，取其寓意为："万里长城永不倒"。可是长城建成后，商业小区的经济效益丝毫不见起色，好多商铺租不出去，也很少有大客商前来光顾，投资的成本很长时间收不回来，影响了企业的综合效益。

我在江浙一带做过很多大型的风水调理，效果都很显著，因此颇有几分名气。通过一位客户朋友的介绍，该集团的老总找到了我，请我去看一看。

当我看到"万里长城"的时候，问老总："秦始皇当年修筑万里长城的目的是什么呀？"老总说："是为了抵御北方的匈奴入侵啊！"我说："对呀，可你现在修的这个长城，是防御谁的呀？你是把顾客和客户都当作敌人来防范的吗？"听我这么一说，老总有点恍然大悟，连忙问我该怎么办？我给他详细分析了这种造型在风水上的利弊。

搞商业地产讲究的是防止亏损与扩大盈利，也就是风水上说的避煞与招财。用抵御外族侵略的长城来避煞和化煞是可以的，但却存在一个极大的弊端，那就是挡住了人气。把所有前来入驻的商户和前来购物的顾客都当成了入侵之敌来防范，而不是当成朋友来欢迎，当作上帝来侍奉，这怎么可以呢？做买卖讲究的是先有人气才能有财气，没有人气怎么会有财气？所以说用"万里长城"在此处做调理，这是风水上的一个败局，是破财之局。不光如此，而且其所开的门向也犯了风水上的大忌，是破财门。门接不住水，背后没有靠山，没有龙脉，聚不了财，有何经济效益可言？

老总采纳了老师的建议，让我给重新做了一个切实可行的风水规划设计。

首先我让他们拆除了这个拒人于千里之外的"长城"，这在整体上改变了原来的风水布局。

然后更改了门向，把原来东南巽方开的门，改为开在正东震方。门的形状呈曲线形向内凹进，门口立两尊瑞兽麒麟把门，可起到既吸纳前方由国道而来的瑞气，又化解道冲煞气的作用。在大门外，修一座椭圆形的水池，长 9.9 米，宽 3 米，在水池靠门的一侧立一块大石头，以此为龙头，风水上称为水聚龙头。水池的另一侧栽上五株大榕树，代表金、木、水、火、土五行。四周又栽种了万年青和各种花草。这样就把原来的败财门调理为招财门。

之后在小区里进行调理，把门内的旗杆由原来的道路右方白虎位移到艮方青龙位上。象征着管理者与员工和顾客团结合作，和睦相处，打成一片，从而使人气逐渐旺盛起来。

之后又打通了人流和车流的通道，调整了办公室、餐厅和商铺的位置。在小区的西北乾位，立了一块巨大的山石，作为靠山。两边建长廊，地面铺鹅卵石，使小区形成引财聚气的局面，变成聚财之地。

经过这样的调整，小区的整个风水格局发生的彻底地变化，而且也起到了立竿见影的效果。没过多久，原来很不景气的一层商业铺面，全部租售出去。原来萧条冷落的五楼餐厅也变得红火起来。老总后来给我打来电话，特意对老师的调理表示深深的感谢。

附图：

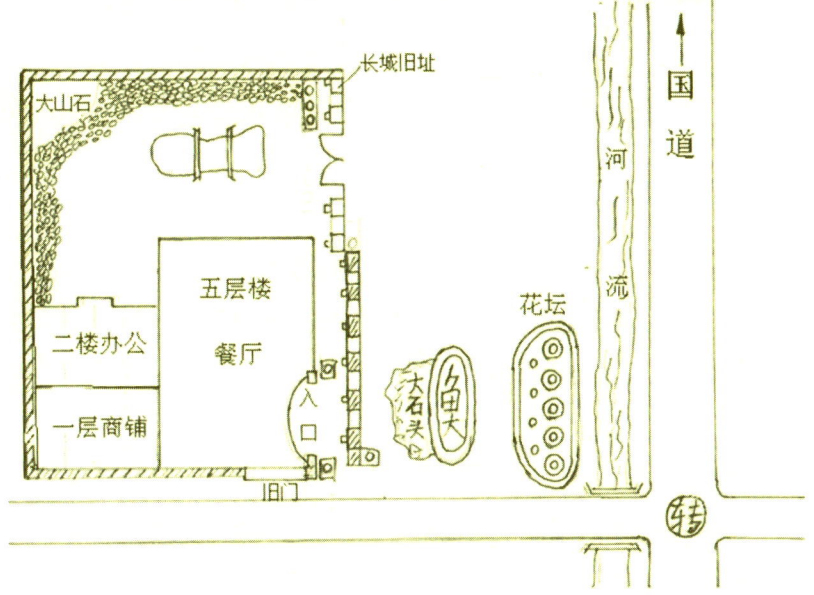

XX集团新购地产风水调理

七、浙江××集团××××商业开发区风水调理

浙江××房产集团于2006年7月组建成立，其前身浙江××

房地产开发有限公司成立于 2000 年，注册资金 1.28 亿元，专业从事房地产开发经营，年开发能力在 30 万平方米以上，是绍兴市房地产行业中脱颖而出的一枝新秀。组建后的浙江 ×× 房地产集团总注册资金已达 1.885 亿元，以浙江 ×× 房地产集团有限公司为母公司，其下有浙江 ×× 房地产开发有限公司、淮安市 ×× 房地产开发有限公司、尚志市绍兴 ×× 房地产开发有限公司等六家子公司。总资产已经达到 15 个亿，年开发能力在 60 万平方米以上。

"×× 房产"坚持以人为本的经营理念；以品牌和诚信立足市场的发展理念；以追求人与自然和谐统一的开发理念，为社会开发更多的精品楼盘。公司自成立以来，相继成功开发了"聚金园"、"江南明珠园"、"东方明珠园""尚志东方花园""淮安文庙新天地"等精品楼盘。现在位于绍兴城西府山公园山麓的"×× 龙山"是集团即将打造的高尚纯体验式休闲商业项目。集团遵循"立足绍兴、辐射周边、拓展外地"的工作思路，努力寻求房地产市场的发展空间。目前集团又进军柯桥市场，成功拍得瓜渚绝版地块，目标是打造绍兴最高档的湖景住宅；公司除在绍兴地区开发外，在黑龙江和淮安均有大型住宅及商业楼盘。"×× 房产"实力雄厚，信誉卓著，是一家具有广泛知名度和美誉度的现代房地产开发集团，大专以上员工占 45%，拥有多名高级专业管理人员和专业技术职称人员。

几年来，"×× 房产"始终保持了强劲的扩张态势和蓬勃的发展生机。是浙江省 AAA 级信用企业，绍兴市"守合同、重信用"单位，"诚信企业""优秀三产企业"，市、区重点规模企业，已进行 ISO2000 质量体系认证。连续三届获绍兴房展会"优秀楼盘奖"，相继被评为绍兴市"十大明星楼盘"、"十大品牌房产""×× 市房地产 20 强企业"等荣誉。

×× 集团在江苏淮安开发的某精品楼盘项目，请我进行风水调理后，销售情况大为改观，以前卖不动的楼盘没过多久就全部销售出去，风水调理的效益十分显著。这次他们在浙江开发的"××商业区"项目，集团老总特地请我亲临现场指挥，进行风水调理。

"××龙山"是集团专门打造的高尚纯体验式休闲商业项目。现在位于绍兴城西府山公园山麓的商业繁华地段，地势南高北低，河流纵横交错，古庙宇和现代建筑交相辉映，从风水角度进行考察，发现有如下几个特点：

1. 该商业区建筑在一个南高北低的坡地上，坐南朝北，坐山之水流向向方，为倒流水，是风水学上的大忌，叫作黄泉大煞，反弓水。

2. 商业区的南面是一条东西走向的马路，马路的南面从东往西流的小河，河路横流在风水上讲是水分两路，水不归槽，为祸患水。

3. 该建筑群的东面有一座和尚庙，西面有一座尼姑庵，形成两阴夹一阳的格局，并且阴阳反错。

4. 商业区内正南方是开发商自己建造的一座孔夫子庙，庙前9米宽的马路向北一路下坡直冲商业区外电视台的发射塔，形成很大的煞气。

针对这样的地形特点，我做了如下风水调理方案：

1. 在商业区的东南坤方，安放三只石雕羊，取其意为三阳开泰。下坡路临街的围墙加高5-7米，下坡路靠近路口的地面上砌上10厘米的土埂，四周栽种上各种花草，挡住下滑的水流和气流，起到聚水聚财的作用。

2. 在临街的右方白虎位上安放两尊石狮，头朝马路，以压煞气；在西北乾位临街的地方，安放了两座麒麟，并在此位上摆放了108卦阵法，起到化煞旺财的作用。

3. 在商业区西方兑位上安了两根"金龙盘玉柱"，以化解尼姑庵的煞气。

4. 在东北艮方的十字路口处，也就是在东边下坡路的路口和北边街道的交叉路口处，安放了两尊大象，象头朝北，为聚财象。在大象的西面，安放一头卧式青牛，以挡住北面科技楼不规则建筑物带来的煞气。在艮方的售楼处办公室里也摆设了108卦阵法，售楼处的北面的地下停车场，入口处放了两尊玉狮，都起到了化煞招财的作用。

5. 所有在南面高坡流下的水都从路下面的暗河归到东震方，也就是西边的水，流经第一个路口时拐向东方，汇到一个蓄水池，并与东面的水在第二个路口汇集在另一个蓄水池内，此为收水，可聚财气。

6. 在东南巽方第一个路口处建两个金龙盘玉柱，经化解和尚庙的煞气。

7. 以高坡上最上方之离方的孔子庙为坐山，经中央一路下坡到北方的入口处即坎门，设计了一系列的化煞、调理及聚财、聚气的措施：

（1）为防止中央9米宽的马路直冲对面的电视塔，在庙前树立一座孔夫子的全身汉白玉雕像，面朝北而立。四周栽满了竹子，以烘托圣人的高大庄严的形象。

（2）在夫子像的北面设九星太极球，用以化解电视塔的煞气。

（3）再往北就是与东西马路交叉路口的第一个蓄水池。

（4）蓄水池北面的第二个交叉路口处建一个圆形的街心花园，花坛中央植有五株铁树，象征金、木、水、火、土五行，四周栽满花草，也起到化煞解灾的作用。

（5）再往北到第三个路口，也就是整个商业区的大门入口处。大门在小区的正北方，为坎门，门的两侧用四根高6.9米的大圆柱搭建了一座门楼，门楼外临街摆放了两只铜制的麒麟，口叼玉书，与最南面的孔庙遥相呼应，显现文圣的神奇色彩。四根门柱上都挂着彩灯，临街的两根上挂的是红灯，门里面的两根上面挂的是绿灯，红灯抗煞气，绿灯招财气。

经过上述的调理化解，一座高档次、高品位、纯体验的现代休闲商业中心便以崭新的姿态屹立于世人面前，地形地势造成的煞气得到了有效的化解，原有的景观给予了有效的利用，并赋予了新的含义。经调解后，不到三个月，商业区里的楼盘销售和租售出去，取得了非常喜人的经济效益。

附图：

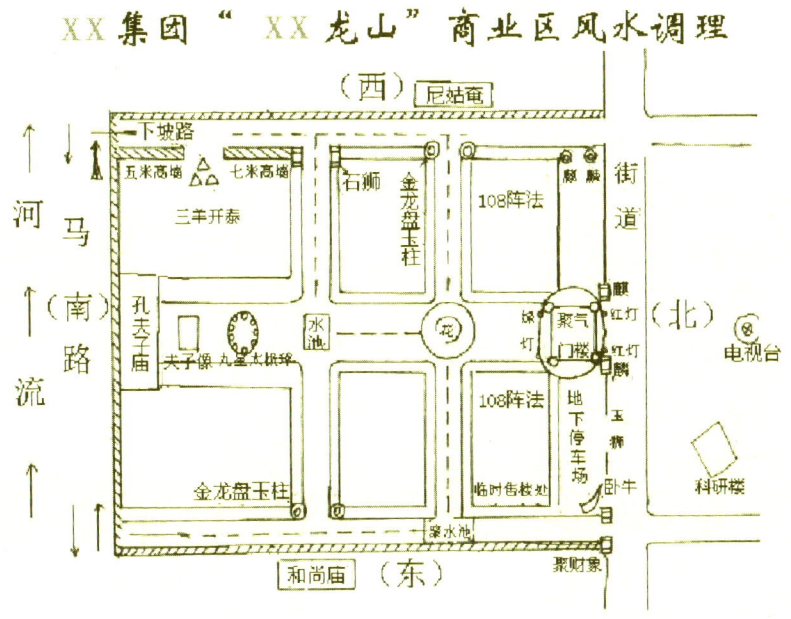

XX集团"XX龙山"商业区风水调理

周易·一卦多断点窍

第五章　二十八宿浅说

一、关于二十八宿

　　古人用作观测日月五行运行坐标的二十八组恒星或星座。由于它们环列在日月五星四方，很像日月五星的栖宿场所，因此称二十八宿。古人还把二十八宿分为东、南、西、北四宫，每宫七宿，分别将各宫所属七宿想象为一种动物形象，东方七宿的动物形象为苍龙、南宫七宿的动物形象为朱雀，西宫七宿的动物形象为白虎，北宫七宿的动物形象为玄武（龟蛇）。

　　这里的苍龙、朱雀、白虎、玄武，就是所谓的"四象"。这就是《尚书》中所说的"四方成皆有七宿，可成一形。东方成龙形，西方成虎形，皆南首而北尾；南方成鸟形，北方成龟形，皆西首而东尾"。"四象"与二十八宿的关系如下：

宫名与动物形象	各宫七宿
东宫苍龙	角亢氐房心尾箕
南宫朱雀	井鬼柳星张翼轸
西宫白虎	奎娄胃昴毕觜参
北宫玄武	斗牛女虚危室壁

　　这里所有的选择方法，是"三十六禽推命法"（这里是"演禽命法"的一种）所谓"三十六命推命法"，就是选择三十六种飞禽走兽，以一个人的生辰所值的时间和不同的二十八宿跟三十六种（实际是选用二十八种）飞禽走兽和日月五行（合称"七曜"）相配合，用以推断吉凶。日月五行跟禽兽的配合关系如下：

日——兔 鼠 鸡 马

月——狐 燕 乌 鹿

木——蛟 獬 狼 犴

金——龙 牛 狗 羊

土——貉 蝠 雉 獐

火——虎 猪 猴 蛇

水——豹 狳 猿 蚓

二十八宿跟日月五行和禽兽的配合关系如下：

角—木蛟　　亢—金龙

氐—土貉　　房—日兔

心—月狐　　尾—火虎

箕—水豹　　井—木犴

鬼—金羊　　柳—土獐

星—日马　　张—月鹿

翼—火蛇　　轸—水蚓

奎—木狼　　娄—金狗

胃—土雉　　昴—日鸡

毕—月乌　　觜—火猴

参—水猿　　斗—木獬

牛—金牛　　女—土蝠

虚—日鼠　　危—月燕

室—火猪　　壁—水貐

　　古人认为，二十八宿有的主吉，有的主凶。拟出二十八首《值日吉凶歌》。古人还认为，天上的星宿与地下的人事是相对应的，天上有多少星，地下就有多少人，大人物是大星宿转世，小人物是小星宿转世，并选择东汉初年，刘季手下的二十八员名将与二十八宿相配合，拟出二十八幅《吉凶星像图》。

二、二十八宿星像值日吉凶歌

角木蛟吉

邓　禹

角星造作主荣昌，我进田财女及郎；
嫁即婚姻生贵子，文人及第见君王。
惟有葬埋不可用，三年之后主温瘟；
起工修筑坟墓地，堂前立见主人亡。

亢金龙凶

吴　汉

亢星造作长房当，十日之中主有殃；
田地消磨官失职，投军定是虎狼伤。
嫁娶婚姻用此日。儿孙新妇守空房；
埋葬若还逢此日，当时实祸主重丧。

氐（di）土貉凶

贾　复

氐星造作主灾凶，费尽田园仓库空；
埋葬不可用此日，悬绳吊颈祸重重。
若是婚姻离别散，夜招浪子人房中；
行船必定遭沉没，更生聋哑子孙穷。

房日兔吉

耿　弇

房星造作田园进，血财牛马遍山冈；
更招外外田庄宅，荣华富贵福寿康。

埋葬若然用此日，高官进职拜君王；
嫁即嫦娥归月殿，三年抱子至朝堂。

心月狐凶
寇　恂
心星造作大为凶，更遭刑讼狱囚中；
忤逆官非男宅退，埋葬卒暴死相从。
婚姻若是逢此日，子死儿亡泪满胸；
三年之内连遭祸，事事教君没始冬。

尾火虎吉
岑　彭
尾星造作得天恩，富贵荣华福寿宁；
如财进宝置田地，和合婚姻贵子孙。
埋葬若能依此日，另请女土子孙兴；
开门放水招田地，代林公侯远播名。

箕水豹吉
冯　异
箕星造作主高强，岁岁年年大吉昌；
埋葬修坟大吉利，田蚕牛马遍山冈。
开门放水招财谷，簇满金银谷满仓；
福荫高官加禄位，六亲相禄足安康。

斗木獬吉
朱　佑
斗星造作主如财，文武官员位鼎台；

周易·一卦多断点窍

田宅钱财千万进，坟茔修筑富贵来。
开门放水招牛马，旺财田女方和谐；
遇此吉星来照护，时受福庆水无灾。

牛金牛凶

祭 遵

牛星造作主灾危，九横三灾不可推；
家宅不安人口退，田蚕不利主人衰。
嫁即婚姻皆自损，金银财谷渐无之；
若是开门并放水，牛猪羊刀亦伤悲。

女土蝠凶

景 丹

女星造作损婆娘，兄弟相嫌似虎狼；
埋葬生灾逢鬼怪，颠邪疾病更瘟伤。
为事遭官财失散，泻痢留连不可当；
开门放水逢此日，全家散财主离乡。

虚日鼠凶

盖 延

虚星造作主灾殃，男女孤眼不一双；
内乱风声无礼节，儿孙媳妇伴人床。
开门放水招灾祸，虎咬蛇伤及卒亡；
三三五五连上病，家破人亡不可当。

危月燕凶

坚 镖

危星不可造高堂，自吊遭刑见血光；
三岁小孩遭水厄，后生出外不还乡。
埋葬若还逢此日，周年百日卧高床；
开门放水遭刑杖，三年五载亦悲伤。

室火猪吉

耿 纯

室星造作进田牛，儿孙代代进王侯；
富贵荣华天上至，寿如彭祖17八千秋。
开门放水招财帛，和合婚姻生贵儿；
埋葬若能依此日，门诞兴旺福无休。

壁水貐吉

藏 宫

壁星造作进庄园，丝蚕大熟福滔天；
奴婢自来人口进，开门放水出项贤。
埋葬招财官品进，家中诸事乐滔然；
婚姻吉利生贵子，早插名声着祖鞭。

奎木狼凶

马 武

奎星造作是祯祥，家下荣和大吉昌；
若是埋葬阴卒死，当年定主两在丧。
看看军令刑伤到，重重官事主瘟伤；
开门放水招灾祸，三年两次损儿郎。

娄金狗吉

刘　隆

娄星竖柱起门庭，财旺家和事事兴；
外境钱财百日进，一家兄弟插声名。
婚姻进益生贵子，玉帛金银箱满盈；
放水开门皆吉利，男荣女贵寿康宁。

胃土雉吉

马　成

胃星造作事如何，富贵荣华喜气多；
埋葬进临官禄位，三灾九祸不逢他。
婚姻遇此家富贵，夫妇齐眉永保和；
从此门庭生吉庆，儿孙代代拜金坡。

昴（mo）日鸡凶

王　良

昴星造作进田牛，埋葬官灾不得休；
重丧二日三人死，卖飞田园不得留。
开门放水招灾祸，三岁孩儿白了头；
婚姻不可逢此日，死别生离实可愁。

毕月乌吉

陈　俊

毕星造作主光前，买得田园有粟钱；
埋葬此日添官职，田蚕大熟来丰年。
开门放水多吉庆，合家人口得安然；
婚姻若能逢此日，生得孩儿福寿全。

觜（zi）火猴凶

傅　俊

觜星造作有徒刑，三年必定主伶仃；
进葬卒死多由此，取定寅年便杀人。
三丧不止皆由此，一从药毒二人身；
家门田里皆退败，仓库金银化和尘。

参（shen）水猿吉

杜　茂

参星造作旺人家，文星照耀大光华；
只因造作田财旺，埋葬招疾丧黄沙。
开门放水加官职，房房子孙见田加；
婚姻许定遭刑克，男女朝开幕落花。

井木犴吉

姚　期

井星造作旺蚕田，金榜题名第一先；
埋葬须防惊卒死，忽癫风疾人黄泉。
开门放水招财帛，牛马猪着旺莫言；
寡妇田塘来人宅，儿孙兴旺有余钱。

金羊凶鬼

王　霸

鬼星起造卒人亡，堂前不见主人郎；
埋葬此日官禄至，儿孙代代近君王。
开门放水须伤死，嫁娶夫妻不久长；
修土筑墙伤产女，手扶又女泪汪汪。

柳土獐凶

任 光

柳星造作主遭官，昼夜偷闲不暂安；
埋葬瘟伤多疾病，田园退尽守孤寒。
开门放水招聋瞎，腰驼背曲似弓弯；
更有棒刑宜谨慎，妇人随客走盘恒。

星日马凶

李 忠

星宿日好造新房，进职加官近帝王；
不可埋葬并放水，凶星临位女人亡。
生离开别无心恋，自要归休别嫁郎；
孔子九曲珠难度，放水开沟开命伤。

张月鹿吉

万 修

张星日好造龙轩，年年便见进庄园；
埋葬不久升官职，代代为官近帝前。
开门放水招财帛，婚姻和合福绵绵；
田蚕大利仓库满，百般利意自安然。

翼火蛇凶

邳 仝

翼星不利架高堂，三年二载见瘟伤；
埋葬若还逢此日，子孙必定走他乡。
婚姻此日不宜利，归家定地不相当；
开门放水家须破，少女贪花恋外郎。

轸（zhen）水蚓吉

刘　直

轸星临水造龙宫，代代为官受敕封；

富贵荣华增福寿，库满仓盈自昌隆。

埋葬文星来照助，宅舍安宁不见凶；

更有为官沾帝宠，婚姻龙子出龙宫。

1. **邓禹**：生于公元 2 年，卒于公元 58 年。字仲华。南阳新野（今河南省新野县人。东汉名将。曾任大司马，封广平侯。

2. **瘟黄**：牛、马、猪、羊等家畜的急性传染病。

3. **吴汉**：生年不详，卒于公元 44 年。字子颜。南阳宛县（今河南省新野县）人。东汉名将，曾任大司马，封广平侯。

4. **贾复**：东汉名将。字君文。冠军人。曾任都护将军，左将军。军功卓著，累功封胶东侯。

5. **耿弇**：生于公元 3 年。卒于公元 58 年，字阳昭，扶风茂陵（陕西省兴平县）人，东汉名将，曾任大将军。封好时侯。

6. **寇徇**：生年不详，卒于公元 36 年，字子冀，上谷昌平（今北京市昌平县）人。东汉名将，曾任太守等职，封雍奴侯。

7. **岑彭**：生年不洋，卒于公元 35 年，字君然。南阳棘阳（今河南省新野县）人。东汉名将，曾任大将军，封阳复侯。

8. **冯异**：生年不评，卒子公元 34 年。字公孙。颖川父城（河南省宝丰县人）东汉名将，曾任大将军，封阳夏侯。

9. **朱佑**：东汉名将，字仲先。南阳宛人。曾任护军、建议大将军。累立奇功，封局侯。

10. **刘直**：东汉名将。字伯先。巨鹿昌城人。曾任骁骑军，封昌城侯。直，又为"值"。

11. **鼎台**：这里指高位。

12. **祭（zhai）遵**：生年不详，卒于公元 33 年。字弟孙、颖川颖阳（今河南省许昌市）人。东汉名将，曾任征虏将军，疑阳侯。

13. **景丹**：东汉名将。字孙卿。栋阳人。曾任偏将军。封栋阳侯。

14. **盖延**：东汉名将。字巨卿。要阳人，曾任偏将军、虎牙将军，封安平侯。

15. **坚镖**：东汉名将。字子仍，襄城人。曾任偏将军，以军功封合肥侯。

16. **耿纯**：生年不详，卒于公元 47 年。字伯山。河南密县（今河南密县）人。东汉名将，曾任太守等职，封东先侯。

17. **彭祖**：传说中的上土养生家，长寿，在世八千余年。

18. **臧宫**：东汉名将。字君公翁。郏县人，曾任辅威将军、广汉太守，以军功封朗陵侯。

19. **马武**：生年不详，卒于公元 61 年。字子孙。南阳湖阳（今河南省唐河县）人。东汉名将，曾人行捕虏将军，封扬虚侯。

20. **刘隆**：东汉名将。字元伯。曾任体虏将军、骠骑将军，以军功封慎侯。

21. **马成**：东汉名将，字君迁。棘阳人。曾任扬武将军，封全椒侯。

22. **王梁**：东汉名将。字君严。字阳人。战功卓著，曾任大司空、济南太守，先封武强侯。后改封阜城侯。

23. **陈俊**：东汉名将。字子昭，南阳人。曾任琅琊太守，行大将军事；封祝阿侯。

24. **傅俊**：东汉名将。字子卫。襄城人。曾任积弩将军，封昆阳侯。

25. **杜茂**：东汉名将。字诸会。冠军人。曾任大将军、骠骑大将军，以军功封参莲乡侯。

26. **姚期**：东汉名将，字次况。郏县人。曾任健将军、虎牙大将军，以军功封安成侯。

27. **王霸**：东汉名将。字元伯。疑川疑阳人。曾任讨虏将军，封准陵侯。

28. **任光**：东汉名将。字人卿，南阳宛人。曾作光左将军，封阿陵侯。

29. **李忠**：东汉名将。字仲都。东莱黄人。曾任五官中郎将，丹阳太守、豫章太守。

30. **万修**：东汉名将。字君游。扶风茂陵人。曾任偏将军、右将军、封槐里侯。

31. **邳全**：东汉名将。字君伟。信都人。曾任太常、少府，初封武义侯，后改封为灵寿侯。又作"彤"。

三、二十八宿值日占四季风雨阴晴歌

春 季

虚危室壁多风雨，右遇奎星天色晴，
娄星乌风天冷冻，昂毕温和天又明，
觜参井鬼天见日，柳星张翼阳还晴，
轸角二星天少雨，或起风雨停岭行，
亢宿大风起砂石，氐房心尾风雨声，
箕斗蒙蒙天少雨，牛女微微作风雨。

夏 季

虚危室壁天半阴，奎娄胃宿雨冥冥，
室毕二星天有雨，觜参二宿天又阴，
井鬼柳星晴或雨，张星翼轸又晴明，
角亢二星太阳见，氐房二宿大山风，
心尾依然宿作雨，箕斗牛女遇天晴。

秋　季

虚危室壁震雷惊，奎娄胃昴雨淋涎，
毕觜参并晴又雨，鬼柳云开客便行，
星张翼轸天无雨，角亢二星风雨声，
氐房心尾必有雨，箕斗牛女雨蒙蒙。

冬　季

虚危室壁多风雨，若遇奎星天色明，
娄胃雨声天冷冻，昴毕之期天又晴，
觜参二宿半时晴，井鬼二星天色黄，
张翼风雨又见日，轸久夜雨日还晴，
亢宿大风起砂石，氐房心尾风雨声，
箕斗二星天有雨，牛女阴凝天又晴。

歌曰：占卜阴晴真妙诀，仙贤秘密不虚名。掌上轮星天上应，定就乾坤阴与晴。

四、看阳宅要诀：

凡学田宅，入门容易，精妙处全在学者用心细究，无不明通。将乾、坎、艮、震、巽、离、坤、兑、八方记清，再分四正门、四隅门。四正门者，乃是正东、正西、正南、正北；四隅者，乃是东北、东南、西北、西南、四角之方。再将大游年、七星歌记熟悉，安在八方门上顺布。假如坐南向北四方宅，大门在西北，即是乾门用"乾六天五祸绝延生"之句，大门是乾，坎宫是六，艮宫是天，震宫是五，巽宫是祸，离宫是绝，坤宫是延，兑宫是生。余下七门，皆从大门上顺布，游年、七星歌再分东四宅、西四宅。坎、离、震、巽为东四宅，乾、坤、艮、兑为西四宅。凡东四大门，总要配东四主房，西四大门，亦要配西四主房，若东四犯西四，或西四犯东四，皆主不吉。

后列七星临八卦图与游年歌，再加左辅、右弼，共是九星，名为八门套九星，内有九星之吉凶，令学者一看便知。再分静宅、动宅、皆不出乎八门九星，五行生克之理。现略补当要几条，令学者入门。

五、大游年歌

乾：六天五祸绝延生　　　巽：天五六祸生绝延

坎：五天生延绝祸六　　　离：六五绝延祸生天

艮：六绝祸生延天五　　　坤：天延绝生祸五六

震：延生祸绝五天六　　　兑：生祸延绝六五天

生气　贪狼木星，属阳，上吉；

天医　巨门土星，属阳，次吉；

延年　武曲金星，属阳，次吉；

绝命　破军金星，属阴，大凶；

五鬼　廉贞火星，属阴，大凶；

六煞　文典水星，属阴，次凶；

祸害　禄存土星，属阴，次凶；

左辅　木星，属阴，次凶。

右弼　无定，亦吉，亦凶。

七星临八卦图

巽门	离天	坤五	巽天	离门	坤六	巽五	离六	坤门
震延	巽四	兑六	震生	离九	兑五	震祸	坤二	兑天
艮绝	坎生	乾祸	艮祸	坎延	乾绝	艮生	坎绝	乾延
巽延	离生	坤祸	门为宅主房为宾			巽六	离五	坤天
震门	震三	兑绝	斗转星移定君臣 中五宫			震绝	兑七	兑门
艮六	坎天	乾五	吉星显耀多福庆 凶方崇高招灾侵			艮延	坎祸	乾生
巽绝	离祸	坤生	巽生	离延	坤绝	巽祸	离绝	坤延
震六	艮八	兑延	震天	坎一	兑祸	震五	乾六	兑生
艮门	坎五	乾天	艮五	坎门	乾六	艮天	坎六	乾门

六、九星吉凶年限应验歌

五鬼应在寅午戌，六煞原来申子辰，延年绝命巳酉丑，天医祸害是土神，气生吉凶亥卯未，左辅阴木合局论，唯有右弼无生右，休咎翻随向星云。

七、子息多寡歌

贪生五子巨三郎，武曲金星上子强，独火廉贞儿两个，辅弼只是半儿郎，文曲水星多一子，破军绝败守孤霜，禄存高大丁难盛，九星得位照此详。

八、分房水兴败歌

贪生长子巨兴中，武曲小房定峥嵘，文败中男禄殿少，损破长子受贫穷，左辅高大旺妇女，左弼吉凶看向星。水一火二木三数，金四土五论克刑。

第六章　六爻风水实例解

在人们的日常生活中，总是离不开衣食住行，那么"住"就是以房宅为依托的，人们"住"的是否舒适，就全赖房宅的优劣了。

我们用六爻预测房宅，不仅仅是看住的是否舒适，而更重要的是要预测此房宅给人带来的兴衰成败、穷通寿夭和吉凶祸福等信息。

测房宅一般是测房宅的自然状况及环境和房宅的吉凶状况。

房宅的自然状况及环境。

房宅的坐山与朝向：要以初爻、世爻和父母爻的地支所代表的方位进行参断，在这三者中首先以安静且不被日月及动爻冲克之爻为主论之，若三者俱静且皆不被日月及动爻冲克，则以初爻论之，其次是世爻，再次是父母爻。现以初爻为例说明其判断的方法：

如果初爻的地支为子水，其房宅必是坐北朝南，若初爻的地支为亥水，则其房宅的坐向是北偏西，朝向是南偏东。世爻和父母爻的判断方法与初爻相同。

若卦中有卯木且临白虎，其房宅周围必有围墙。

初爻为宅基，临辰戌丑未，又被日月冲克者，其宅基不是新建的且已有破损。

初爻为左邻和后邻，临妻财子孙者，其左、后之邻必是仁义友善之邻，若临官鬼兄弟者，必是必狠偷盗之徒。

初爻为土化土或为官鬼之墓者，其宅基下或房宅后面必有坟墓。

初爻的二爻临亥子丑者，为房宅周围有水沟、河流或房宅地面潮湿。

二爻为宅舍，若临父母旺相者，其房宅必高大广阔，休囚者，其房宅矮小狭窄，若被冲克者，必是房宅有破损。

二爻临妻财旺相者，为厨房宽敞，且装修得整洁，若休囚者，其厨房窄小且脏乱不堪。

二爻临日辰且动而生世爻，必是住进不久。

二爻临官鬼者，为租居他人之房。

以合二爻者为门，冲二爻者为路，如二爻为巳火，合巳火，合巳火者为申金。申金代表西南方，则西南方有门；冲巳火者为亥水，亥水代表西北方，则西北方有路。不论卦中有无冲合之爻皆以此论。

三爻为大门，若逢太岁、月、日生合者，必是崭新气派之门。若被太岁、月、日冲克者，则为破旧之门，且其家人多走旁门而不走大门。

三爻临父母化父母者，其房宅必是有两扇大门。

三爻、四爻旬空者，为其房宅没有大门。

三爻为未戌土者，门前必有路，临青龙者，是抱宅之弯路，临腾蛇者为反弓路，临白虎者，为宽大平坦之路。临勾陈者为小路，临玄武者不仅路面狭窄而且坑洼不平轻常积水。

三爻为丑土者，其大门旁边有水沟。

三爻为辰土者，其大门对面有池塘、河流及土路。

三爻与四爻相冲者，为有两门相对。

三爻与四爻俱为兄弟者，为屋少门多。

三爻、四爻为土化土者，为门窗多。

下卦为震、乾、艮、巽者，其房基较高，为兑、坤、坎者，其房基较低，为离者，其房基必在向阳之地。下卦为艮化艮、坤化坤者，其房宅下原是坟地。

房宅的吉凶状况：

测房宅以二爻为宅，五爻为人，人克宅为吉，宅克人为凶吉，即五爻克二爻吉，二爻克五爻凶，若二爻生五爻为吉，五爻生二爻则不吉不凶，为普通平平之宅。

宅基有坟或房宅附近有坟者，皆为人口平安，灾病不断，多犯口舌，且家中易出妖魔鬼祟等怪异之事。

初爻为宅基，临妻财子孙者为吉利之象。

卦中六爻宜静不宜动，静则房宅安稳，人口平安，动则灾祸难免。

二爻为宅，宜静不宜动，动则住不久。

妻财若发动必克父母，父母代表长辈、尊长、房宅、文昌等，故妻财发动者，必是长辈人有损，家宅不安，家中难出文化之人。

官鬼乃祸患之神，若发动必有祸患，临玄武发动者，家中易出盗贼之人。临螣蛇发动者，家中多出惊魂怪异之事。临白虎发动者，家人易有伤病之灾。临朱雀动者，家中易生口舌，临勾陈动者，家中会有动土之事。临青龙动者，家中易出酒色之徒。

父母发动克子孙，故父母发动者，其家中的小辈人必有伤损，临白虎动者尤甚。

兄弟发动者，克妻破财，口舌不断。

子孙发动者，虽然无灾无祸，无官非讼事，但是却仕途艰难，家中难出做官之人。

二爻旬空者，其房宅必是久无人住，若临白虎带刑者，其房中必出过凶死之人。

二爻临应爻者，其家中有外人借居。

二爻为桃花临玄武者，其宅中必有男女淫乱。

二爻被世爻临日辰所克者，其家必是祖业破败，人口不宁。

二爻为妻财临青龙生合世爻者，其房宅必是居于闹市，家中人口兴旺，高朋满座。

二爻为妻财化官鬼者，主其厨房的方位不吉，家中必有人因饮食不当而生病。

二爻为官鬼为火又临朱雀，其宅逢火旺之岁月必有火灾。

二爻与玄武相合或三爻、四爻为桃花且发动者，主家中有花街柳巷之女人。

五爻为妻财持世，主家中必是女人管事。

五爻被刑冲克害者，主家中主人有不吉之事，若被白虎刑冲克害者，必有凶祸。

六爻持世者，其房宅主人必是离祖成家，凡世爻在六爻者必是八纯卦，也就是六冲卦，故是在奔波出走中成家立业。

以上是测风水的基本依据和方法，在此基础上还要结合其他有关章节的内容和方法进行参断，如婚姻、财运等。

在分类预测时，每一项预测都有其特定的依据和方法，通常把这些特写的依据和方法称为"断语"，断语是人们在预测实践中总结归纳出来的高度精练的，具有普遍规律性的结论，这些断语在指导人们的预测实践中起着非常重要的作用。但是在实际预测中使用断语时，应注意以下三个问题：

一、每一个断语都不是孤立的，一定要结合预测时的时空信息和卦中的各种情况进行参断，因为起卦的时间不一样，或卦中的动变情况不一样，同一断语所反映的信息就可能会有差异，甚至得出相反的结论。

二、断语是具有指导意义的纲领性依据和方法，不可能面面俱到，不可能涵盖预测中的所有问题，而在实例预测中，很多推断的过程和方法也并不是完全按照断语套用的，甚至很多推断的方法在断语中没有的。同时，在本书中有很多断语并没有出现在实例中。这是预测理论和预测实践的一个差异，但又有其互补性。例如，在断语中没有出现的方法可以通过研究实例预测的方法而得到补充。

三、分清断语的主次关系。可能有初学者会觉得很多断语之间是相互矛盾的，在使用时感到无所适从，不知该如何取舍。在这种情况下，要注意分清主次关系，每一卦都有其主要的信息，那么在使用断语时就要抓住主要的信息。对此问题，在有关章节的断语介绍部分都加以说明。

1、卦爻断阳宅　似亲临其境

深圳刘先生来电测问盖房吉利否：

	丁卯月	丁丑日	（申酉空）
	《天泽履》	《雷泽归妹》	六神
	兄弟戌土○	兄弟戌土、、应	青龙
妻财子水	子孙申金○ 世	子孙申金、、	玄武
	父母午火、	父母午火、	白虎
	兄弟丑土、、	兄弟丑土、、世	螣蛇
	官鬼卯木、 应	官鬼卯木、	勾陈
	父母巳火、	父母巳火、	朱雀

断：

1、此地皮不是在市里，是郊区的一个镇子，为东南方位。

2、你买的地皮是准备盖坐北朝南的房屋，也就是说门向朝南。这种门向不吉利，应改为坤门大吉。

3、你买的地皮左右两边有两条小路，此为二蛇起雾，也叫红蛇吐信，主凶。

4、在地皮偏西南边约 6 米远处，有条大路是东南方向，路南是条大河，大河从东朝西，稍偏西南。

5、地皮东北角有排水沟，朝东南方位而流，主不利子孙（因东北又为子孙山有沟为空）。

6、东北方是一个大坟场，东方有坟，东南方位有坟，而且西南方有坟，所买的房基下也有坟，主凶。

7、你在地皮偏西北角盖好三间楼房，主对你家不好，有二根桃檐木直射你的房屋不利，会导致人口不宁（为白虎煞）。

我测完后，这位刘先生啧啧称赞测的全对，就好像到跟前看过一样，太神奇啦！

解析：

1、初爻父母巳火化巳火代表房基地，乾卦代表城市，乾为金在二月里，金处休囚之地，所以不是城市。为何断是一个小城镇且坐落在郊区？因宅爻在下，乾卦在上，相距较远，所以断定是小城镇坐落在郊区。父巳火化巳火，主东南方位，故断地皮在镇子的东南方位。

2、四爻为大门，是午火化午火，故断是准备盖坐北朝南的房子。门向不吉利，应改为坤门，是因为子孙爻申金动化子孙申金，朝南对人口有克，又不利子孙。申在坤，门朝西南，申金旺可制鬼，所以门朝西南才会大吉大利。

3、冲者为路，二爻卯木与酉相冲，故断右边有路，五爻申金与寅相冲，故断左边有小路，三爻丑土化丑土，也说明有路，四爻午火化午火，坐乾震两宫也说明左右二方有路，因左三右四之故，因临蛇，故断为小路而不是大路。左右有路为二蛇起雾，所以断是大凶之宅。

4、上六爻兄弟戌土化戌土，临日动与月相合，临青龙，所以是条大路，偏西南是戌动与卯合，与午火半合之故。

5、兄弟丑土化丑土，丑土坐兑卦之上，兑为泽，有水塘水沟，丑中有癸水，丑为东北方位，正说明东北方位有一条水沟。丑土临蛇，也说明是小水沟之象。因丑土在此地皮的东北角，所以此沟是向东而流。主子孙不利，因东北又为子孙山，有河、有沟又为空，所以对子孙不利。

6、因本卦是艮卦，艮为鬼门为坟场，故断东北方是大坟场，东边有坟是因为鬼为卯寅二木之故，东南方位有坟，是鬼卯木化卯木之故。西南方位有坟是鬼库在坤，坤在西南，所以断西南有坟地。房基下有坟，是二爻坐官鬼，二爻为房屋，所以断房基下也有古坟（此宅须化解方可住人，否则大凶）。

7、四爻临父母午火化父母爻午火，得月生而旺是房子盖成之象，

260

午火坐在乾宫，乾主西北方位，火原宫是离，离主三数，所以断西北方位已盖好三间房子。父母爻在四爻，主高，所以是楼房。

乾主天主圆，化震木，所以有二根桃檐木射向你家房屋，四爻临白虎为大煞伤害人口，故主家人不宁，也为大凶之宅。

测完后，我给他改成坤门，又给他化解，使此房转凶变吉，居住平安。

2、门向不吉　灾祸不断

马先生找我测阳宅，摇卦得《山泽损》之《水雷屯》卦。

甲申年　　　乙亥月　　　癸巳日　　　（午未空）		
《山泽损》	《水雷屯》	六神
官鬼寅木〇　应	妻财子水、、	白虎
妻财子水×	兄弟戌土、	螣蛇
兄弟戌土、、	子孙申金、、	勾陈
子孙申金　兄弟丑土、、世	兄弟辰土、、	朱雀
官鬼卯木〇	官鬼寅木、、	青龙
父母巳火、	妻财子水、	玄武

看卦片刻后，我先断其阳宅形势："你的房屋是水田或池塘垫土为基起的房子，土质不好，脏。"对方回答："对啊，此地基原是村中的一个小池塘，据说村里地势是鲤鱼地，此塘是鲤鱼的眼睛。"文化大革命"期间，生产队填平建猪舍，可能猪屎尿把土质污染了，开基时还有臭味。这也能看出？"我说："当然能。还有呢！你的地基不方正，呈三角形对吧？"马先生答道："对！房屋周围和别人的地基是构成三角歪斜，实在没有办法。"

泽在下卦，主沼泽池塘。初爻巳火化子水临玄武，故主地基是池塘垫土的地基，而且脏，玄武主水污浊，应有此断。主卦初爻临巳火父爻，与六爻官鬼寅木相刑，刑者不工整也。

"你的房屋外左前方有一根电杆。大门外有路直冲对着你家的门，房子的西北方有一条路，你的天井水就是朝这个方向流去的，这条路弯曲不直。房子的前面，有楼房高过你的房屋，看形势，对你有压迫感。"马先生答："对，屋外左前方是有根电杆，农村网改时刚竖的。房前偏左的是叔伯兄弟起的三层楼房，与其相连的是一座无人居住的老房，很破烂，非常难看。我的房屋为二层，所以看上去确实前面显得高。"

二爻官鬼卯木临青龙，卯木为电杆柱牌等煞，青龙为左边，故断房左边有电杆。有路冲门是五爻子水克初爻巳火之故。五爻为路，临子水化戌土，也代表水路，子戌在世应之间，又为天井明堂，戌在西北方，故西北有弯路，水流此方之故，路弯是五爻临腾蛇之故。

世坐兑宫主低，应为艮宫主高，卦中虎临寅木又动，寅木也主高，丑土低，故前方楼房高，自己房屋低受压，白虎主凶破，临应，也主前方有破屋煞，看来应该不假。

根据卦中状态显示，该宅已属凶宅，犯曜杀，门向不吉，家中应有凶事发生。于是我跟他讲："这两年一定不顺，有伤灾、病灾，特别今年，你儿子会有车祸、官非、口舌。"

马先生答："对，不光是这两年，住进此屋后，没有一年顺过，连年败财。夫妻二人身体很差，所得的钱，不够我俩治病。去年我又患上慢性咽喉炎，到处求医，服药至今，还没见效，反而越来越严重。今年七月份，大儿子，如你所断，带女朋友去赶街，骑摩托车撞了人，确实打了官司。因我儿子违章，故官司输了，破了一大笔钱。儿子的女朋友又伤着手脚，医药费、赔偿费一共花了一万多。直至今日还没有凑够钱给人家，真是倒霉透了。"

此卦为损卦，测卦遇《损》，必有损伤。卦中龙虎临鬼爻齐动又克世，三、四爻兄弟丑戌相刑，主门又丑化辰，兄化兄，去年癸未年又构成辰戌丑未相刑，子孙不上卦，子孙为医药，卦中鬼旺无制，世又为卦主本人，故本人有病难治。

申金为卦主子孙，伏在世下，今年流年甲申，正好伏出，与六爻寅木鬼爻、初爻巳火父爻构成冲刑，父又为车辆，寅申、巳亥又为马星，卦中刑格已经构成。卦中卯木临青龙，主喜事，但不该克世，青龙克世主乐中生悲之灾，故其子带女友去玩，遇上车祸，导致官司、破财、伤灾，在所难免。

最后根据六爻官鬼临寅木、白虎发动，又临艮宫，六爻为祖上，发动定主祖坟不安。可能灾祸与此也有一定关联，叫他回去查一下，不然以后还会有大灾出现。

3、世动亡人不安

马先生说："去年与外地一走江糊的地理先生买了一块地安葬祖父，不知是不是此地作怪。此先生吹嘘说，葬此地后，家中会出县级的官员。"我叫他针对他所说的那块宝地又摇了一卦，得《山天大畜》之《泽火革》卦。

甲申年　乙亥月　癸巳日　（午未空）

《山天大畜》	《泽火革》	六神
官鬼寅木 ○	兄弟未土 、、	白虎
妻财子水 × 应	子孙酉金 、	螣蛇
兄弟戌土 ×	妻财亥水 、世	勾陈
兄弟辰土 、	妻财亥水 、	朱雀
官鬼寅木 ○ 世	兄弟丑土 、、	青龙
妻财子水 、	官鬼卯木 、应	玄武

断：此地应为东北或西南向，坟左右有水抱穴，穴远处有一条河流。马先生答："对，该地为未山丑向，前方是有河流，左右为低洼田块，长期有水，左后边有一个浅水塘。"

世坐寅化丑，应又为艮宫，故应为东北或西南向，子水主江河，在五爻又临应上，故前方应有河流，初爻子水，应爻又为子水夹世爻寅木，故穴左右有水抱坟。

坟左高、右低，西北方有个破窑洞，左右砂尾互相对顶。

答："对！左砂是高过右砂，左砂还高过坟穴，西北确有一个破灰窑，已多年不烧灰，很破烂，左右龙虎砂尾也确是互相对顶，形成互不相让之势。"

青龙坐在乾宫主高大，白虎临艮宫虽也主高，但乾比艮高大。青龙白虎临寅木各化丑未相冲，已形成互不相让之势，故龙虎斗砂相顶势成必然。戌主破窑大库，化亥，亥主西北，在世应明堂之间，故断西北方有破窑。

此卦中是青龙持世，但化克（乾化离火克寅化丑土克）又发动，世动亡人不安也。测阴宅鬼动，也主亡人不安，导致灾祸。卦中青龙白虎临鬼，寅木各化丑未兄弟相冲，又与四爻戌土构成三刑。再者寅木鬼爻与伏爻申金，日上巳火、流年甲申又构成冲刑，如此的格局，怎能不应车祸、病伤、官非、破财？至于那位高人说的出县官，我实在看不出。阴阳宅的卦象大抵相同，阴阳同一理，此言非虚。

4、把握动中玄机 是断准卦的关键

这是一位中年妇女摇的卦，她只是说：看住宅风水是否有问题。

甲申年　　辛未月　　戊子日　（午未空）

《雷泽归妹》	《雷水解》	六神
父母戌土、、应	父母戌土、、	朱雀
兄弟申金、、	兄弟申金、、应	青龙
子孙亥水 官鬼午火、	官鬼午火、	玄武
父母丑土、、世	官鬼午火、、	白虎
妻财卯木、	父母辰土、世	螣蛇
官鬼巳火〇	妻财寅木、、	勾陈

我看了卦，断了如下八点：

一、你的住宅地势低洼，前高后低，东南方位有井并有存水。

二、是二进院，西南有门，东南有大门。

三、宅的西北、西南、东南门前房下有老坟。

四、院东南，西南位有蛇。

五、门前有水沟，有垃圾脏土或粪坑。

六、伙房在东南位，那里有个大烟囱。

七、此房为凶宅，容易出现伤灾病灾。1998年你家中有车祸发生；2002年丈夫有生死大灾；2003年家中破财，事业有变动；今年财运不好，尽管你辛苦奔波，挣点钱也存不下。

八、你头上有病，心脏发慌没有底气。腰疼腿酸；肠胃不好。

以上所断卦主当场一一应对准确，并体会到了八卦的神奇。下面我逐一说明一下断卦的思路，并重点指出卦中隐藏的玄机。

一、内卦为宅，兑变坎，兑、坎为低洼水泽之地，故断住宅地势低洼，又外卦为人，震化震，世在内应在外，同时又朱雀临之，所以断是前高后低；阳宅地势低洼湿气重，对人口、事业不利，前高后低，犯冲天煞，败财，败人丁。辰土居二爻在坎宫，所以断东南方有井或水坑存水。

二、官鬼化官鬼，父母化父母是二进院的信息标志。同时是有门楼也叫穿堂门。兄弟为门楼申金与三爻相呼应。所以断西南位有门。三爻为门丑土暗动，直入辰土之库，三爻为世爻为人为门，直奔东南，所以以东南位有大门。大门者，辰土为万库之库也。

这就是笔者讲的较为隐晦的玄机。如果单纯地死抠规则三门四户，兄弟为门，就很难断出东南有大门。如果掐住这个脉搏，从动中找玄机，灵活运用，又把宅拟人化，形象化，具体化，就可以推断出东南有门。

三、官鬼在宅中为阴气，入西北戌库，被西南未土合住，又暗动在四爻午火，明动在初爻巳火，所以说宅的西北、西南、东南门前房下有老坟，准确无误。

四、巳火临官鬼明动在东南，化回头生化回头刑，卯木临螣蛇入未土之库，所以断西南、东南方位有蛇。东南方有蛇好理解，西南方有蛇不好理解，西南有蛇者，是因卯木为花柳细长之物，形似蛇，又临螣蛇，所以为蛇，木库在未，未为西南，所以西南方位有蛇。

五、三爻为门临丑土，丑中有癸水，丑与子合，丑土暗动入辰库，所以断门前有向东南方位的水沟。丑土为脏土是我经验之谈，其准无比。入辰库为低洼形似粪坑，脏土之类。

六、戌为火库居六爻临朱雀，在震宫木火通明，形似烟囱，但戌土动冲辰土入库。所以烟囱不在西北而在东南。有人说戌土是静爻怎会冲辰土呢？我说是动爻做何解？卦书有：辰、戌、丑、未为四冲，冲者为动，所以看似静实为动，这就是玄机所在，这也才有烟囱在东南位之断。

七、外卦官鬼化官鬼，兄弟化兄弟清楚地表明家中易出现伤灾病灾。同时又五爻克二爻，内外卦相克，都表明宅相大凶。

1998年寅木与五爻相冲克，卦中寅、申、巳刑，五爻为路为车，外卦为震，震主车青龙主车，所以断有车祸发生。

2002年午火为岁君，旺而无制，又官鬼化官鬼，卦中已显示的信息是官鬼日破化空破入戌墓，这里讲旺者入库衰者入墓，为大凶之象。丈夫有生死大灾。实际上，此年丈夫在车祸中丧生。

2003年未土之年与世爻相冲，又丑未戌刑，父母爻是事业，世爻为自己被冲有变动，太岁冲世一年运气难伸，父母爻旺必是耗财辛苦。

今年2004年兄弟申金临值，子孙爻又不上卦，财爻没有救应，受克破财难免，所以财运不济。

八、六爻为头，三刑正旺，临朱雀故断头晕发胀；火空入库，心脏发闷，发慌够不着底，此为心头火之断；土主脾胃，犯三刑，必是脾胃不好；三爻为腰为腹临白虎为病，又受月冲，所以腰上有病；二爻为腿，卯木居之受兑金之克，又化辰土为湿地，所以断腿酸疼之感。

5、测疾病看阳宅

2000年2月的一天，一位女士前来测卦：

庚辰年　　辛卯月　　丁亥日　　（午未空）

《水风井》　　　《水泽节》　　　六神

	《水风井》	《水泽节》	六神
	父母子水 、、	父母子水 、、	青龙
	妻财戌土 、世	妻财戌土 、	玄武
子孙午火	官鬼申金 、、	官鬼申金 、应	白虎
	官鬼酉金○	妻财丑土 、、	螣蛇
兄弟寅木	父母亥水 、应	兄弟卯木 、	勾陈
	妻财丑土 ×	子孙巳火 、世	朱雀

卦象是一个宇宙信息的客观载体。卦象即成，吉凶已定，日月引发，必见应期。任何主观意愿都不可能改变这一结果。这就是六

爻八卦所体现的客观真实性。依据八卦的这一科学原理，我给王女士做了如下决断：

1、"你头上有病，睡觉做梦，应是严重的神经衰弱。主要原因是恨家不起，恨子不成。"王女士和我外甥女听后面面相觑，然后王女士说："哎呀！您说的真叫对。就是睡不着觉，越着急越睡不着，脑子里总想事。其实家里的日子也算过得去，可是比起好的来还不成是不？孩子学习啥的也不用怎么操心，就是身体总有毛病。"

2、"你双肩酸痛，腰部有病，腹胀，吃饭不香。"王女士说："那您咋跟大夫是的，说的咋那么准呢？"我说："八卦跟中医是一理，都是靠阴阳平衡来诊病的。"

3、"你家在1998年曾有车祸发生。应该是你丈夫开车出事，大腿受伤。"这时坐在旁边的外甥女先说话啦："老姨夫现在可不得了啦，咋说得这么对呀，他们家我大哥（指王女士的丈夫）就是1998年的七、八月份开车去天津送石料出的事，把腿碰折啦。"王女士肯定地说："就是那回出的事。那您给看看是咋回事，是不是房子有毛病呀？"我说："我看看房子风水是不是有问题。"

4、"你家住房风水不算好。房基东南角有坟应该是女人的坟地。门前靠右手有坟。房下阴气太重，主家人好得病出现意外伤病灾。"听到此处，王女士歪着头跟外甥女叨咕，咱那块有坟吗？外甥女说："我刚到你们村几年呀，我哪知道。"王女士迟疑地说："我到他们家十年啦，只看见四周全是房，没见过坟，要有也是过去有。"我说："卦上看应该有。不管是以前还是现在，只要有就会产生阴气，对住房有影响。"

5、"你家住房坐北向南。主房门与院子大门不对着。主房门偏东南，院子门偏西南。家有后门偏西北，后门与邻居家前门相对。你们家走后门。后门已破损，不利财。1998年你家改动过院子大门，目前大门已破损，而出伤病之灾，或血光之灾。此门应朝南为大吉。"

王女士说：“全让您说对啦。说是1998年改的门，我们当家的才出车祸，原来大门是向南开来的，自从一改，就不行啦。后边的铁门掉了一个合页，前面的大门平时总关着长好些锈。”

6、“你家的北边有一个很高大的水塔，直冲你家大门，主伤灾破财。你家院内的东南方位有自来水和水井。明水向东南方的一个大水坑流，东南为文昌青龙位，有水为吉，但已被破坏。你家不能出当官之人。”王女士毫不掩饰地说：“一个臭老百姓，还想当什么官。”

7、“你家与邻里关系很好。东南方位有一发财大户，另外东南位有动土之象。你家厨房在前院西侧，厕所在前院的东南。”外甥女说：“他们家人缘好，跟街坊四邻从来没红过脸。”王女士说：“是这样。一块住着就图个和气，出门不见抬头见谁求不着谁呀！您说有一家发财大户，就是在我们的东南边，这几年搞山场，发了财啦。家里存几百万。您说动土我知道，那边有一家盖新房。”

解析：

1、六爻为头父母子水坐之，入太岁辰土之墓库；二是受月建卯木相刑泄，三是五爻戌土贴身相克；四是丑土挂螣蛇动而相克，父母主文主思考，伏吟，主有翻来覆去之象，所以是睡不好觉。水主血液，受克必是脑血流不畅，或脑中缺氧，木主神经，受鬼克冲，刑泄六爻，又临螣蛇，必是神经衰弱。世居五爻，妇人居之，乃阴阳反错，女人持家之象，又财爻持世，与二爻亥水相克，二爻为家，所以是恨家不起。子孙午火伏于官鬼申金之下，临白虎，显然身体有病之象。

2、五爻为肩，戌土化戌土受太岁之冲，月建之克，临玄武，必是受寒而引起的病痛。官鬼坐三爻，三爻为腰，受月冲为破，所断腰上有病。土主脾胃，受冲又受克，二爻主腹受克化泄，都说明脾胃不好，土居坎宫，有腹胀之象。二爻化兄弟克财，财主饮食，所以吃饭不香。

周易·一卦多断点窍

3、寅申巳亥有车象，上卦坎化坎为车象，官鬼申金居四爻在坎宫，临白虎，其兆不祥，必有血光之灾。女人摇卦财爻持世，克者为官，卦中丈夫寅木伏而不出，待1998年戊寅，丈夫之爻临岁而出，正与官鬼申金撞个正着。又子孙爻不上卦，所以出了车祸。二爻为路，父母为车，亥寅相合，丈夫是个开车的。二爻为腿，木主四肢，所以是腿上有伤灾。

4、初爻为房基，鬼墓丑土坐之又居巽宫，巽主东南，又巳酉丑合鬼局，所以是东南方有坟。巽主女化兑，所断是女人坟。三爻为门，官鬼酉金化丑土为墓，丑又坐兑宫，兑主西为右，所以是门前右侧有坟。《井》之《节》卦，世应反错，二爻阴差阳错，又子孙爻不上卦，所断阴气重。内卦巽化兑，为金克木，内卦为宅，主家中一定要有伤病灾。

5、世为坐基在坎宫，坎主北，所断住房坐北向南。三爻为门，四爻为户，酉申虽属金，但不同宫，所以不在一条线上，错位而对。申金偏西南，酉金偏东南。酉金所以偏东南是辰酉相合，酉坐巽宫之故。家有后门是三爻酉金动化丑土之故。丑戌相穿，所以是后门与别人家前门相对。丑戌相穿实为相刑相害，财爻居之，显然不利财。主人走后门是巳酉丑合局入丑土之墓库。三爻酉金为后门受日冲为破，所以是后门破损。四爻申金是前门，伏吟临白虎，在月处绝地，所以是破损。1998年戊寅冲起四爻申金，所以大门改动。白虎临门发动主血光之伤灾，又与太岁相冲，所以必出灾祸。此门如朝南午火子孙位，生财制鬼大吉。

6、申金化申金，居坎宫，金高水低，临白虎有气势，又金可生水，所以是北边有一个高大的水塔，此为白虎坐高柱，直冲大门为不吉，必主家中有血光之灾。巳酉丑合酉金局，坐巽为东南，金动生水，所以是井或自来水。东南为水库，太岁辰土透出为旺为大，所以是明水向东南流，而且哪里有个大水坑。东南为青龙位，官鬼酉金居之生宅爻父母亥水，本主名气，学问，但酉受冲为破，而生水无力，所以家中风水被破坏，不能有做官之人。

7、初爻为左邻后舍，四爻前邻右舍，与世爻比合或相生，所断邻里关系好。东南为财库，太岁透出，所以东南方位有一发财大户。动土之象是辰戌相冲之故。巳火临朱雀为厨房，居兑宫主西侧。丑中有癸水，为污浊之水，在巽宫，所断厕所在东南方位。

按照抑旺扶弱阴阳五行平衡的原理，我为王女士选配了玉石马佩带于身进行简易化解。事后反馈效果很好，睡觉安稳。

6、测事业兼看阳宅

四川李先生打来电话求测事业能否成功：

壬午年	癸卯月	丙子日	（申酉空）
《泽水困》	《水地比》		六神
父母未土、、	子孙子水、、应		青龙
兄弟酉金、	父母戌土、		玄武
子孙亥水〇 应	兄弟申金、、		白虎
官鬼午火、、	妻财卯木、、世		螣蛇
父母辰土〇	官鬼巳火、、		勾陈
妻财寅木、、世	父母未土、、		朱雀

这个卦是李先生自己摇好的，言称已请几位高手为他算过。不用说，肯定是没有能达到他的满意，于是，又找我来算。我排好他报的卦，认真进行审视分析，断了如下几点。

1、你是一位具有较高文化水平的人，但只是大专而不是大学本科生。你视力不好，戴眼镜。

李先生答：对的，一点不差。

2、你具有较强的业务能力和水平，而且在当地具有一定的名气。

李先生答：完全是这样，原来是××卫生学校的创始人，曾担任过校长职务，由于自己不愿意当官，所以后来到医院从事医疗工作。

3、你对工作执着热情，并且正在为追求一种非常远大的目标而奋斗。已经达到了着迷的程度。

李先生说：李计忠先生你讲得非常好，我自己确定了攻克艾滋病的科研项目，只要我还活着我就要为它去奋斗，我相信一定能成功。

4、你从1992年开始确定你所追求的目标，已经花费了很大的精力，包括花了不少的钱。

李先生说：我这个人为了事业什么都舍得，现在算起来大概花掉了一百多万。

5、你与周围的关系搞得很好，领导对你也不错。

李先生说：我是搞事业的人，我从来没有在领导身上花过一分钱，完全是靠自己的真才实学过日子。

我给他解释：尽管你没有主动与领导搞关系，但领导看中了你的才能，对你还是不错。

6、对于你所确定的科研目标，开始有人很支持你，后来就表示出了反感或叫反对。包括你的妻子现在也同样不支持你。

李先生说：是这样的。

7、你所追求的科研目标，只属于你一个人的研究，并没有人在经济上帮助和支持你。

李先生说：这也是实际情况，但我手底下有两个助手。

8、你的经济条件很好，具有较强的经济实力，并且在银行还有存款。是个金卡而不是存折。

李先生说：我是被聘在一家医院做主治医生，每个月工资加提成七八千元，为了事业已花掉一百多万，现在已一无所有啦。银行里是还有几万元存款，留做应急而用。爱人手里有钱，但也不会给我用。

9、综合分析，你所确定和追求的科研目标，难度很大，困难很多，在近几年内难以成功，希望你要对此有清醒地认识。

李先生说：我只要还有一口气，就要为此而奋斗。

10、1996年有车祸，2000年有官非之事。

李先生说：1996年车祸擦伤破点皮。2000年因为一医疗事故牵连花掉9000多元。

11、你夫妻关系不合，你有一女儿。

李先生说：对。我们夫妻感情还可以，只是她有钱不给我用。

12、你家住的是楼房，门向西南方位开，二室一厅。

李先生说：对的。

13、在你的医院的西南还有一个医院，它的效益要比你的好些。

李先生说：对，那是一家规模比我们大的医院，效益不错。

14、你家周围低洼，西边、北边都有水，东南方有片汪洋之水，并且有一个大桥。正北有一高大的水塔，直冲家门。你住的房是龟头门，门头向前伸出。这一切虽然看着环境很好，但却对你的事业和家庭都不利，因为他犯了"八煞水。"

李先生说：我们这里紧靠长江，北边那个桥是万县长江大桥。我们住的那个楼单元门那里是凸出的，北面有一座水塔，很对。

解析：

1、父母辰土发动化巳火，巳火得月建之生，属原神有力，又与世爻同宫，说明本人具有较高的文化水平，世化父母未土，在坤宫，也说明有文化，初爻变爻未土与六爻未土相呼应，六爻主高，所以也说明其文化水平高，但辰戌丑未为杂牌，所以说是大专生而不是大学本科生。五爻为目，月破逢空，说明视力不好，戴眼镜是酉金居五爻之故。

2、世爻寅木得日生月拱旺而有力，官鬼午火临太岁，说明能力强有名气。

3、世旺化库，又六爻为库，说明工作一心一意而执着，想法很高，目标远大。（提示：这种人固执己见，好钻牛角尖）

4、应动生世，应为事业，亥水长生在申，故断1992年确定目标。应动化兄弟，且又有父母辰土发动，三爻官鬼暗动，故断耗费了很大的精力和钱财。

5、世应相生，月、日相生扶，所以周围关系不错。

6、应为亥水是原神又是阳爻，说明起初得到了各方面的支持，但化出申金与世爻成刑冲之势，说明后来不但不支持而且有反感或反对。

7、世自化库，说明日主每日埋头在室内搞科研，亥水动被二爻辰土截住而不能生世，说明只是单枪匹马，没人扶助。

8、财爻寅木持世得日生月帮，坐坎卦，旺相，说明自身经济条件好，有经济实力，自化财库，又得太岁生合，说明自己有存款，六爻财库未土坐兑卦是工商银行，兑金主硬主卡，所以是卡不是存折。

9、二爻父母辰土动使亥子水原神入库不能生世爻寅木，说明中间问题多，阻力大，又有日建子水直冲官鬼午火，官鬼午火受冲有制，说明事业难有出头之日。六爻未土化子水，子未相害，说明思维方式有问题，所以提示要保持清醒头脑。

10、1996年太岁子水直冲官鬼午火，午火坐坎卦，坎主车所以有车祸之事发生，2000年辰年有官非之事，是卦中二爻辰土动化官鬼巳火，巳火来刑害世爻之故。

11、世应反错，男摇卦财持世，又应化兄弟冲克世爻，都说明夫妻不合。按六亲飞宫，我生者为子，卦中官鬼午火在三爻为不等位，又阴化阴，所主是一女孩。

12、二爻为宅动化回头生，又有六爻父母未土临青龙，为辰土之进神，由低变高之象，故断是楼房。三爻四爻为门户，动化申为西南，朱雀为前临未土在坤宫，也主西南，故断门向西南。父母坐库为室，官鬼为厅，辰土、未土为二室，官鬼午火为一厅，所以是二室一厅。

13、卦主是从医之人，世爻为其所在之医院，三爻变出卯木与之五行相同，又坐坤卦，故断在西南方位还有一家医院。因临月建而持财，故断规模大经济效益好。

14、初爻为房基坐坎卦，又外卦兑变坎，故断住房所处位置低洼，西面，北面有水；辰土发动坐坎卦，辰又为水库又有日建之水，动爻之水入库，为一片汪洋之象，父母有桥象故断东南方位有大桥，子水临日辰冲三爻午火，子水在六爻临青龙主高，说明是北方有水塔冲门户。二爻为房宅，辰土阳动有龟头伸出之象，故断是龟头门。

7、一卦多断的实践应用：

1997年12月29日晚，一人预测，摇得：

丁丑年　　壬子月　　甲辰日　　（寅卯空）

《风雷益》	《天山遁》	六神
兄弟卯木、应	妻财戌土、	玄武
子孙巳火、	官鬼申金、 应	白虎
妻财未土×	子孙午火、	螣蛇
官鬼酉金 妻财辰土×世	官鬼申金、	勾陈
兄弟寅木、、	子孙午火、、世	朱雀
父母子水〇	妻财辰土、、	青龙

求测人不说具体要测什么事，让我依卦而断：

1、你的住房无产权，且住的人少或常空着。

五爻为人，二爻为宅，今二爻兄弟寅木空亡，宅空又临驿马，不是无产权，人常不住吗？

2、你住的单元房开东北门，西南有条小路。

合二为门，冲二为路，兄弟又为门，寅即东北，冲寅者申也，申即西南。

3、你的来财处较多。

财爻持世发动，主变卦四重财爻，申子辰合局，年日扶财，月合财。

4、你家的坟里埋有非正常死亡之人。

财世之下伏鬼，临勾陈动，勾陈临土，不是翻车就是动土，官鬼酉金，铁器所伤。

5、你的婚姻不顺。

测婚世为己，应为妻，现应空主女方不实。

6、你父亲1992年与母离异，1993年与别人另组家庭。

子父临阳爻动而入库，动而相合，必是合去别家。1992年壬申，申子辰三合；1993年癸酉桃花，花烛之喜。

7、你信佛教，2000年可能有出家的念头。

世爻临辰土临华盖，火土为僧，故主人信佛。2000年庚辰，土旺之年，且变卦为《遁》，主逃避，遁入空门，故有出家之念。

卦刚断到这里，刘某便激动道："对，对，对！我家住的是露矿公产房，家中只有我一人，门路皆对，我爷爷死于车祸，我父亲与母亲离异与别人另组家庭。名不虚传，果然了得！"

8、楼房吉凶　尽显卦中

2002年农历九月十三日，李先生求测买一楼房是吉是凶。摇得《艮》之《谦》卦。

壬午年　　庚戌月　　己未日　　亥时　（子丑空）		
《艮为山》	**《地山谦》**	**六神**
官鬼寅木〇世	子孙酉金、、	勾陈
妻财子水、、	妻财亥水、、世	朱雀
兄弟戌土、、	兄弟丑土、、	青龙
子孙申金、应	子孙申金、	玄武
父母午火、、	父母午火、、应	白虎
兄弟辰土、、	兄弟辰土、、	螣蛇

断：

（1）此房不在市中心，是在市中心的东北方。

（2）方向坐东北向西南，向吉可居。

（3）在施工中有一男子伤亡。

（4）楼北方有干水沟，西北方有大湖，东北方亦有干水沟。

（5）西北方有条大道，东南方有小公路。

（6）地下是坟地开发，坟墓四周均有。

（7）此楼于1996年开基而建。

（8）楼高22层。

（9）外装修是金黄色，此楼向吉利。

他反馈说："先生说得大部分正确，其中我有部分不知道，八卦真是为人服务。其中此房是在市郊，是市中心的东北方，西南朝向，干水沟、水沟、大湖的方位断得准确，此楼确实是1996年基建，22层，外装金黄色，楼外的大道、公路正如你说，但坟地、施工事故不清楚。"

解析：

（1）主变卦为艮、坤，艮为山，坤为地，故主市郊；艮为东北，故为市中心的东北方。

（2）世坐艮卦艮宫为寅爻，艮寅为东北，变卦化坤卦，故楼房坐东北向西南。

（3）艮为楼，上爻临鬼动带勾陈入日墓，鬼为男性，上爻为高处，动爻为施工，化回头克表示不小心，临勾陈入墓为死伤之灾。

（4）子为北，丑为东北，子丑空亡指干流水沟。五爻子水空化亥水，亥为西北为湖，表示西北方有沼池湖泊。

（5）戌是西北方，纳乾卦为天为大道，青龙为大路，指西北方有公路；初爻辰土临腾蛇，蛇为小路，辰为东南，即表示东南方有小路。

（6）上艮下艮，又化坤，艮坤为鬼门为坟地，表示地下四周是坟地。

（7）建楼房要花费资金，卦中子财空亡，1996年丙子填实之故。

（8）艮为高楼，上艮七数，下艮七数，化坤八数，合得二十二，即表示二十二层楼。

（9）艮宫化兑宫，艮土为黄色，兑金为金色，合指金黄色，卦宫为外表，即表示外装修是金黄色。应为楼向，临福神孙爻旺气，表示楼向吉利。

9、六爻预测楼房风水

蔡先生想买楼房，自摇了一卦，可能是自己拿捏吉凶不准的缘故，于是打电话到本公司，要求我帮忙看一看。

壬午年　　己酉月　　己卯日　　（申酉空）

《泽为夬》	《火天大有》	六神
兄弟未土×	父母巳火、应	勾陈
子孙酉金○世	兄弟未土、、	朱雀
妻财亥水、	子孙酉金、	青龙
兄弟辰土、	兄弟辰土、世	玄武
父母巳火 官鬼寅木、应	官鬼寅木、	白虎
妻财子水、	妻财子水、	螣蛇

断：

1、楼高三层，坐北朝南。

二爻为宅，寅木居之，寅主3数，为三层楼房。父爻为房，临巳午火为南；初爻地基，临子水为北，为坐北朝南。

2、楼房装饰已旧。一层作门面，二、三层住人。

二爻巳父寅官临月令休囚又临白虎，主房子不是新建的；木主装饰，土主染料，均临月令不旺，主装饰已旧。初爻为一楼，临子水带财爻，太岁临午父冲动之，财主生意，父主门面，故一层做店铺；二爻为二楼，临寅木带官鬼临应爻伏巳父，应爻为房东，初爻子财生之，是房主住的；三爻为三楼，临辰土带兄弟，阳居阳位为得位，合初爻子水之财，即是房东，主人之居。

3、门面生意已黄了，大门木料破损。

看初爻子财，午岁冲，卯日刑，又子水胎于午为休业，沐浴于酉月为败，死于卯日为无气，故生意已黄了。坐北朝南，一楼门开午向，合午爻者为未土指大门，临兄弟在上爻，未动化巳，土绝于巳，

周易·一卦多断点窍

临勾陈，受日辰卯木之克，木即门上的木料，酉金动克，故知大门破损。又因未动，要重新换门。当时，我从电话告知此事，对方说，正有此意。

4、初爻为后，恰好临子水，即坐北，带腾蛇主小路；宅前可看朱雀，在五爻临酉孙动化未土大门回头生，酉为月建，子孙可生财，为大道，来来往往的人都是赶集市的。合二爻为门，四爻亥水合二爻寅木，亥为西北，亥与子同类，亥小子大，日建卯木合亥水，便门常闭。

5、此楼房风水可以，住后人口平安。

二爻为宅为风水，临日建而旺；五爻为人口，临月建旺，人克宅，造宅整齐，人口平安。

6、此楼是亲戚家盖的，他已在县城里又盖了新楼，想低价卖给你。当时，断出此条，对方连说对。

应爻为房主，下伏巳父为房子，巳酉半合，酉临子孙是晚辈，合主亲戚关系。应爻在乾卦坤宫主县城，下伏巳父，临太岁而旺，寅木为长生之地，故知其在县城又盖了新宅，此时巳父为一爻多用。我克者为财，巳火克酉金，酉金为房子的价钱，虽临月旺但空动又受日冲，大概为六七折的价钱吧。

7、目前资金不足。但对此楼很满意，特别是你的妻子很看重此宅。

资金不足，是世动化兄，兄又发动。世动克宅合巳父，表示满意。亥财为妻，亥合寅木应爻。

8、最后，我告诉他，此宅宅气稍有不吉，入宅前须全部重新装修方可。

二爻为宅临白虎，寅巳生中带刑，木刃于卯日，又月之克。重新装修，旧貌换新，以接宅气。

10、住宅风水与流年吉凶

2001 年 2 月 1 日北京李先生电话求测房屋风水：

庚辰年　　己丑月　　乙未日　　（辰巳空）

《雷地豫》　　　　**《天山遁》**　　　六神

《雷地豫》	《天山遁》	六神
妻财戌土 ×	妻财戌土、	玄武
官鬼申金 ×	官鬼申金、 应	白虎
子孙午火、 应	子孙午火、	螣蛇
兄弟卯木 ×	官鬼申金、	勾陈
子孙巳火、、	子孙午火、、世	朱雀
父母子水 妻财未土、、世	妻财辰土、、	青龙

我看完卦，在电话里跟他说：

1、住宅是独门独院，而非楼房。

2、房子坐北向南，房基为三角地，前高后低，主家中易破财耗财，易犯口舌官非。

3、房子大门前有条路，路是由西北过来，转为由西向东的路。

4、大门口靠左边有一个很高的东西，是电线杆。家人印证，是一个高压电线杆。

5、大门朝南有条小路，正南方有个铁桥，为白虎煞，主家中不宁，易出现伤灾或牢狱之灾。

6、房后东北方是低洼，有水坑或下水道，不利子孙。

7、房子地基的东南和西南方位原来都有坟，阴气重。

8、主房西北角的房顶漏水，不利身体健康，易患神经衰弱症。

关于此房的风水，我就讲了这么多。李先生逐条印证后，不禁感叹六爻断风水之神奇。为了让他更深入地体会一下一卦多断的妙处，我又继续给李先生断了几条。

9、你的住房不利子孙，尤其对长子不利，头部、脑神经方面，应该是有问题。

李先生答："老大小时吃药造成脑神经方面的后遗症，智力低下。

10、你的肾不太好，呼吸器官也有病。

11、你太太应该有头晕之病。

李先生回答："是的。"

12、1995、1996、1997 年财运都不错。1998 年开始走下坡路，年上破财。1998 年出车祸，破财，有官非。1999 年仍然破财。2000 年家中不宁，有官司。

李先生答道"1998 年开车撞伤人，又破财又招官司。2000 年正月有人无端来家中闹事，把窗户玻璃都砸了，还打人，为了这事又打官司，这几年事就没断过。这些事断的都对。没想到摇一个卦能看出这么多的事来，我真是服了。"经过我的详细解释，使李先生认识到家庭居住风水的重要性。并请我为他的住宅进行了调理。现在李先生和我已经成了好朋友。

解析：

1、住房是独门独院。

父母爻伏于初爻未土之下受克，又受日月之克，说明住的是平房，独门独院，而且是旧房。

2、房子坐北向南，前高后低，而且是三角地。

四爻为大门，午火代表南方。父母爻子水代表北方，故而房子是坐北朝南的。震主高，坤主低，所以房屋前高后低。上卦为震主尖，下卦为坤主宽，说明地基是三角地。这些都主钱财不聚，易耗财，易生官非。

3、大门前有条由西北而来又转为由西向东的路。

五爻为路，申金化申金，震化乾，说明有一条由西向东的路，路是由西北而来。

4、门口左边有一个电线杆。

震主高，乾也主高，上卦震化乾，震为长圆之物，又有戌土在六爻发动，午戌合，戌土为火库，故而说明门前有电线杆。

5、出了门向南有条小路，经过一个铁桥。

四爻午火化午火临螣蛇，主南边有条小路。乾卦有桥象，五爻官鬼申金化申金临白虎，说明是一架铁桥，桥上有钢轧可视为铁桥。此煞主家中不宁破财。

6、房后东北角有水坑或下水道。

初爻未土化辰土，辰土为水库，为水坑，水道等，艮为东北方，故断东北方有下水道。此煞主男主人肾衰，呼吸气管有病。

7、房子东南和西南角原来有坟。

初爻未土化辰土，坤化艮皆主坟地，故断西南，东南方位有坟。阴气重，主家中是非多，破财。

8、主房西北角屋顶漏水

六爻为房顶，丑未戌三刑临玄武，说明漏水，说明主人有血压高之病患。

9、长子脑神经有问题。

子孙爻午火坐震宫为长子，子孙爻日月休囚，戌土发动，午戌合，午火有入墓之象。戌土在六爻代表头，丑未戌三刑，说明头部有问题。

10、李先生肾不好，呼吸系统有问题。

三爻代表腰肾，兄弟化官鬼，金木相战，说明腰痛，肾不好。五爻为咽喉，官鬼化官鬼临白虎，有病疾之象，申金又受四爻午火之克，故断呼吸器官有问题。

11、李太太血压高，头晕。

应爻为妻，火土旺而克水，子水不现，子午冲，故断血压高，丑未戌刑，有时会头晕。

12、1995、1996、1997年财运不错。

1995年乙亥，亥卯未合局，兄弟爻旺相生子孙午火，午未生合为得财之象。1996年丙子，午火虽然冲岁破，但仍有巳火可化泄卯木生财，此年运气仍然不错。1997年财临太岁而旺，也是得财之年。

13、1998年出车祸，破财，打官司。

1998年戊寅，寅午戌合局，午火入戌库，不生世爻，寅申巳三刑财无原神，世爻受太岁之克，为破财之象。五爻为道路，寅申相冲，白虎凶神发动，乾震均有车象，故断此年有车祸，破财。五爻官鬼化官鬼临白虎，三爻兄弟化官鬼临勾陈，主有官司。

14、1999破财，2000年家中不宁，打官司。

1999年兄弟卯木临太岁旺相发动克世，为破财之象。2000年世爻虽临太岁而旺，但丑未戌三刑，世又化库，官鬼旺相耗财，又临白虎发动，说明仍然有官司。

11、内外五行测阳宅

广西张某来电话，测阳宅。摇卦得《明夷》之《升》卦：

庚辰年	己卯月	丙寅日	（戌亥空）
《地火明夷》	《地风升》		六神
父母酉金、、	父母酉金、、		青龙
兄弟亥水、、	兄弟亥水、、		玄武
官鬼丑土、、世	官鬼丑土、、世		白虎
兄弟亥水、	父母酉金、		腾蛇
官鬼丑土 ×	兄弟亥水、		勾陈
子孙卯木 ○ 应	官鬼丑土、、应		朱雀

我看了卦象分析如下几点：

1、从房屋的外五行来看，东南方位有臭水沟，离房子较近。东南方为文昌青龙位，气场改变为青龙折足，向水化泄，主家中破财。特别逢木旺之年，破财更惨。同时还主子女学习成绩不好，在学业上难以成功。

2、房屋的西南方有路冲射房屋，并有一条大河，河水又宽又深奔腾不息，水流势凶猛。西南有路射向房宅，穿箭煞，主家中人口不宁，有血光之灾。有大河水流势凶猛，为无情水主大凶，不但破财，而且主人口多有病灾。

3、房宅基东北角有坟地，为阴赶阳，家中阴气太大，主子女有伤灾，主房主人有阴性之病，医药无效。

4、从内五行看，家中主房门与大门与窗房相对，房院中间有高大建筑物，前后房屋低，主家中老人或女同志多有心脏病、高血压；主男同志易有车祸伤灾。

5、此房是四室一厅，厅堂小，房内地板潮湿，墙面向外渗水，西北角房顶漏水。皆主家主事业不顺，有官司口舌、破财，有严重的头痛病，女同志有妇科病。

6、房宅西北角上有厨房厕所，乾位气场被严重破坏，主父亲不能长寿，先穿父孝。又主家人都有头痛病，耗财较大。

7、此房为大凶之宅，近几年家中人口有病伤灾耗财、官司之事，且不断。

8、综合内外五行总论：

主母亲患有高血压、心脏病，头晕偏头痛；父亲是早逝之象；妻子血压低缺氧，供血不足，头痛，有严重的妇科病。本宅主亦患偏头痛之病，头部有过伤灾，应在1998年或1999年，且左腿有伤灾，此两年破大财。2000年2月应有车祸，本人有重伤灾。同时受伤的还有其他三人。此年破财又有官司口舌。

断完卦之后，张先生说：我的住房东南方位确有一条臭水沟。这二年连续破财，儿子学习成绩不好。西南方位有条大路，对着我的房子冲过来，然后转向正北。西南方离我家 50 米有条大河，从西北到西南转弯向东南而去，水流势很急。我这宅基地东北角确实是坟地，距房子有十米远，打地基时挖出过骸骨。

我家主房门确实与前大门相对，和主房的后窗相对。靠院子西侧起两层两间小楼。南边平房三间，北边平房三间，是中间高两边低。卧室是四间，厅堂较小，房子地势低，比较潮湿，墙壁向外渗水，阴天下雨天较明显。靠北房的西北角卫生间房顶漏水已半年了，至今没来得及修理。我母亲心脏不好，血压高，整天头晕。我妻子亦是头痛，吃药不见效，身体隐蔽处长瘤，还没手术。我本人从 1997 年至今不顺：1998 年、1999 年破大财。1999 年因车祸伤左脚、头部；2000 年 2 月翻车，又使我胸部受轻伤，另还重伤其他三人。目前因赔偿金没解决好，正跟他们打官司。截至目前，我在经济上已损失了 16 万多。我一个女儿 1997 年死于车祸，1990 年父死。李计忠先生真是名不虚传，卦技叫绝。

解析：

1、房子东南方有河沟：是二爻官鬼丑土发动化亥水，又坐下巽宫，巽主东南，丑中有癸水化亥水，代表小水沟之意。

2、西南方有路冲射房屋：是四爻丑土化丑土坐在坤宫。四爻主门外，代表官道，所指为大路，临白虎为白虎探爪，主家中有凶灾；西南方有一条大河，水深且流势凶猛，是五爻亥水化亥水。亥水主大水，临玄武，所以有条大河。水清是六爻酉金生亥水，乃金白水清之意。河深是坤化坤之意。六爻酉金为水的源头，临青龙，有奔腾不息之意。

3、房宅基东北角有坟：是初爻动化丑鬼，二爻丑鬼也动。丑在艮位，艮指坟地，所以断东北方位有坟地。

4、主房门与大门相对：是四爻克三爻，主门门相对。门窗相对：是二爻克三爻。门窗相对，此为四兽张口，主家人有车祸伤灾。院中间有高大建筑物，前后房子低，是四爻丑土化丑土，三爻、五爻为亥水。三爻亥水主前，五爻亥水主后。土主高，水主低。二层楼是靠西口而建，是丑土坐坤宫，临白虎主西方。此为冲天煞，也为冲心煞，主家人有心脏病、高血压。坤为老母，兑为妇，所以房主母亲和爱人有此类病情。

5、此房是四室一厅，厅堂小：因卦中有四个丑土，丑为库，代表卧室；世应之间为厅堂，世应相克，克者为小，生者为大。又卦中丑土克亥水，故断厅堂较小。房内潮湿：是二爻代表房屋，丑土动化亥水之故。墙面向外渗水：四爻五爻又代表墙壁，四爻丑中有癸水，五爻是亥水化亥水，亥为天门，为西北，所以断房子漏水在西北方位上。

6、西北角上有厨房、厕所，是丑动化亥水，二爻代表厨房，勾陈代表卫生间，乾位气场被严重破坏。亥在乾位，在西北方位，乾代表父，乾为金，有厨房是火克金之象，故断先穿父孝。乾为头，也说明家人有头痛之病。金为财，所以耗财较大。

7、此房为大凶之宅，是官鬼在二爻，说明家中不安宁，人有病招灾。且二爻发动克五爻，五爻代表人，说明此宅克人对人口不利。四爻代表大门，是官鬼化官鬼临白虎，说明此门庭主凶灾伤灾。朱雀在一爻发动，家中官非口舌不断。三爻为主房门，临兄弟，是破财之门。子孙爻动虽可制鬼，但子孙爻动化鬼，又冲克六爻酉金，所以断此宅人口患头痛病，伤子孙耗财，有伤灾，官司口舌不断。

8、母有高血压、心脏病、头痛病：六爻酉金受月令之冲，坤主母，所以断母有头痛之病；五爻代表心脏，亥水化亥水，下边坐官鬼丑土相克，心脏五行为火，是水火相战，故断有心脏病。妻子为财爻午火，伏在三爻亥水之下，水火相战，火旺反克，火攻心，主偏头痛。妻子有妇科病，是二爻官鬼丑土克亥水之故。

本宅主有偏头痛之病，有伤灾：因明夷卦主伤灾，再一点是六爻与日月相冲克，故主头部有伤，偏头疼。初爻卯木发动克丑土，巽卦卦像是下边缺，所以断左脚有伤灾。1999 年伤腿正是卯木临旺之时，克丑土有力。1998、1999 年子孙爻临旺地，应是发财之年，为什么破大财而有灾呢？因子孙爻临岁而旺克世爻，财爻不上卦，无火通关，世爻受克太重，身弱不胜财，所以此二年破大财。2000 年 2 月有车祸：是父母爻酉坐在坤宫，临青龙，与月令相冲，世爻临白虎旺相，是代表车象，受冲克，说明有车祸。初爻子孙发动临朱雀，子孙代表公检法，克世爻，所以有官非口舌，破大财 16 万多。为什么断他破大财？因官鬼临太岁而旺，卦中官鬼四重，兄弟四重，一片耗克财爻，所以是破大财之象。16 万多是坤卦数加离卦数加变卦巽数。1997 年女儿死于车祸，是子孙爻动化官鬼丑土之故。1990 年死父，是财临太岁而旺克父母爻酉金之故。

12、不吉利的阳宅风水

庚辰年某女士来我处问测其父母婚姻和父亲的病情：

庚辰年	甲申月	丙辰日	（子丑空）
《离为火》		**《艮为山》**	**六神**
兄弟巳火、 世		父母寅木、世	青龙
子孙未土、、		官鬼子水、、	玄武
妻财酉金○		子孙戌土、、	白虎
官鬼亥水、 应		妻财申金、应	螣蛇
子孙丑土、、		兄弟午火、、	勾陈
父母卯木○		子孙辰土、、	朱雀

立卦后略加审视，当即断了十点，无一不验。

一、婚姻不顺，是离婚之象。父母经常吵架，母亲脾气暴躁，而离婚是父亲找母亲闹事的。某女回答：还真是那么回事。

解析： 测婚姻卦逢六冲变六冲，冲者散也。巳火临上六爻持世，自化寅木回头生，火旺。六爻世位主母位，火在离卦，离宫旺相，火主燥，断其母脾气不好。应爻官鬼为母之夫（父亲），官鬼得令，又化回头生，父入日辰之库和母入变爻戌土之墓，戌土为燥土，辰土为湿土，一库一墓还是当旺断，同时父得近临之爻酉金动而相生，说明是其父找其母闹事，世应相冲克有离婚之象。

二、父亲脑神经和心脏有病。某女回答：没差。

解析： 卦中既定上六爻为母，为巳火，那么克母者为官，为父为水，定父爻为亥水，在内卦，初爻为足，六爻为首，寅申巳亥全，寅巳申三刑，巳亥相冲，先看头部必有病。巳火化寅木月破，应冲，寅卯木皆伤，金木相战脑神经有病。再看酉金位于四爻，代表心肺。为什么不断肺病而断心脏病？是因为金主肺，火主心。此卦金旺，火休，酉金动化入水、火二库，血液（水库）阻塞不畅，心脏必有病。而肺上无病，是由于酉金临月旺合辰得生，肺上之疾可排除。

三、住宅门朝西南，门口有铁类东西，比较高。某女回答：门口有一铁架子，跟塔似的。

解析： 三爻门户四为房，而在断阳宅风水时，世为坐基，应为案，此卦三爻亥水应爻为案，门前有水，门朝西南是因亥水化申金回头生，门朝西南，水从坤方直流西北，坤宅坤方流水至乾位，不利父（乾为父），犯劫煞，也不利婚姻，且门前有高大建筑物直向为箭，横架为闩，皆主不吉。酉金动化回头生，土旺，金旺，旺者为高，恰在门的白虎方，白虎抬头可就是犯煞，这一铁塔桥和戌位之高给家宅带来不安宁了。

四、房子的北边、西北、东南、东北都是坟地。某女答道：听说原来这里全是坟地。

解析： 官鬼子水代表北方，亥水代表西北方，辰为水之库代表东南，艮卦代表东北万鬼之墓，艮为坟墓。再结合日、月、岁看，岁辰、日辰皆是水之库，子、亥两鬼同入水库之墓，四爻酉金化出戌土为火之墓，子孙四墓同入岁、日万物之墓，主卦为离，离为火，又有火化之意，辰日占卦见六墓重围，四面楚歌房宅算是大凶之象了。

五、房下原来有一少年坟，没有处理好。答：不太清楚。

解析：前面讲到辰日占得离变艮，子孙六重，官鬼见子孙重围，落艮宫艮卦。初爻父母卯木发动化辰土子孙，初爻为房基，父母为房屋，化出子孙爻辰土坐艮宫之下，艮为鬼门，艮为少男，故断少年坟墓。

六、你家住在一楼。答：不错！

解析：上六爻化出父母寅木在艮宫，寅木父母代表房屋，寅主高，艮主高坡，六爻位主高，故断是高楼。初爻父母卯木发动，化辰土，初爻为基，为底层，所以说住的是一楼。

七、东南和东北角有一条水沟。某女答：对，卦上能看出？

解析：上六爻巳火化寅木回头生，巳为东南，其形似蛇，是河流沟壑，巳火生未土，未土生酉金，酉金生亥水，酉为西，亥水西北，火、土、金、水连续相生，亥水又得月建相生，水旺是河流，东北方同样有水，丑土为堤岸，也有河沟之意；三方有水必有灾，其灾应发在卯、辰、巳年。三方有水是指从南到西汇于西北亥位，从东北丑位到亥位又集于西水，三方被水包围。水本意为财，益为财，恶为灾，东南、南、西南、北四位之水多为八煞水造作时如果收水不好便成了浩荡之水，反主凶。

八、家宅的东边邻居家男人死了，第二个老婆生了两个男孩，前妻离婚（指死者）。答：某女答道：哎呀！街坊家的人也看出来啦。

解析：初爻为前邻，二爻为左（东）邻，三爻为右（西）邻，四爻为后邻，邻居的定位要看变爻。二爻化出午火，子午相冲，官鬼在五爻代表丈夫，三爻为房为家，二爻化出之午火代表家里人，屋里人指妻子。官鬼坐在艮宫临白虎又入日令之库，申子辰合局被日、月合去，入艮宫，艮为坟墓，命入黄泉。主变卦中都有两子孙爻，互冲都在艮宫，艮为少男，故为二男孩。子孙的原神是兄弟午火，故定二子均为午火所生。变卦中有财爻，财乃官鬼之婚配。但现在财爻为官鬼亥水化出，此财生助亥水而不生助子水，且《艮为山》为六冲之卦，主婚姻不顺故断已与前妻离婚。第二婚又生了两个男孩。

九、父亲的脑神经和心腔之病是从1995年开始患发的，卦主似乎有点不解其理，便问道：何以见得（他也懂得六爻预测）？

解析：1995年流年乙亥，官鬼亥水临太岁而旺，自化申金生身，冲克巳火，同时化出申金直冲上六爻寅木，巳火为心腔，寅木为头，心腔、头脑两病迭起，其理真切无讹。

此卦本来问测父母亲身体和婚姻，测出了阳宅外五行的全部实况，形象真切，被测者心服口服。

13、家宅吉凶卦中述

一个在东北某医院工作的王女士打来电话，测家庭情况：

庚辰年　　甲申月　　癸丑日　　（寅卯空）

《山风蛊》	《火风鼎》	六神
兄弟寅木、应	子孙巳火、	白虎
父母子水、、	妻财未土、、应	螣蛇
妻财戌土 ×	官鬼酉金、	勾陈
官鬼酉金、世	官鬼酉金、	朱雀
父母亥水、	父母亥水、 世	青龙
妻财丑土、、	妻财丑土、、	玄武

我断：

1、你是1995年搬家换新房，此后运气一直不好，耗财，有官非口舌，身体出现问题。王女士说："对呀，真对呀，自打换了房搬了家，就一直没得好。李先生你瞧瞧这是咋回事呢？"

解析：二爻父母亥水为房子，紧贴世爻身下，化泄世爻之元气，亥水又冲子孙巳火，月建申金又合巳火，财源受损。三爻为门官鬼居之，耗财之门，四爻财爻又化鬼泄，以上都是耗财之因。世爻鬼化鬼临朱雀，四爻财生鬼，月建临鬼，子孙伏藏，鬼无制，必有官非口舌，同时身体有病。

2、你家房基下，原来有坟地。因此对居住人的身体健康不利，易出现这些倒霉的事，比如官非口舌。王女士说："那我可就不知道了，反正搬了新家就没得好。官司口舌都让我碰上啦。"

解析：初爻丑土化丑土，临玄武，丑土乃鬼之墓，故房基下不干净，阴气重，有坟地。对宅中之人的运气有严重损伤。

3、你住的房二间大，一间小，一厨一卫在东北方位。王女士说："没错，这你咋知道的？你是不是有特异功能呀？"我说："我没有任何特异功能，我完全是靠八卦推出来的。"

卦中二重父母爻。父母之爻代表房间，二爻父母亥水化亥水，临青龙得月生，旺相为大，亥化亥就是两间大的。五爻父母子水代表另外一个房间，化回头克，坐下戌土动克之，为一小间。戌土为火库为燥土为厨房，坐艮宫在东北方位。初爻丑土化丑土临玄武，因子丑相合所以丑中有癸水，临玄武为污水脏水，卫生间之象，丑为东北，所以厨房卫生间在东北方位。

4、1999年和今年你都遇到官非口舌，且破财8000元。今年还要破5000元，官司也打不赢。

王女士说：我是在医院药房工作，1999年因工作失误给人抓错了药，病人吃出了毛病，经抢救脱离危险，我赔了他8000块钱。因为他在家养病一年没上班，生活有困难，又把我告上了法庭，让我负担生活费。你说这事还没完了。我花钱找关系，可是钱花了也不顶用。这玩意可咋整呀！真叫倒霉！

解析： 卦中财爻成丑未戌三刑之势，又财动化官鬼，均为破财之象。1999年己卯，兄弟临太岁为旺合克妻财戌土，世爻受太岁冲，主一年难伸。官鬼动也耗财，卯木河洛数为3、8，临太岁旺相取8数，因应爻兄弟空破休囚而财爻发动，综合判断取8000元。今年辰土太岁引动官鬼酉金而耗财。又因辰土冲四爻戌土，丑未戌同时入库合鬼。土财为5数，最少破财在5000元。官鬼动临朱雀必有官非口舌。父母爻代表文书生应爻寅木，泄世爻之气，状子有利于对方。应爻兄弟寅木旬空日破不受生，又世应相克，信息显示谁说话他也不听，就是要钱。世临官鬼，财动化官，说明世爻找了几个当官的。但财动化官，官生父母，父母在应，所以最后还是打不赢。

5、你有一个男孩，属猪的，1998年犯头疼病。王女士说：是这样。

解析： 寅木化子孙巳火，子孙巳火与世爻合，又冲二爻父母亥水，说明是自己的孩子，属猪的。子孙巳火虽在离宫，但居阳爻，离宫为火但月日休囚不旺，又入艮宫戌土之库生世，综合推断应为男孩。六爻为头寅木填实受月冲，1998年太岁为寅填实受冲，所断犯头疼病。

6、你本人神经衰弱（因休息不好），患高血压，心腔也不好，腰脊椎骨疼痛。王女士说："李计忠先生你说这么多倒霉事给我整的够呛，身体能好得了吗？我这就硬撑着，要不非垮了不行。"

解析： 六爻为头，逢日冲又构成寅申巳三刑，火主神经，但寅木空破不生巳火，巳火无原神，故脑神经有问题，因休息不好之故。卦中丑未戌三刑，戌土火库为心腔化官鬼为化病，又水在卦中受克，水主血液，故是血流不畅，心腔供血不足，血压高。三爻为腰，官鬼酉金坐之，又化出官鬼酉金，得动爻戌土生，月令帮扶，日生，为旺极。金主骨，所以腰椎有病。